金融时间序列分析

王亚平◎编著

北京大学出版社
PEKING UNIVERSITY PRESS

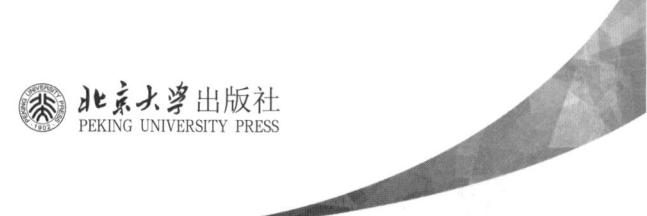

图书在版编目(CIP)数据

金融时间序列分析 / 王亚平编著. -- 北京：北京大学出版社，2025.8. -- (光华思想力书系). -- ISBN 978-7-301-36127-6

Ⅰ. F830

中国国家版本馆CIP数据核字第20257Z5A55号

书　　　名	金融时间序列分析 JINRONG SHIJIAN XULIE FENXI
著作责任者	王亚平　编著
策 划 编 辑	贾米娜
责 任 编 辑	曹　月
标 准 书 号	ISBN 978-7-301-36127-6
出 版 发 行	北京大学出版社
地　　　址	北京市海淀区成府路205号　100871
网　　　址	http://www.pup.cn
微信公众号	北京大学经管书苑（pupembook）
电 子 邮 箱	编辑部 em@pup.cn　总编室 zpup@pup.cn
电　　　话	邮购部 010-62752015　发行部 010-62750672　编辑部 010-62752926
印 刷 者	北京圣夫亚美印刷有限公司
经 销 者	新华书店
	787毫米×1092毫米　16开本　20.75印张　331千字 2025年8月第1版　2025年8月第1次印刷
定　　　价	66.00元

未经许可，不得以任何方式复制或抄袭本书之部分或全部内容。
版权所有，侵权必究
举报电话：010-62752024　电子邮箱：fd@pup.cn
图书如有印装质量问题，请与出版部联系，电话：010-62756370

本书资源

数字化资源

※课程配套视频

读者关注"博雅学与练"微信公众号后扫描右上方二维码即可获得上述资源。

一书一码,相关资源仅供一人使用。

读者在使用过程中如果遇到技术问题,可发邮件至 yixin2008@163.com 咨询。

教辅资源

※教学课件

教辅资源获取方法:

第一步,微信搜索公众号"北京大学经管书苑",并进行关注。

第二步,点击菜单栏"在线申请"—"教辅申请",填写相关信息后提交。

丛书编委会

顾　问

厉以宁

主　编

刘俏

编　委(以姓氏笔画排列)

王　辉	王汉生	刘晓蕾	李　其	李怡宗
吴联生	张圣平	张志学	张　影	金　李
周黎安	徐　菁	黄　涛	龚六堂	路江涌
		滕　飞		

丛书序言一

很高兴看到"光华思想力书系"的出版问世,这将成为外界更加全面了解北京大学光华管理学院的一个重要窗口。北京大学光华管理学院从1985年北京大学经济管理系成立,以"创造管理知识,培养商界领袖,推动社会进步"为使命,到现在已经有四十年了。这些年来,光华文化、光华精神一直体现在学院的方方面面,而这套"光华思想力书系"则是学院各方面工作的集中展示,同时也是北京大学光华管理学院的智库平台,旨在立足新时代,贡献中国方案。

作为经济管理学科的研究机构,北京大学光华管理学院的科研实力一直在国内处于领先位置。光华管理学院有一支优秀的教师队伍,这支队伍的学术影响在国内首屈一指,在国际上也发挥着越来越重要的作用,它推动着中国经济管理学科在国际前沿的研究和探索。与此同时,学院一直都在积极努力地将科研力量转变为推动社会进步的动力。从当年股份制的探索、证券市场的设计、《中华人民共和国证券法》的起草,到现在贵州毕节试验区的扶贫开发和生态建设、教育经费在国民收入中的合理比例、自然资源定价体系、国家高新技术开发区的规划,等等,都体现着光华管理学院的教师团队对中国经济改革与发展的贡献。

多年来,北京大学光华管理学院始终处于中国经济改革研究与企业管理研究的前沿,致力于促进中国乃至全球管理研究的发展,培养与国际接轨的优秀学生和研究人员,帮助国有企业实现管理国际化,帮助民营企业实现管理现代化,同时,为跨国公司管理本地化提供咨询服务,从而做到"创造管理知识,培养商界领袖,推动社会进步"。北京大学光华管理学院的几届领导人都把这看作自己的使命。

作为人才培养的重地，多年来，北京大学光华管理学院培养了相当多的优秀学生，他们在各自的岗位上作出贡献，是光华管理学院最宝贵的财富。光华管理学院这个平台的最大优势，也正是能够吸引一届又一届优秀的人才的到来。世界一流商学院的发展很重要的一点就是靠它们强大的校友资源，这一点，也与北京大学光华管理学院的努力目标完全一致。

今天，"光华思想力书系"的出版正是北京大学光华管理学院全体师生和全体校友共同努力的成果。希望这套丛书能够向社会展示光华文化和精神的全貌，并为中国管理学教育的发展提供宝贵的经验。

厉以宁

北京大学光华管理学院名誉院长

丛书序言二

"因思想而光华。"正如改革开放走过的四十多年,得益于思想解放所释放出的动人心魄的力量,我们经历了波澜壮阔的伟大变迁。中国经济的崛起深刻地影响着世界经济重心与产业格局的改变;作为重要的新兴经济体之一,中国也越来越多地承担起国际责任,在重塑开放型世界经济、推动全球治理改革等方面发挥着重要作用。作为北京大学商学教育的主体,光华管理学院过去四十年的发展几乎与中国改革开放同步,积极为国家政策制定与社会经济研究源源不断地贡献着思想与智慧,并以此反哺商学教育,培养出一大批在各自领域取得卓越成就的杰出人才,引领时代不断向上前行。

以打造中国的世界级商学院为目标,光华管理学院历来倡导以科学的理性精神治学,锐意创新,去解构时代赋予我们的新问题;我们胸怀使命,顽强地去拓展知识的边界,探索推动人类进化的原动力。2017年,学院推出"光华思想力"研究平台,旨在立足新时代的中国,遵循规范的学术标准与前沿的科学方法,做世界水平的中国学问。"光华思想力"扎根中国大地,紧紧围绕中国经济和商业实践开展研究;凭借学科与人才优势,提供具有指导性、战略性、针对性和可操作性的战略思路、政策建议,服务经济社会发展;研究市场规律和趋势,服务企业前沿实践;讲好中国故事,提升商学教育,支撑中国实践,贡献中国方案。

为了有效传播这些高质量的学术成果,使更多人因阅读而受益,2018年年初,在和北京大学出版社的同志讨论后,我们决定推出"光华思想力书系"。通过整合原有"光华书系"所涵盖的理论研究、教学实践、学术交流等内容,融合光华未来的研究与教学成果,以类别多样的出版物形式,打造更具品质与更为多元的学术传播平台。我们希望通过此平台将"光华学派"所创造的一系列具有国际水准的立足中国、辐射世界的学术成果分享到更广的范围,以理性、科学的研究去开启智慧,启迪读者对事物本质更为深刻的理解,从而构建对世界的认知。正如光华管理学院所倡导的"因学术而思想,因思想而光华",在中国经济迈向高质量发展的新阶段,在中华民族实现伟大复兴的道路上,"光华思想力"将充分发挥其智库作用,利用独创的思想与知识产品在人才培养、学术传播与政策建言等方面作出贡献,并以此致敬这个不凡的时代与时代中的每一份变革力量。

刘俏

北京大学光华管理学院院长

前 言

学习时间序列分析的理论及方法想要达成的目标可以分成三个层级。第一层级的目标是能够看懂别人的分析结果,理解其经济含义。第二层级的目标是给定一个分析任务,能够正确地选择合适的模型,借助计算机软件,得出分析结果,并给出直观的经济学解释。第三层级的目标是能够对已有模型进行改进,即使没有现成的计算机软件,也能自己编写计算机程序,进行模型估计及假说检验。本书希望读者能够达成第二层级的目标,争取达成第三层级的目标。因此,本书的讲授以基础理论的逻辑讲解和具体例子的解释说明为主,而较少涉及严格的数学定理的推导和证明。尽管没有大量的数学证明,但本书对于理论背后的逻辑分析还是非常重视的。之所以如此,有两个原因:其一,只有充分理解理论背后的逻辑,才能真正领会时间序列分析的各模型方法,并将其融会贯通;其二,只有了解了模型的来龙去脉,在面临分析任务时,才能够正确地选择合适的模型方法。

为了达成第二层级的学习目标,使用计算机是不可避免的。计算机技术发展飞速,很难说哪种软件最适合进行时间序列分析。目前用得比较多的有 R 软件和 Python。在现阶段,相较于 Python,R 软件有更多的估计时间序列模型的程序包,因此本书以 R 软件为分析工具。但 Python 在数据收集功能等方面比 R 软件更强大,随着越来越多的人上传分析时间序列模型的 Python 程序包,Python 也很有可能将更好用。因此,如果读者的 Python 语言能力比较好,在本书的学习中也可以使用 Python。

第二层级的目标还包括对分析结果给出直观的经济学解释。本书是从计量经济学的角度讲授时间序列分析，经济学原理和经济学直觉始终是问题的出发点和落脚点。分析模型的建立和对模型结果的解读都需要经济学直觉。因此，有经济学、金融学知识背景的读者，学习本书的效果会更好一些。

为了贯彻党的二十大精神，使教学、科研紧密联系我国国情，本书大量采用我国金融市场中的典型数据，使读者在学习时间序列分析基本理论的同时，能够更好地理解我国宏观经济体系和金融市场。由于金融行业的特殊性，市场上有大量的公开数据库提供金融行业数据和宏观经济数据，这为读者获取数据并进行练习提供了非常大的便利。而在实际工作中，寻找并获取数据也是一个重要部分。因此，本书的一些章后练习题会要求读者自己去寻找合适的数据库下载数据。

本书适合高年级本科生和硕士研究生学习，要求读者具有多元线性回归分析，特别是普通最小二乘法、最大似然估计、一致估计、假说检验等方面的知识基础。在内容安排上，本书首先介绍时间序列的基本性质（第2章），然后介绍基础的一元线性ARMA模型（第3、4章），并利用ARMA模型讨论数据的预处理问题（第5、6章），最后讨论多元线性VAR模型（第7、8章）、协整模型（一个特殊的VAR模型，第9章）和一元波动率模型（第10、11章）。一些章节，如第2.4、2.5、5.5、8.4、11.2节和第9章等，内容比较独立，难度也相对大一些，初学者可以跳过。

本书根据我在北京大学光华管理学院讲授金融时间序列分析课程的讲义整理而成。在此感谢参与课程的学生和助教们，是一届又一届学生和助教的提问及讨论，使得本书得以不断改进，最终成形。

王亚平
2025年8月

目　录
CONTENTS

第1章　导　论　1

1.1　时间序列数据的特点　3

1.2　金融时间序列分析的任务　7

1.3　R 软件简介　8

1.4　随机变量及资产回报　14

1.5　矩条件及其经济含义　17

1.6　预测的本质　20

第2章　时间序列的基本性质　25

2.1　平稳性　27

2.2　遍历性　29

2.3　自相关性　30

2.4　大样本性质　35

2.5　时间序列数据在线性回归模型中的应用　40

第3章 自回归模型　47

3.1 差分方程　49

3.2 AR 模型的定义及性质　58

3.3 AR 模型的识别　67

3.4 应用范例：中国 GDP 增长的周期性　77

第4章 自回归移动平均模型　83

4.1 MA 模型　85

4.2 ARMA 模型　91

4.3 预测　97

4.4 滚动窗口样本外预测误差及其分析　102

第5章 单位根过程及其检验　109

5.1 单位根过程　111

5.2 单位根检验　114

5.3 检验模型的选择　120

5.4 检验中的其他问题　126

5.5 分数单位根简介　132

第6章 季节性问题及季节调整　135

6.1 季节性现象　137

6.2 季节模型 139

6.3 季节调整 142

6.4 应用范例：预测中国 GDP 155

第 7 章 向量自回归模型 163

7.1 多元时间序列的可预测性 165

7.2 VAR 模型及其性质 167

7.3 VAR 模型的识别 172

7.4 预测及模型比较 178

7.5 应用范例：预测中国 GDP 179

第 8 章 时间序列之间的动态关系 187

8.1 格兰杰因果关系 189

8.2 脉冲反应函数 196

8.3 方差分解 215

8.4 结构性 VAR 模型简介 219

8.5 应用范例：中国货币政策有效性评估 223

第 9 章 协 整 229

9.1 长期均衡与协整 231

9.2 协整的检验 233

9.3 误差修正模型 241

9.4 Johansen协整检验及模型估计 253

9.5 应用:配对交易策略 257

第10章 GARCH波动率模型 261

10.1 波动率的性质 263

10.2 GARCH模型 267

10.3 GARCH家族的其他模型 283

10.4 GARCH波动率的估算和预测 286

第11章 其他波动率模型 295

11.1 实现波动率 297

11.2 隐含波动率 301

11.3 波动率模型的比较 305

11.4 应用:在险价值的计算 308

参考文献 315

第1章

导 论

我们在这一章首先介绍时间序列数据结构特征及金融时间序列分析的主要任务。为了后面具体内容的展开,我们还将简要介绍要用到的 R 软件及金融时间序列分析的几个核心概念:资产回报、随机变量的矩条件、预测。

1.1 时间序列数据的特点

1.1.1 四种数据结构

在进行数据分析时,我们通常会遇到四种类型的数据,这四种类型的数据各具特色,需要用不同的分析方法来处理。第一类数据是横截面数据,这是一种在同一时间点观察不同个体的数据类型。例如,家庭金融投资行为的抽样调查数据就属于这一类型。这些数据基本上可以被视为在同一时间点上对不同个体的独立抽样,因此被称为横截面数据。最标准的横截面数据应该是从一个随机总体中独立同分布地抽取的样本,如产品质量的抽样调查数据。但在金融数据分析中,严格的同步抽样数据较为少见。例如,投资者投资行为的调查实际上不可能在同一时间完成,而是要持续一段时间,有些抽样调查,如对企业并购的抽样调查甚至会前后跨越数年。然而,这些数据的显著特征是它们近似地满足独立抽样假设,因此,它们也被视为横截面数据。也就是说,横截面数据是独立抽样(可能同分布,也可能不同分布)数据的代名词。

第二类数据是时间序列数据,指在不同时间点观察到的某个个体的数据。例如,过去几年招商银行股票的日度价格就是这种类型的数据。这类数据的特性是它们不可能是独立抽样的，今天的股价与昨天的股价一定存在某种相关性。对于这类数据，我们通常假设它们前后的相关性与时间间隔有某种固定的规律。

第三类数据是面板数据，指多个个体在不同时间点的观测值，如 A 股所有上市公司过去几年年报中的营收数据。这些数据具有矩阵或面板结构，因为涉及多个个体和多个时间点。我们经常接触的面板数据通常是短面板数据，即个体的数量远大于时间点的数量。例如，A 股市场有几千家公司，但只有三四十年的数据。面板数据一般通过假设个体间相互独立并设定个体的虚拟变量来刻画个体间的相关性，这极大地简化了问题。

第四类数据是空间数据，指在不同空间上多个个体的观测值(同一时间点或不同时间点)，如中国各地空气污染数据。这类数据与横截面数据的区别在于，空间数据不是独立抽样，而是存在相关性。尤其复杂的是，时间序列数据的相关性是单维度的(时间轴，其相关性与时间间隔有固定的规律)，而空间数据的相关性是多维度的，比如北京的空气污染情况与其四周所有地方的空气污染程度相关，并且不同方位、不同距离的相关性不同。

横截面数据由于其独立抽样的特性，处理起来相对简单。面板数据虽然并非完全独立抽样，但其相互关系完全由个体特征所决定，即只存在个体内部的相关性，不存在个体之间的相关性，因此也有相对简单的处理方法。然而，由于时间序列数据和空间数据并非独立抽样，因此必须考虑其相关性。一般的计量经济学分析，如均值检验、OLS(普通最小二乘法)回归等，都建立在大数定理和中心极限定理的基础上，这些定理都假设独立同分布抽样。因此，对于时间序列数据和空间数据，一般的大数定理和中心极限定理不直接适用，导致我们不能使用通常的统计推断方法，需要进一步的分析工具。本书中我们将讨论时间序列数据问题。

1.1.2 离散时间序列与连续时间序列

实际上，时间序列数据是某个时间序列过程的一次随机实现(抽样)。我们的研究对象是时间序列过程本身。根据时间密度，时间序列过程可以分为连续时间序列和离散时间序列两类。连续时间序列过程在时间上是连续的，它在任何一个时间点上都存在,(理论上)都可以有观测值,如长江上某一点的水流速度。"子在川上曰:逝者如斯夫,不舍昼夜。"不管什么时间,都会有一个水流速度。这里的时间是连续变量。其他的如气温、物体运动速度等都涉及连续时间过程。我们面对的对象,绝大多数是连续时间序列。

离散时间序列过程,顾名思义,发生在特定离散的时间间隔点,只有在这些离散的时间点,它才存在(从而可以有观测值),而在其他时间点,它不存在,也就没有观测值。例如,美国国债拍卖市场只在每年特定的几个时间点存在,因此国债拍卖价格是一个离散时间序列。中国 A 股主板的指令驱动交易系统只有在订单成交时才有价格,而在其他时间没有价格,因此这里的价格生成过程也是一个离散的过程。

在金融理论模型方面,二叉树期权定价模型假定交易只能发生在特定离散的日期,两个时间点之间没有市场,因此资产价格的生成过程是一个离散过程。而 Black-Scholes-Merton 期权定价模型假定交易可以发生在任意时间,资产价格遵循几何布朗运动,涉及一个连续时间过程。事实上,这两种情况都是对现实世界的假设。交易不是像 Black-Scholes-Merton 期权定价模型假设的那样严格连续,也不是像二叉树期权定价模型假设的那样等时间间隔、严格离散。

在数据分析方面,理论上我们使用连续时间数据和离散时间数据。但在实际中,对于连续时间过程,我们一般没有办法记录观察数据,除非在某些特殊情况下,比如数据是分段常数。中国科创板做市商制度下的股价数据就是这样的一个例子。图 1.1 为中国信通的股价,其中有一些明显的分段水平部分。

我们看到的数据绝大多数是连续时间序列过程的离散观测值,比如过去一年北京市某观测点每天的气温(下午 6 点取样)、中国每季度的货币供应量(M2)、每季度的居民消费价格指数(CPI)等。图 1.2 展示的是 1995—2020 年中国季度 GDP(国内生产总值)数据。① 正因为这些数据是连续过程的离散观测值,所以对同一系

---

① 一般来说,折线图展现的是一个连续变化的过程,而离散数据最好用散点图或柱状图来描述。但折线图能够比散点图更清晰且精确地描述数据,并且容易显示出规律性特征,特别是当一张图同时描述多个时间序列数据时。因此,本书多用折线图来描述离散数据,但这时折线图中只有那些在离散点处的取值才是数据观测值,而连线的部分则主要是为了显示数据的变化规律。

列过程，我们可以得到不同频率的数据，如年度、季度、月度 CPI。这种不同频率的数据选择，为我们的数据分析提供了很大的便利。而对于股价等市场交易数据，有一些商业数据库能够提供 15 秒时间间隔的高频观测值。这些数据看起来与连续时间数据没什么差别。我们接下来处理的数据都是离散时间数据。

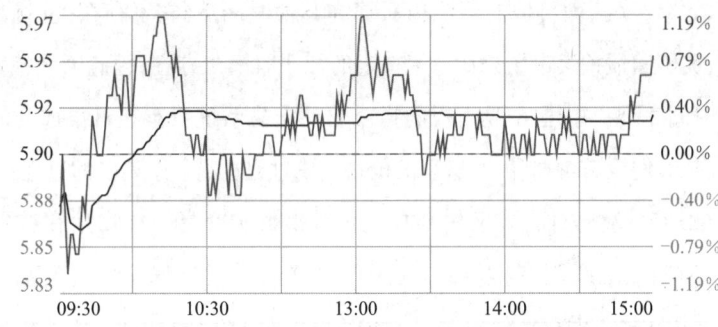

图 1.1　中国信通的股价(2023 年 6 月 9 日)

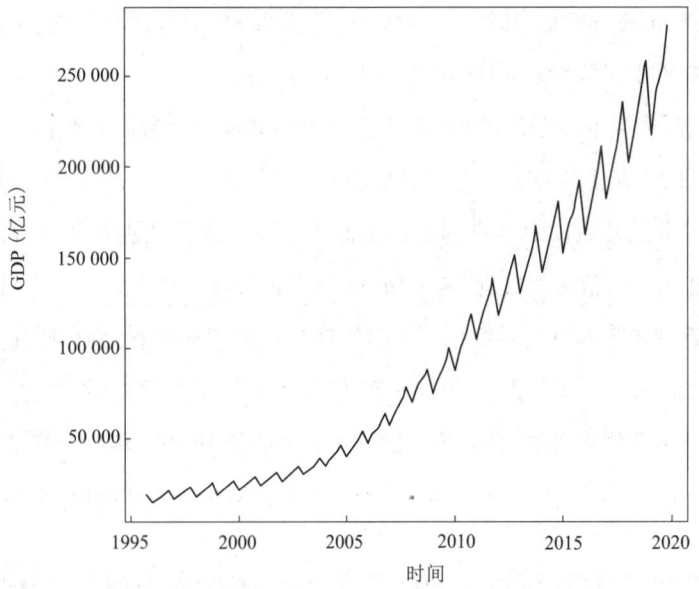

图 1.2　1995—2020 年中国季度 GDP

1.2 金融时间序列分析的任务

我们分析金融时间序列数据主要有三个任务。第一个任务是预测。预测是金融实务的核心之一，如对股价的预测、对 CPI 的预测、对 GDP 的预测。预测对国家宏观经济政策的制定和执行以及机构或个人的投资行为的重要性是不言而喻的。而在大多数情况下，时间序列数据的预测比横截面数据的预测要容易一些，毕竟，时间序列过程更符合预测的本质，更适合"让历史告诉未来"。

但一般来说，股市回报数据的预测特别难，这是因为股市有一个自我实现的问题。如果一个人预测明天某只股票的价格会上涨，那么他今天就会购买该股票，因此该股票的价格很有可能在今天就上涨，到明天就不会上涨了。结论是，从事后结果看，预测并不准确。正如一个人预测自己第二天会遭遇交通事故，那么他第二天便选择不出门，结果他第二天就没有遭遇交通事故。这种预测是准确还是不准确？从事后结果看，似乎并不准确。而自然现象的预测没有这个自我实现的问题，所以相对容易进行。在金融经济领域，宏观经济指标的预测也比单只股票回报的预测容易。一个重要的原因是，宏观经济指标不会直接、马上被某种交易行为所改变，它的自我实现问题并不严重。我们下面涉及的预测问题主要集中在宏观经济指标方面。宏观经济是金融市场，特别是中国资本市场中最主要的角色之一，因此，宏观经济指标的预测是金融实务的重要问题。

金融时间序列分析的第二个任务是状态估计，也有人称其为滤波（通信术语，在电子工程领域具有广泛的运用）。状态估计与预测高度相似，它们都是为了估计一个未知状态变量。但二者之间也有一个显著差别，即在预测时，预测的情况还没出现，而在状态估计时，要估计的情况已经出现。例如，在国家统计局公布 CPI 的前夜去估计 CPI，这时的 CPI 数据已经有了，只是我们并不知道，但我们可以利用历史数据甚至通过身边主要食品价格的变化来估计。因此，相较于预测，状态估计可以利用的信息更多，会有更高的精度。

状态估计在金融实务中有重要作用。比如可以将 CPI 进一步分解为核心 CPI 和非核心 CPI,这种分解本质上也是状态估计。再如我们将来讨论 GDP 数据的季节性调整,会把 GDP 的调整分解为季节性调整和非季节性调整两部分,这种季节性调整分解可以帮助人们理解 GDP 二月份的变化有多少是春节假期所导致的,有多少是其他因素所导致的,从而有助于进行更好的预测。状态估计还有一个例子是资产回报波动率,这一波动率在资产定价和风险管理中有重要应用。

金融时间序列分析的第三个任务是政策评估及理论检验等统计推断,除一般性的均值方差检验外,更主要的是研究几个时间序列之间的关系,如衡量资产定价的因子模型中个股回报与因子回报之间的关系。而更复杂的是几个时间序列之间的动态关系,如货币供应量与 GDP 增长之间的关系,即货币政策的有效性判断问题。其他常见的例子还包括外汇市场购买力平价理论的检验等。

这三个任务与初级计量经济学(主要是横截面数据分析)中的任务好像没有太大区别,初级计量经济学也有这几个任务,但它们之间的差别有两点。第一,初级计量经济学与时间序列分析在独立性假设方面存在不同。初级计量经济学中一般假设独立抽样;而时间序列分析中没有独立性假设,不能直接利用通常的大数定理和中心极限定理。第二,初级计量经济学与时间序列分析的侧重点不同。初级计量经济学更重视假说检验(检验经济理论或评估经济政策)和归因分析,而时间序列分析更重视预测。

1.3 R 软件简介

目前存在许多计量经济学/统计分析软件,如 SAS、Stata、Eviews、Splus 等,它们各有特色。还有几种计算机工具兼备计算机语言和软件的优点,如 R 软件和 Python。一方面,我们可以方便地用 R 软件和 Python 这两种工具来做开发,完成一些个性化的任务;另一方面,有很多开发者会上传这两种工具的开源程序包,方便用户直接进行统计计量分析。

目前 Python 在时间序列数据处理方面的程序包不如 R 软件的全面,有些常见的模型及分析方法已经有 R 软件的开源程序包,但没有 Python 的,不过,Python 可以调用 R 软件程序。综合考虑学习的难易程度和软件的实用性,本书以 R 软件为例进行讲解。

1.3.1　安装运行 R 软件

R 软件是一款免费软件,可以从网上直接下载并安装到个人电脑上,在中国的下载网址一般为 https://mirrors.tuna.tsinghua.edu.cn/CRAN/。最简单的安装方法是使用默认选项,而不用个性化的设置。

将 R 软件安装好并在桌面上建立一个快捷启动图标后,就可以使用它了。双击快捷按钮就可以启动 R 软件,并将出现一个 R 软件的工作窗口。

窗口中的">"符号是命令提示符,可以直接在这个提示符后输入命令进行工作。比如我们输入"r=1""s=2*pi*r*r""s",程序将返回计算结果如下:

R 软件代码及主要输出结果

```
> r=1
> s=2*pi*r*r
> s
[1] 6.283185
>
```

也可以写一段程序文件(或者直接读入已经写好的程序文件)后,再运行该程序,以完成比较复杂的工作。

1.3.2　R 软件的数据类型

学习任何计算机语言,一般都是从学习其数据类型开始的。在 R 软件中,数据类型有标量、向量、矩阵、数组、数据框(dataframe)、列表(list)等。R 软件中数据变量的一大特点(是优点还是缺点尚不好下定论)是,不用先定义一个变量的数据类型,赋值时根据赋值的种类就可以直接定义其类型。

R 软件中的变量名由字母和数字构成,区分大小写。为变量取名时,要尽量简洁且直观,避免使用 R 软件自带的常数名(如 pi)和函数名(如 sin)。R 软件自带的这些常数名或函数名,尽管可以被用作变量名,但会增大出错的可能性,因此应该避免。

变量赋值用"="或"<-",比如上面提到的"s=2*pi*r*r"中的等号。

数据类型中的标量、向量、矩阵和数组比较常规,这里不多做解释,而数据框和列表比较特别。数据框与数组有些类似,是把许多变量数据放在一起。但数组要求其中所有的元素都为同类型的,比如都是整数或者都是浮点数。有时我们要求把不同类型的数据放在一起,比如我们有一个矩阵形式的数据,第一列为公司名称,第二列为公司的经营业绩ROE,第三列为公司的资产负债率Lev,这样的数据结构类似于Excel中的一个数据表(sheet),在R软件中被称作数据框。这是将来进行模型估计时应用最广的一种数据类型。数据框变量的赋值,可以在R软件窗口手工输入,但更多的是从外部文件直接读入,后面将给出例子。

列表则是R软件中更复杂的数据类型。它可以把许多不同的数据类型放在一个列表中,比如包括几个数据框、几个字符串等。具体的例子有,一个线性回归模型的估计结果在R软件中将被表示为一个列表,里面包含了估计模型(字符向量数据)、参数估计值和标准差等估计信息(数据框数据)、拟合误差及拟合值(数据框数据)等许多数据类型。将来遇到时再具体介绍。

1.3.3 R软件的几个基础命令

R软件程序中,所有命令都不能用中文字符,只能用英文字符。而有些字符,如逗号和括号同时有全角和半角形式的,容易发生混淆。特别需要注意的是,R软件程序中的逗号需要用半角字符而不是全角字符,否则程序运行会出现错误。

符号#后面的内容(同一行内)是程序的注释部分,R软件并不执行它,而是给写程序或用程序的人的提醒或解释。为了简洁,本书下面关于R软件内容的一些介绍将利用这一特性,在R软件代码中以注释的方式给出,而不在正文中单独出现。

对数据实证分析来说,首先要读取数据。R软件可以读取文本文件的数据,也可以读取Excel、SAS、Stata等的文件数据。这时就需要加载一些程序包。前面提到,R软件之所以被广泛使用,就是因为有大量非常好用的程序包供免费下载使用。

R 软件读入 Excel 数据时,需要"readxl"程序包;读入 SAS 数据时,需要"sas7bdat"程序包;读入 Stata 数据时,需要"foreign"程序包。

加载程序包用"library(程序包名)"命令,有时可能需要在电脑中先安装该程序包,在 R 软件的工作窗口主菜单的"程序包"一栏中有相关选项。下面演示如何读入 Excel 文件中的 GDP 等数据,并把读入的全部数据赋值给变量名为 mydata 的数据框。

R 软件代码及主要输出结果

```
> #加载程序包
> library (readxl)
>
> #设置工作目录,规定文件的输入输出位置,这样不用在后面的命令中反复规定位置
> setwd('D:/ywang/data')
>
> #导入数据
> mydata = read_excel ('./GDP.xlsx', sheet='Sheet1')
>
> #数据导入后,一般应该先看看数据,有一个直观了解。有时数据太长,没法看全部,我们
  可以只看数据的开头和结尾部分
> head (mydata)
  date                    gdp      m2       trade    invest
  <dttm>                  <dbl>    <dbl>    <dbl>    <dbl>
1 1995-12-31 00:00:00    18451.   160750.   833.    32698.
2 1996-03-31 00:00:00    14628    186690    576.    1774.
3 1996-06-30 00:00:00    17148.   200735    697.    9886.
4 1996-09-30 00:00:00    18606.   211298    727.    21094.
5 1996-12-31 00:00:00    21432.   224559.   901.    37953.
6 1997-03-31 00:00:00    16689.   237535    644.    2067.
> tail (mydata)
  date                    gdp      m2        trade    invest
  <dttm>                  <dbl>    <dbl>     <dbl>    <dbl>
1 2020-12-31 00:00:00    295619.  6508519.  13623    1501759
2 2021-03-31 00:00:00    247985   6725566.  13093.   141230
3 2021-06-30 00:00:00    281528   6855434.  14820.   593621
4 2021-09-30 00:00:00    289919.  6957251.  15800.   1047273
5 2021-12-31 00:00:00    324237.  7075073.  16788.   1484452
6 2022-03-31 00:00:00    270178.  7370200.  14789    155635
```

给定一个数据框(读入的或者 R 软件程序处理过程中产生的),应如何调用数据框中的数据变量？比如前面 mydata 数据框中的 gdp 数据。有两种方法：一是用"数据框名＄变量名"的形式,比如 mydata$gdp；二是在不与数据框外面变量重名的情况下,用"attach(数据框名)"设置缺省路径,然后就可以直接调用变量,命令"detach(数据框名)"则会取消这种设置。这里要特别注意数据框内外的变量可能重名的问题。下面以前面读入的 gdp 数据框 mydata 为例进行演示。

R 软件代码及主要输出结果

```
> #如果不加数据框名,直接调用变量,数据框中的数据不会被找到
> head(gdp)
Error in head(gdp) : 找不到对象'gdp'
>
> #用"数据框名＄变量名"的形式,就可以找到
head (mydata $ gdp)
[1]  18451.2   14628.0   17147.5   18605.8   21432.4   16689.1
>
> #或者设置缺省路径后,直接调用
> attach(mydata)
> head(gdp)
[1]  18451.2   14628.0   17147.5   18605.8   21432.4   16689.1
>
> #取消设置缺省路径后,又没法直接调用
> detach(mydata)
> head (gdp)
Error in head(gdp) : 找不到对象'gdp'
```

列表中数据的调用与数据框类似。

现在可以开始分析数据了,比如下面的 OLS 回归分析,对 mydata 数据框中的 gdp、m2、invest、trade 等变量进行对数变换后做回归分析。

R 软件代码及主要输出结果

```
> attach(mydata)
> lgdp=log(gdp)
> lm2=log(m2)
> linvest=log(invest)
> ltrade=log(trade)
>
```

```
> # 多元线性回归分析命令 lm
> # 结果输出到列表 olsout
> olsout=lm(lgdp~lm2+linvest+ltrade)
>
> #结果列表中信息太多,只列出主要综合信息
> summary(olsout)

Call:
lm(formula=lgdp~lm2+linvest+ltrade)
Residuals :
Min         1Q         Median      3Q         Max
-0.144198   -0.043416  -0.000856   0.039228   0.237969

Coefficients:
Estimate Std . Error t value Pr(>|t|)
(Intercept)0.281742   0.125966   2.237   0.0275*
lm2         0.700044   0.022244   31.471  <2e-6 ***
linvest     0.075345   0.006669   11.298  <2e-16 ***
ltrade      0.019049   0.027010   0.705   0.4823

Signif . codes :  0 '***'  0.001  '**'  0.01  '*'  0.05  ''.0.1''1
Residual standard error : 0.06407 on 102 degrees of freedom
Multiple R-squared : 0.9954,  Adjusted R-squared : 0.9952
F-statistic :     7318 on 3 and 102 DF, p-value : <2.2e-16
```

数据分析的一个重要任务是假说检验,在检验过程中需要计算或查表得出一个统计量的 p 值。R 软件中有非常方便的命令,用来计算主要随机变量的概率函数和分位数函数。例如,上述回归结果中 ltrade 的系数估计的 t 统计量为 0.705,我们可以计算它的 p 值如下:

R 软件代码及主要输出结果

```
> #单边检验   Pr(>t)
> 1-pt ( 0.705 , 102)
[1]  0.2412085
>
> #双边检验   Pr(>|t|)
```

```
> 2*(1-pt(0.705,102))
[1] 0.482417
```

与上述 OLS 估计结果列表中报告的 p 值 0.4823 几乎一样。

R 软件中有几个常用的概率相关函数：

pt(x,d)，概率函数，自由度为 d 的 t 分布从负无穷到 x 的概率，用来计算假说检验的 p 值。

qt(α,d)，分位函数，pt(x,d) 函数的反函数，用来计算给定显著水平为 α 时的阈值。如果知道 t 分布从负无穷到 x 的概率为 α，那么可以通过 qt(α,d) 计算 x。

pnorm(x) 和 qnorm(α)，正态分布的概率函数和分位函数。

pf(x,d_1,d_2) 和 qf(α,d_1,d_2)，自由度为 d_1 和 d_2 的 F 分布的概率函数和分位函数。

pchisq(x,d) 和 qchisq(α,d)，自由度为 d 的 χ^2 分布的概率函数和分位函数。

1.4 随机变量及资产回报

1.4.1 几个随机变量及其应用

随机变量是用来描述数据的工具。我们常用的随机变量有：正态分布随机变量、对数正态分布随机变量和学生 t 分布随机变量。

正态分布随机变量有几个显著优点。第一，两个参数就完全刻画了分布函数，极大地简化了模型参数的估计。第二，不相关性等同于独立性，简化了模型设置和独立性检验。第三，线性可加性，即多个正态分布随机变量之和还是正态分布。第四，在中心极限定理的结论下，样本均值将依分布收敛到一个正态分布的随机变量。由于这些良好的性质，正态分布随机变量被广泛用作模型误差，而在金融数据分析中，还经常被用来模拟资产回报。

对数正态分布随机变量，顾名思义，一个随机变量，如果经过对数变换后服从正态分布，那么这个变量就被称作对数正态分布随机变量。因为对数正态分布随机变量是正态分布随机变量的一个简单变换,所以正态分布的许多优点都被保留下来了。同时,变换定义保证了其取值范围为正数,因此对数正态分布随机变量经常被用来描述资产价格。

学生 t 分布随机变量最常见的用处在于构建检验统计量,涉及的检验如关于样本均值的检验、线性模型 OLS 回归中参数显著性检验等。在金融数据分析中,t 分布也经常被用作模型误差,这是由于它有比正态分布更大的尾部分布,而金融数据中经常能观察到肥尾现象。

1.4.2 资产回报:简单回报与对数回报

与正态分布随机变量和对数正态分布随机变量相关的是资产回报,分为简单回报和对数回报两种。

简单回报 s_t,定义为资产价格从时间 $t-1$ 到时间 t 的百分比变化:

$$s_t = P_t/P_{t-1} - 1$$

资产的简单回报,简单并且直观,对应着资产增值的单利,$P_t = P_{t-1}(1+s_t)$。简单回报多用在日常生活中。但如果用正态分布描述简单回报,资产价格就不是一个简单的随机变量,其分布函数就比较复杂。

对数回报 r_t,定义为资产价格的对数差分:

$$r_t = \ln P_t - \ln P_{t-1}$$

对数回报对应着资产增值的连续复利,$P_t = P_{t-1} e^{r_t}$。如果价格过程为对数正态分布,则对数回报正好是正态分布。这一点比资产的简单回报方便。

对数回报还有一个优点,就是便于计算多期的复合回报,比如月度对数回报(假设一个月有 23 个交易日,从时间 t 到时间 $t+23$ 的回报记为 $r_{t,t+23}$,与一般的回报记号 r_t 不同,这里是双下标)正好等于这个月内的 23 个日度对数回报之和:

$$r_{t,t+23} = \ln P_{t+23} - \ln P_t$$
$$= \ln P_{t+23} - \ln P_{t+22} + \ln P_{t+22} - \cdots - \ln P_t$$

$$= r_{t+22,t+23} + r_{t+21,t+22} + \cdots + r_{t,t+1}$$

即对数回报有简单的线性加总特性,而简单回报不具有这种特性。

由于对数回报的上述显著优点,它多被用在学术研究中。

简单回报 s_t 与对数回报 r_t 的对应关系如下:

$$s_t = \frac{P_t}{P_{t-1}} - 1 = \frac{P_{t-1}e^{r_t}}{P_{t-1}} - 1 = e^{r_t} - 1$$

由泰勒展开,我们有:

$$s_t = r_t + \frac{1}{2}r_t^2 + \frac{1}{6}r_t^3 + \cdots$$

可见,当对数回报绝对值比较小时,对数回报与简单回报的差别很小。

由上述关系还可以看出,一般情况下,给定资产期初和期末的价格,简单回报 s_t 会比对数回报 r_t 大一些,这也可能是投资机构偏好向投资者报告简单回报的原因之一。投资活动结果的简单回报 s_t 看起来会比对数回报 r_t 大一些,这一点有其经济学的逻辑:简单回报对应的是单利,而对数回报对应的是连续复利。由于利滚利,复利所得会比单利所得多。这意味着反过来,给定资产期初和期末的价格,简单回报 s_t 必须比对数回报 r_t 大一些。

与简单回报和对数回报相关的,还有回报的年化问题。投资活动一般不可能正好都有相同的时间长度,有些几周,有些几个月,长度不等。为了横向比较投资收益率,最好的方法是将其年化,即将这样的投资表现简单地重复到一年的时间长度,计算会有多大的回报。年化收益率等于实际投资期间的收益率乘以一年内投资期间的个数,比如月度回报乘以12得到年度回报。

如果投资时间长度大于一年,则平均年化回报将等于各年度回报的平均值。同样由于对数回报的简单线性加总特性,平均年化的对数回报将不依赖于数据的取样频率,用期间日度数据加总平均计算的回报值与用月度数据加总平均计算的回报值年化后的结果一样。而平均年化简单回报会依赖于取样频率,并且一般是频率越高,计算出来的数值越大。

1.5 矩条件及其经济含义

说到随机变量,我们首先想到的是分布函数和矩条件。尽管分布函数更精确、更全面,但矩条件有时比分布函数更直观。

1.5.1 几个矩条件及其经济含义

均值,随机变量的一阶矩条件。投资活动中经常报告的一段时间的平均回报,就是回报的样本均值。投资者为什么关心回报的均值?因为这是投资者从长期视角来看最终得到的回报,当然是最重要的矩条件。

方差,随机变量的二阶中心矩,多用σ^2表示,其衡量变量与其均值的偏离程度,即不确定性程度。投资者为什么关心回报的方差?在很多情况下,不确定性等同于风险,特别是我们一般认为投资者是风险规避的。CAPM(资本资产定价模型)理论就假设所有的投资者都有均值-方差的效用函数,即投资者在收益和风险之间进行权衡。因此,方差作为对风险的度量,被广泛地应用在风险管理和衍生品定价中。

偏度,随机变量的三阶中心矩(计算中分母为随机变量的标准差的三次方,也称标准化后的三阶中心矩),定义为$E(x-E(x))^3/\sigma^3$,衡量分布的非对称性。一个对称分布的随机变量,如符合正态分布或t分布的随机变量,其偏度为零。投资者为什么关心回报的偏度?在方差的计算中,正的偏离(与均值的偏离)与负的偏离对方差的贡献是一样的。资产价格大涨与大跌的不确定性是一样的,但对投资者来说,风险是不一样的——大跌是风险,大涨则不是,至少不完全是。因此将方差作为风险的度量,是在对称分布的前提下。实际中在用方差度量风险时,投资者还会关心回报的分布是否存在非对称性及其程度,即偏度的大小,偏度也直接关系到期权等衍生品的定价及风险管理。

峰度,随机变量的四阶中心矩(计算中分母为随机变量的标准差的四次方),定义为$E(x-E(x))^4/\sigma^4$,其刻画了随机变量的尾部分布,比如在正态分布下,两倍标准差对应2.2%的尾部概率,而在 t 分布下(自由度=5),两倍标准差对应5%的尾部概率。投资者为什么关心回报的峰度?方差一般作为风险的度量,但相同的方差、不同的峰度,尾部风险是不一样的。峰度越高,意味着大涨大跌的可能性越大,即风险越大。不论是在数据分析的模型中还是在金融定价理论模型中,正态分布都是应用最广的。Black-Scholes-Merton 期权定价模型就假设资产价格遵循几何布朗运动,对应的对数回报就呈正态分布。如果一种资产的回报有比正态分布更肥的尾部分布,这时用 Black-Scholes-Merton 期权定价模型就低估了期权价格。

正态分布随机变量的峰度等于3。实践中,以3作为比较基准,如果一个随机变量的峰度大于3,我们就说它有肥尾现象,并且经常将峰度减去3,得到的结果被称作超额峰度(excess kurtosis)。有些地方直接将超额峰度简称为峰度,R 软件中就是这样。

总体矩与样本矩,一个随机变量由定义给出的矩条件,又被称作该随机变量的总体矩条件,比如,正态分布随机变量 $x \sim N(\mu, \sigma^2)$,它的总体均值 $E(x)$ 等于 μ。而从观测值计算得来的矩条件,被称作样本矩条件,比如给定观测值 $(x_1, x_2, \cdots, x_T)$,样本均值 $\bar{x} = \sum_{i=1}^{T} x_i / T$。在不会引起混淆的情况下,它们都被简称为矩条件。

1.5.2 中国资本市场中的矩条件

下面来看中国资本市场中的矩条件。我们用 R 软件进行计算。R 软件中用来计算这些矩条件的命令为"basicStats",需要程序包"fBasics"。下面的程序读入招商银行 2016—2022 年日度回报数据,计算日度回报变量 Dretwd 的矩条件。

R 软件代码及主要输出结果

```
> library (fBasics)
> setwd('D:/ywang/data')
> data = read_excel('./zhaoshang.xlsx', sheet='Sheet4')
> attach(data)
> basicStats(Dretwd)
X..Dretwd
```

```
nobs                1703.000000
NAs                    0.000000
Minimum               -0.086353
Maximum                0.099891
1.Quartile            -0.009237
3.Quartile             0.010075
Mean                   0.000730
Median                 0.000000
Sum                    1.242563
SE Mean                0.000443
LCL Mean              -0.000139
UCL Mean               0.001598
Variance               0.000334
Stdev                  0.018281
Skewness               0.347171
Kurtosis               2.457440
```

这里偏度等于 0.347171,好像有正向偏斜。峰度(实际为超额峰度)为 2.457440,好像有肥尾现象。可见,招商银行股票回报不大可能符合正态分布。

1.5.3 峰度和偏度的检验

实证计算发现,绝大多数股票回报的样本超额峰度都大于零,这是否意味着那些股票的回报有肥尾现象?一个随机变量是否有肥尾现象,要看总体峰度,因此我们需要用样本峰度构建统计量,对总体峰度进行假说检验。

给定观察样本 $\{x_1, x_2, \cdots, x_T\}$,假设它们符合正态分布 $N(\mu, \sigma^2)$,那么样本超额峰度为如下正态分布:

$$K^* = \frac{1}{\sigma^4} \frac{1}{T} \sum_{i=1}^{T} (x_i - \bar{x})^4 - 3 \sim N\left(0, \frac{24}{T}\right)$$

用这个分布,我们可以检验是否存在肥尾现象。给定计算出的样本峰度,先标准化处理,即 $\sqrt{\frac{T}{24}} K^*$,再找到它在正态分布下对应的 p 值(可以用 R 软件中的"pnorm"命令),从而判断是否可以拒绝超额峰度等于零的假说。比如上述招商银行 A 股回报

数据,已知超额峰度为 2.457440,样本有 1 703 个观测值,检验如下:

R 软件代码及主要输出结果

```
> x=sqrt(1703/24)* 2.45744
> x
[1] 20.70068
> 1-pnorm(x)
[1] 0
```

计算得 $p=0$,可以拒绝超额峰度等于零的假说,因此我们可以认为招商银行日度回报存在肥尾现象。

类似地,可以用样本偏度检验一个随机变量的总体偏度是否为零。给定观察样本 $\{x_1, x_2, \cdots, x_T\}$,假设它们来自正态分布 $N(\mu, \sigma^2)$,那么样本偏度为如下正态分布:

$$S^* = \frac{1}{\sigma^3} \frac{1}{T} \sum_{i=1}^{T} (x_i - \overline{x})^3 \sim N\left(0, \frac{6}{T}\right)$$

用这个分布可以进行检验。比如上述招商银行 A 股回报数据,已知样本偏度为 0.347171,检验如下:

R 软件代码及主要输出结果

```
> y=sqrt(1703/6)* 0.347171
> y
[1] 5.848913
> 1-pnorm(y)
[1] 2.473983e-09
```

计算得 $p=2.473983e-09$,可以拒绝偏度等于零的假说,因此我们可以认为招商银行日度回报存在正向有偏分布现象。

1.6 预测的本质

前面我们提到过,时间序列分析的主要任务之一是预测。那么在随机变量模型框架下,一个预测问题的预测结果是什么样的?在一个公平的抛硬币游戏中,预测下一次抛硬币的结果,几乎所有人都能给出正确答案,即正反面出现的概率各为50%。对随机变量最精确的描述是概率分布,因为没有人知道随机变量最终会出现哪个状态,唯一能知道的只是概率分布。因此,预测的最精确结果只能并且应该是目标随机变量在下一时间的概率分布。

1.6.1 预测概率分布与预测矩

一般来说,概率分布比较抽象,更常见的预测结果是一个概率分布对应的一些统计量,如均值、中位数、众数等矩条件。当目标变量取值为各种可能状态时,多用众数预测,代表最有可能发生的情况,比如天气预报报告的一般是基于概率分布的众数。我们经常看到两种天气预报结果:一种是简单地预测第二天是晴天、阴天或雨天;另一种是在给出预测结果的同时给出相应的概率,比如第二天晴天(40%的概率)。

当目标变量为连续数值时,经常用均值或中位数预测,如对CPI的预测等。均值预测更为常见,主要有两个原因。第一,如前面所讨论的,均值有更好的经济含义。如果是投资话题,均值是一个投资者在长期投资中所得。第二,均值比中位数更容易计算。特别是均值计算有可加性,对变量 $x+y$ 的均值预测等于对 x 的预测加上对 y 的预测。

1.6.2 条件概率分布及条件矩

实践中,我们能够看到金融分析师会时常改变他的观点(预测),这样的分析师预测还值得相信吗?或者作为投资者的你,前几天看好股票A,预测它明年的业绩会很好,今天又改变了主意。为什么会这样?因为有新的信息出现了,从而使预测结果也跟着改变了,即预测会随着信息条件的改变而改变。

预测的本质,就是找到目标变量在将来某一时间的条件概率分布,充分利用预测时所有信息的条件概率分布。所谓的预测模型,一般就是建立目标变量与一些已知条件之间的关系,从而得到目标变量的条件概率分布函数。初级计量经济学中的线性回归模型 $y=\alpha_0+\alpha_1 x_1+\alpha_2 x_2+\varepsilon$(假设 ε 为正态分布),给出 y 是一个条件正

态分布随机变量,条件均值为 $E(y|x) = \alpha_0 + \alpha_1 x_1 + \alpha_2 x_2$,条件方差为常数 σ^2。在线性回归分析中,模型的设立本质上就是条件均值的设立。本书中的时间序列模型同样如此,核心是找到合适的条件概率分布函数。找到了合适的条件概率分布函数,条件众数、条件均值和条件中位数等自然而然就可以获得,也就是通常见到的预测结果。

1.6.3 条件概率分布与绝对概率分布

条件概率分布是一种函数关系,不是可以直接观察的对象。比如图1.3(a)是招商银行A股2016—2023年的日度回报数据,我们无法从中直接观察其条件概率分布,但可以非常容易地得到其经验分布图,如图1.3(b)所示。因此,绝对概率分

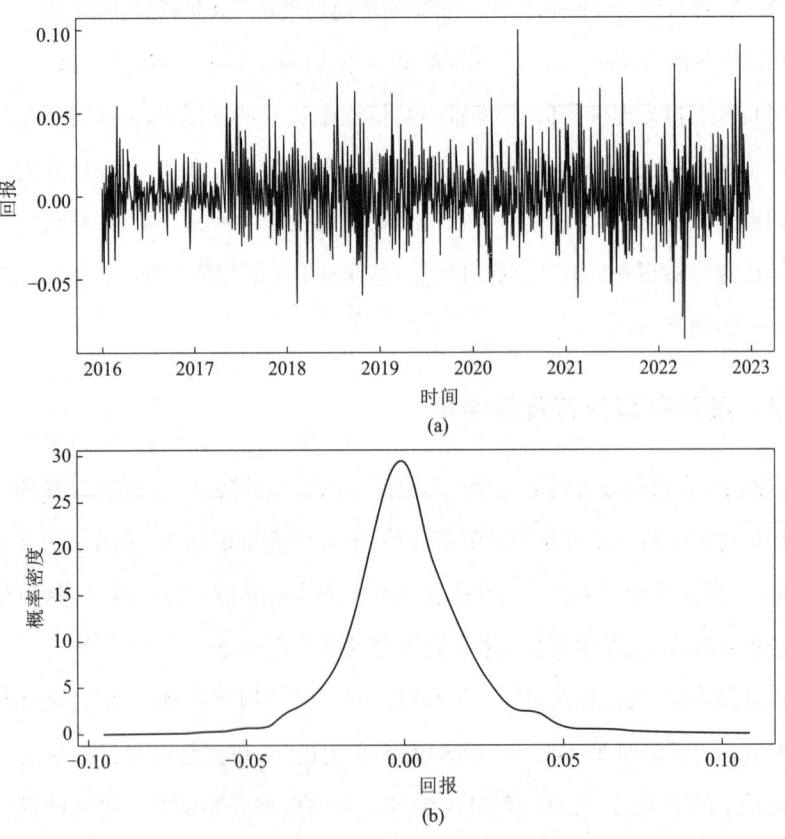

图1.3 招商银行A股2016—2023年日度回报及经验分布

布更容易把握,能够直接判断一个绝对概率分布模型与观察到的数据之间的一致程度。这一点被用来衡量一个条件概率分布模型对数据的拟合精确程度,即看模型能否生成与数据的经验分布接近的绝对概率分布函数。

练习题

1. 假设一种资产的月度对数回报均值为 5%,方差为 0.01,那么该资产的月度简单回报的均值和方差是多少?

2. 下载上证综合指数 2000—2022 年日度收盘指数数据,计算其日度简单回报及对数回报的均值、方差、偏度及峰度,分别检验这两种回报的分布是否有非对称性及肥尾现象,并思考这两种回报之间有什么显著差别。

3. 利用练习题 2 中的数据,计算并比较其月度简单回报和对数回报的均值。与练习题 2 的结论有什么差别?

4. 举例讨论什么情况下适合用中位数进行预测。

第 2 章

时间序列的
基本性质

时间序列数据的相关性使得独立抽样假设不成立,从而导致在实证分析中广泛使用的假说检验和 OLS 回归分析缺乏理论基础,因此我们需要做其他的一些合理假设。所谓"合理",一是要比较符合实际,二是要能简化问题,使得我们可以处理数据从而得到结果。这就是时间序列数据的平稳性及遍历性假设。

在这一章,我们首先介绍平稳性、遍历性和自相关性,然后介绍存在自相关性时的大样本性质(样本量趋近无穷大时的性质)。该大样本性质将为后面的时间序列分析提供理论基础。

2.1 平稳性

平稳性,直观来说,是指数据结构不随时间变化而变化的特性。只有保持这样的结构不变性,我们才能利用历史数据来建立变量间的关系,从而进行判断和预测。事实上,结构不变性是一切计量经济学的基础,如果结构变了,那么政策评估和预测等都将没有依据。

严格定义上,平稳性可以分为弱平稳和强平稳两种。

2.1.1 弱平稳的定义及实践意义

定义 2.1 给定时间序列过程 $\{y_t, t=0, \pm 1, \pm 2, \cdots, \pm \infty\}$,如果满足下列条件,则称弱平稳:

(1) 在任意时间点的均值都有限且相等,即 $E(y_t) = \mu < \infty$;

(2) 在任意两个时间点之间的协方差都有限,且只依赖于两点间的时间间隔,而不依赖于其具体位置,即 $\text{Cov}(y_t, y_{t+k}) = \gamma_k < \infty$。

弱平稳又称协方差平稳。由于这里的协方差是过程 y_t 与它自己的滞后项 y_{t+k} 之间的协方差,因此又被称作自协方差。显然,在第二个条件中,时间间隔为零也成立,这意味着弱平稳的时间序列在任意时间点的方差也是有限且相等的。

弱平稳的实践意义在于:第一,未来的均值与过去的均值是一样的,未来的方差、协方差与过去的方差、协方差也是一样的,可以用过去预测未来。第二,没有弱平稳性,样本均值和样本方差、协方差就没有具体意义。只有在弱平稳时,样本均值和样本方差、协方差才可以被用来估计总体均值和总体方差、协方差。如果每一个时间点的总体均值都不一样,即不存在一个不变的总体均值,那么,除非另外设定总体均值与时间的关系,否则就不可能估计出总体均值。

2.1.2 强平稳的定义及实践意义

定义 2.2 给定时间序列过程 $\{y_t, t=0, \pm 1, \pm 2, \cdots, \pm \infty\}$,如果其中任意 k 个时间点的状态变量 $(y_{t_1}, y_{t_2}, \cdots, y_{t_k})$ 的联合分布函数,与该结构移动任意 s 个时间点后的结构 $(y_{t_1+s}, y_{t_2+s}, \cdots, y_{t_k+s})$ 的联合分布函数都相等,则该过程被称作强平稳。

强平稳又称严格平稳。显然,如果一个过程的二阶矩(方差、协方差)有限,则强平稳意味着弱平稳,强平稳比弱平稳的条件更严格。如果一个时间序列过程服从正态分布,则强平稳与弱平稳等价。

强平稳的实践意义主要在于分布函数及高阶矩的估计。在金融实务的风险管理中,计算在险价值需要先估计资产价格的分布函数。在衍生品定价过程中,有时需要估计资产价格的三阶矩(偏度)和四阶矩(峰度)。如果没有强平稳性,样本偏度(样本峰度、样本经验分布函数)就没有具体意义,从而也就不能用样本偏度(样本峰度、样本经验分布函数)作为总体偏度(总体峰度、总体分布函数)的估计。

在大多数金融时间序列分析实践中,我们一般只需要弱平稳性。因此,我们下面提到平稳性时,除非特别说明,一般指的都是弱平稳。

2.2 遍历性

平稳性假设是将样本均值用作总体均值估计的必要条件,而不是充分条件,为此我们引入遍历性概念。

2.2.1 遍历性的定义

定义 2.3 给定一个平稳的时间序列过程 $\{y_t, t=0,\pm1,\pm2,\cdots,\pm\infty\}$,如果对于其中任意 k 个时间点的状态变量 $(y_{t_1}, y_{t_2}, \cdots, y_{t_k})$ 与该结构移动任意 s 个时间点后的结构 $(y_{t_1+s}, y_{t_2+s}, \cdots, y_{t_k+s})$,以及任意两个有界方程 $f: R^k \to R$ 和 $g: R^k \to R$,有:

$$\lim_{s\to\infty} |E[f(y_{t_1}, y_{t_2}, \cdots, y_{t_k}) g(y_{t_1+s}, y_{t_2+s}, \cdots, y_{t_k+s})]|$$
$$= \lim_{s\to\infty} |E[f(y_{t_1}, y_{t_2}, \cdots, y_{t_k})]\| E[g(y_{t_1+s}, y_{t_2+s}, \cdots, y_{t_k+s})]|$$

则称该过程为遍历平稳过程。

直观来看,遍历平稳过程中,两个片段如果距离足够远,则几乎独立。

2.2.2 遍历性的必要性

时间序列过程与独立同分布不一样,它不会重复发生。在独立同分布(即横截面数据)问题中,比如抛硬币,为了估计正面出现的概率,我们可以一次一次地反复抛硬币,得到同一个随机变量的反复抽样。而在时间序列数据中,比如招商银行股票 2016—2020 年的日度回报数据,如果历史可以重演,我们可以让这五年重新来过一次又一次,直到无穷次,从而得到这五年的"套装"(这五年每天的日度回报)均值。但事实上历史不会重演,只能出现一次。我们观察到的 2016—2020 年的五年日度回报数据,只是招商银行股票回报过程的一个片段,不可能重复,这个片段与之前的历史或之后的将来都来自不同的随机变量。因此,在时间序列数据中,无法像抛硬币那样,用样本均值来估计总体均值。

给定时间序列过程片段,如果过程是平稳的并且前后时间的观测值之间的关联程度比较低,每个点的观测值与前面的相比都有足够的变化,那么这时该片段的样本均值就有可能收敛到那个共同的总体均值。为了理解此处的"关联程度比较低",我们考虑一种极端情况,即前后一点关联都没有,就回到了前面提到的独立同分布的情况,此时样本均值可以用作总体均值的估计。再考虑另一种极端情况,即关联程度高到前后完全没有变化,整个片段数据都在复制第一个观测值,这时就不可能得到总体均值的估计,犹如在独立同分布问题中只有一个观测值。

遍历性其实就是"关联程度比较低"的一个数学上的标准。

2.2.3 弱相关性:平稳线性过程中的遍历性

在线性的框架下,有更直接的指标来判断一个时间序列过程是否"关联程度比较低"。当平稳过程可以表示为 $y_t = \mu + \varepsilon_t + \sum_{i=1}^{\infty} \psi_i \varepsilon_{t-i}$ 时(ε_t 表示独立同分布的白噪声),自协方差不依赖于时间 t,这时如果所有的自协方差绝对可加:

$$\gamma_k = \mathrm{Cov}(y_t, y_{t+k}), \sum_{k=0}^{\infty} |\gamma_k| < \infty$$

那么该过程就是遍历的。

显然,如果 k 阶自协方差 γ_k 随着 k 趋近无穷大而快速地趋近于零,如指数函数(cd^k, $|d|<1$)形式,那么它们就绝对可加。我们将所有自协方差绝对可加性称作弱相关性,因为它们会快速地趋近于零。本书接下来的内容主要考虑线性模型,不需要上述严格的遍历性,只需要弱相关性。

2.3 自相关性

时间序列数据的特征是相关性。相较于空间数据,时间序列数据的相关性比较简单,它的相关性局限于自相关性,即一个过程前后之间的自相关性。刻画自相关性的一个有用概念是自相关函数。

2.3.1 自相关函数及自协方差函数

1. 总体自相关函数

对于一个平稳的时间序列过程 $\{y_t, t=0, \pm1, \pm2, \cdots, \pm\infty\}$,自协方差不依赖于时间 t,因此自协方差 $\gamma(k) = \text{Cov}(y_t, y_{t+k})$,作为 k 的函数,被称作自协方差函数。

这时 k 阶自相关系数可以被定义为:

$$\rho(k) = \text{corr}(y_t, y_{t+k}) = \frac{\text{Cov}(y_t, y_{t+k})}{\sqrt{\text{Var}(y_t)\text{Var}(y_{t+k})}} = \frac{\gamma(k)}{\gamma(0)}$$

将这些自相关系数合在一起看作 k 的函数,形成总体自相关函数。

2. 样本自相关函数

给定数据样本 $(y_1, y_2, \cdots, y_T)$,我们可以按下述方法计算其样本自相关函数 $\hat{\rho}(k)$:

$$\bar{y} = \frac{1}{T}\sum_{t=1}^{T} y_t, \quad \hat{\gamma}(k) = \frac{1}{T}\sum_{t=1}^{T-k}(y_t - \bar{y})(y_{t+k} - \bar{y}), \quad \hat{\rho}(k) = \frac{\hat{\gamma}(k)}{\hat{\gamma}(0)}$$

3. 自相关性与可预测性

自相关性的一个重要应用是进行预测。比如当今天的回报与昨天的回报存在高度正自相关性时,如果今天股价上涨,收益为正,那么明天大概率还会有正的收益。

时间序列模型主要是用来预测的,而过程是否有可预测性是分析的重要前提。在线性的框架下,我们一般用预测变量的线性组合构造预测对象的条件均值,即 $y_t = \alpha + \beta_1 x_{1,t-1} + \cdots \beta_k x_{k,t-1} + \varepsilon_t$ 形式的条件分布模型,其中 $x_{1,t-1}, \cdots, x_{k,t-1}$ 为提前知道的预测变量。某个 β_j 不等于零,意味着 $x_{j,t-1}$ 可以用来预测 y_t。线性模型的 OLS 估计告诉我们,这个模型中的系数 $\beta_j (j=1, \cdots, k)$ 正比于 y_t 与 $x_{j,t-1}$ 的相关系数。在时间序列分析中,这些预测变量 $x_{1,t-1}, \cdots, x_{k,t-1}$ 一般是预测对象的历史观测值,即 $y_{t-j}(j \geqslant 1)$。因此,是否有可预测性问题,在线性的框架下就是是否存在自相关性问题。如果存在某个 k 阶自相关系数 $\rho(k)$ 不等于零,则该过程存在可预测性。

2.3.2 自相关系数的检验

用上面构造的样本自相关函数,我们可以检验总体自相关系数是否显著不等于零,即检验过程是否有可预测性。

1. t 检验:单个自相关系数的检验

对于单个自相关系数 ρ_k,我们有:

$$H_0:\rho_k=0, \quad H_1:\rho_k\neq 0$$

$$t = \frac{\hat{\rho}_k}{\sqrt{(1+2\sum_{i=1}^{k-1}\hat{\rho}_i^2)/T}} \sim t_{T-1}$$

给定计算出的 t 值,查统计量表或者在 R 软件中用"pt(t,T-1)"命令计算,得到自由度为 $T-1$ 的 t 分布的 p 值,如果 p 值小于给定的显著性水平(如 1%),则可以拒绝 H_0 假说,从而得出可能有可预测性的结论。

在小样本情况下,$\hat{\rho}_k$ 是 ρ_k 的有偏估计,并且偏差在 $1/T$ 的量级,因此,当样本量比较小时,这个 t 检验的偏差比较大。但在金融时间序列数据中,样本量一般比较大,因此偏差问题不那么严重。

2. Q 检验:多个自相关系数的同时检验

金融时间序列数据经常有隔期相关性。比如 CPI,与上期数据有相关性,与上年同期数据也有相关性。因此,如果是月度数据,那么不仅要看 ρ_1,还要看 ρ_{12}。要检验过程是否有可预测性,我们要检验多个相关系数是否同时为零,一种常用的方法是检验它们的平方和是否为零。如果相关系数全部为零,那么它们的平方和一定为零;如果至少有一个不为零,那么它们的平方和一定不为零。这里我们用 Ljung-Box 检验[来自 Ljung and Box(1978),是 Portmanteau 检验的一种改进,文献中也称 Q 检验]:

$$H_0:\rho_1=\rho_2=\cdots=\rho_m=0, \quad H_1:\rho_j\neq 0, \quad j=1,2,\cdots,m$$

$$Q(m) = T(T+2)\sum_{k=1}^{m}\frac{\hat{\rho}_k^2}{T-k} \sim \chi^2(m)$$

这里的分布是当 T 趋近无穷大时的渐进分布,有限样本情况下为近似分布。做这个检验,需要提前设定检验多少个自相关性系数,记作 m,一般建议 m 大约等于 $\ln(T)$。

给定计算出的 $x=Q(m)$,查统计量表或者在 R 软件中用"pchisq(x,m)"命令计算,得到自由度为 m 的 χ^2 分布的 p 值,如果 p 值小于给定的显著性水平(如1%),则可以拒绝 H_0 假说,从而得出可能有可预测性的结论。

3. 其他自相关系数检验方法

上述自相关系数检验方法,在样本量比较小时,偏差可能比较大。其他方法还包括检验效率更高的 Durbin-Watson(DW)检验。DW 检验经常被用在线性回归分析模型的模型误差自相关性检验中,因为那里的样本量一般比较小。这里不做介绍,读者可以参考计量经济学教材(如伍德里奇,2010)。

在对金融市场数据的自相关系数检验中,还包括方差比检验,这里也不做介绍,读者可以参考 Campbell et al. (1997)。

2.3.3 股票市场的可预测性

1. 可预测性与市场有效性

在金融实证中,可预测性与市场有效性经常连在一起。金融中把有效市场分为"弱有效""半强有效"和"强有效"三种。弱有效市场,指不可能用资产价格本身的信息构建一个交易策略,从而产生超额回报的市场。半强有效市场,指不可能用所有的公共信息构建一个交易策略,从而产生超额回报的市场。强有效市场,指不可能用任何信息构建一个交易策略,从而产生超额回报的市场。

有效市场的定义都建立在交易策略的超额回报上。要产生超额回报,首先必须要有基于预测的交易策略。因此,如果一个市场中的资产回报没有可预测性,也就无法构建交易策略,从而意味着市场弱有效。这就是为什么 20 世纪 60 年代以前,最严格的有效市场假说认为,股价回报是独立同分布的,因为独立同分布过程没有任何的可预测性。那个时期金融学术界关于市场无效性的实证检验,都是检验资产回报的可预测性。不可预测性意味着市场有效,但反过来,可预测性不一定意味着市场无效,因为存在可预测性并根据预测结果构建的交易策略即使产生正的回报,也不一定是超额回报,从而没法判断市场是否无效。现在的金融学术界关于市场无效性的实证检验,不再是简单检验资产回报的可预测性,而是检验能否构造一个交易策略产生超额回报。

2. 招商银行 A 股回报的可预测性检验

下面用 R 软件检验招商银行 A 股 2016—2022 年日度回报的可预测性,数据同前。

R 软件代码及主要输出结果

```
> data = read_excel ('. /zhaoshang. xlsx ', sheet = 'Sheet4 ')
> attach (data)
> k <-trunc (log (length (Dretwd)))
> k
[1] 7
> Box. test (Dretwd, lag=k, type= 'Ljung ')
Box-Ljung test
data: DretwdX-squared = 6.5626, df = 7, p-value = 0.4758
```

从上面 R 软件的输出结果可以看到,当我们选择七阶滞后的 Ljung-Box 检验(Q 检验)时,统计量为 6.5626,对应的 p 值为 0.4758。因此,我们不能拒绝这个回报过程从一阶到七阶的自相关系数同时为零的假说,即过程可能没有可预测性。

下面我们再检验沪深 300 指数 2016—2022 年日度回报的可预测性。

R 软件代码及主要输出结果

```
> data = read_excel ('. /index. xlsx ', sheet= 'Sheet2 ')
> attach (data)
> k <-trunc (log (length (ret)))
> k
[1] 7
> Box. test (ret , lag=k , type= 'Ljung')
Box-Ljung test
data : ret
X-squared = 13.71 , df = 7 , p-value = 0.05658
```

从上面 R 软件的输出结果可以看到,Q 统计量为 13.71,对应的 p 值为 0.05658。在 10% 的显著性水平下,我们可以拒绝这个回报过程从一阶到七阶的自相关系数同时为零的假说,即过程有可预测性。

比较上述两个检验结果可以发现,个股没有可预测性,但股票指数有。其实大多数市场中的个股及指数基本上都有这一特征。背后的逻辑是,股票指数回报是个股回报在个体维度的加总,加总数据有时可以提高可预测性。单个过程中的微弱的自相关性被噪声污染,不容易被检测到;而许多这样的单个过程加总后,共同的自相关性特征被保留了下来,各自的噪声加总时会相互抵消一些。因此,指数回报的自相关性就容易被检测到。

2.4 大样本性质

对于上面介绍的自相关性检验,我们没有给出其统计量分布函数的推导及证明,其实它们都建立在随机变量的大样本性质上,即大数定理及中心极限定理。

2.4.1 大数定理

大数定理是统计推断的理论基础之一,没有大数定理,就没有参数估计。

1. 独立抽样时的大数定理

初级计量经济学或数理统计中的大数定理,即 Kolmogorov 强大数定理:

定理 2.1 如果 $\{y_i, i=1,2,\cdots\}$ 是独立同分布的,并且均值有限,$E(y_i) = \mu$,那么当样本量趋近无穷大时,样本均值收敛于总体均值,$\bar{y}(n) = \dfrac{1}{n}\sum_{i=1}^{n} y_i \to_{a.s.} \mu$。

有了这个大数定理,我们就可以用样本矩来估计总体矩。因为大数定理保证了当样本量趋近无穷大时,我们有正确估计;当样本量足够大时,这个估计是可信的。这也是我们通常所说的一致估计。

2. 时间序列数据的大数定理

在时间序列数据情况下,独立性不存在,从而 Kolmogorov 强大数定理不成立。

但如果数据来自一个遍历的平稳过程,那么我们还有一个大数定理:

定理 2.2 如果 $\{y_t, t=1,2,\cdots\}$ 来自一个遍历的平稳过程,并且均值有限, $\mathrm{E}(y_t)=\mu$,那么当样本量趋近无穷大时,样本均值收敛于总体均值, $\bar{y}(n) = \frac{1}{n}\sum_{t=1}^{n} y_t \xrightarrow{a.s.} \mu$。

这个大数定理的证明见 Karlin and Taylor(1975)。这个定理为时间序列数据的均值运算,比如第 1 章中讨论的资产回报的均值运算提供了理论基础。有了这个大数定理,我们就知道第 1 章中计算的资产回报的均值是一个投资者在长期得到的回报,可以预测将来的回报。

3. 矩条件的一致估计

由于遍历平稳过程 $\{y_t, t=1,2,\cdots\}$ 的可测变换 $\{z_t = f(y_t), t=1,2,\cdots\}$ 也是遍历平稳的,而幂函数 $f(x) = x^n$ 是简单的可测变换,因此,时间序列数据的大数定理适用于计算遍历平稳数据的方差、偏度、峰度等各种矩条件。也就是说,如果数据来自一个遍历的平稳过程,那么它的样本方差、样本峰度等样本矩条件就是对应总体矩条件的一致估计。这样我们在第 1 章中计算的回报方差、偏度和峰度等指标,也就有了理论基础。

2.4.2 中心极限定理

统计推断的另一个理论基础是中心极限定理,应用最广的例子可能是检验产品质量是否合格的抽样检验。横截面数据的线性回归分析中的变量显著性检验,也建立在中心极限定理之上。

1. 独立抽样时的中心极限定理

初级计量经济学或数理统计中的中心极限定理,通常要求假设独立同分布,即 Lindeberg-Levy 中心极限定理:

定理 2.3 如果 $\{y_i, i=1,2,\cdots\}$ 是独立同分布的,并且均值有限, $\mathrm{E}(y_i)=\mu$,方差有限, $\mathrm{Var}(y_i)=\sigma^2$,那么当样本量趋近无穷大时,标准化后的样本均值收敛于一个正态分布的随机变量,即 $\bar{y}(n) = \frac{1}{n}\sum_{i=1}^{n} y_i$,$\sqrt{n}(\bar{y}(n) - \mu) \to N(0, \sigma^2)$。

2. 时间序列数据的中心极限定理

在时间序列数据情况下,独立性不存在。与大数定理的情况相同,如果数据来自一个遍历的平稳过程,那么我们也有一个中心极限定理,即 Gordin 中心极限定理,具体见 White(1984)。下面介绍一个简单一些但足够本书使用的中心极限定理:

定理 2.4 对于一个弱平稳的时间序列过程 $\{y_t, t = 1, 2, \cdots\}$,如果它可以表示为 $y_t = \mu + \varepsilon_t + \sum_{i=1}^{\infty} \psi_i \varepsilon_{t-i}$,$\varepsilon_t$ 为独立同分布的白噪声,并且自相关函数绝对可加:

$$\gamma_j = \mathrm{Cov}(y_t, y_{t+j}),\ \sum_{j=0}^{\infty} |\gamma_j| < \infty$$

令 $\bar{y}(n) = \frac{1}{n}\sum_{t=1}^{n} y_t$,那么有:

$$\sqrt{n}(\bar{y}(n) - \mu) \to N\left(0, \sum_{j=-\infty}^{\infty} \gamma_j\right)$$

该定理的证明见 Brockwell and Davis(1991)。这个中心极限定理与前面的 Lindeberg-Levy 中心极限定理(定理 2.3)相比,不仅前提条件不同,而且结果也有差别。结果差别在于,极限分布的方差在独立抽样时是原过程的方差,而在时间序列数据中是原过程的方差与协方差之和。这一点容易理解,且非常直观。考虑 n 个随机变量平均值 $\bar{y} = \frac{1}{n}\sum_{i=1}^{n} y_i$ 的二阶矩,按定义有:

$$\mathrm{E}(\bar{y}^2) = \frac{1}{n^2}\mathrm{E}\left(\sum_{i=1}^{n} y_i\right)^2$$

$$= \frac{1}{n^2}\mathrm{E}\left(\sum_{i=1}^{n} y_i^2 + 2\sum_{i=1}^{n}\sum_{j=i+1}^{n} y_i y_j\right)$$

$$\approx \frac{1}{n}\left(\mathrm{E}(y_i^2) + 2\sum_{j=1}^{n-1} \mathrm{E}(y_1 y_{1+j})\right)$$

当独立抽样时,上述交叉项的均值等于零,从而均值的二阶矩等于总体矩的 $1/n$。

在时间序列数据情况下,交叉项的均值对应到总体的自协方差部分。

这个中心极限定理将是时间序列数据分析中所有假说检验的基础,能够为我们构造各种检验统计量提供理论保证,解决模型中变量的显著性等问题,同时还能够用来构造预测值的置信区间。

2.4.3　t 检验：资产回报的比较

下面看一个中心极限定理的简单应用例子:变量均值的计算及检验。比如,一个基金经理说,他管理的基金能跑赢市场指数。如何用数据验证他的这个说法？这本质上是一个时间序列数据的均值检验问题。假设我们已知他管理的基金过去几年的每日回报与市场指数回报的差 r_t,需要检验的是：

$$H_0: E(r_t) = 0, \quad H_1: E(r_t) > 0$$

1. 关于均值的 t 检验

如果数据没有相关性,那么简单的 t 检验就可以完成这个任务：

$$t = \frac{\bar{r}}{\hat{\sigma}_{\bar{r}}} \sim t(n-1), \quad \bar{r} = \frac{1}{n}\sum_{t=1}^{n} r_t,$$

$$\hat{\sigma}_{\bar{r}}^2 = \frac{1}{n}\hat{\text{Var}}(r_t) = \frac{1}{n^2}\sum_{t=1}^{n}(r_t - \bar{r})^2$$

而给定现在的时间序列数据,可能存在自相关性,我们需要利用上述新的中心极限定理(定理 2.4),构造类似的 t 统计量。唯一的差别在于,统计量分布的方差不再是样本方差的 $\frac{1}{n}$ 倍 $\left[\frac{1}{n}\hat{\text{Var}}(r_t)\right]$,而是样本方差及所有的自协方差之和的 $\frac{1}{n}$ 倍：

$$t = \frac{\bar{r}}{\hat{\sigma}_{\bar{r}}} \sim t(n-1), \quad \bar{r} = \frac{1}{n}\sum_{t=1}^{n} r_t,$$

$$\hat{\sigma}_{\bar{r}}^2 = \frac{1}{n}(\hat{\text{Var}}(r_t) + 2(\hat{\text{Cov}}(r_t, r_{t-1}) + \hat{\text{Cov}}(r_t, r_{t-2}) + \cdots))$$

上述计算还有一个问题,尽管总体自协方差之和 $\left(\sum_{j=-\infty}^{\infty} \gamma_j\right)$ 一定大于等于零,但事实上样本自协方差之和可能会出现负数。这不符合方差的定义。

2. 均值方差的计算:Newey-West 方法

为了解决样本自协方差之和可能出现负数这一实际问题,一种用样本自协方差的加权之和作为替代的方法被提出:

$$\hat{\sigma}_r^2 = \frac{1}{n} \sum_{k=0}^{m} \omega_k \hat{\text{Cov}}(r_t, r_{t-k}),$$

$$\omega_k = 1 - \frac{k}{m+1}, \quad m \approx 0.5 n^{1/3}$$

这里 m 是计算自协方差滞后的最大阶数,也有人建议 $m \approx 12(n/100)^{0.25}$。由于 $k=0$ 对应样本方差永远为正数,而这时权重最大(=1),因此即使有些自协方差(当 $k>0$ 时)为负数,但对应的权重较小,所以也可以保持总和为正数。

Newey and West(1987)证明了,当样本量趋近无穷时,这个计算值是真实值的一致估计。其实这个 Newey-West 加权方法不仅可以用于这里的 t 统计量的构造,还可以用在几乎所有其他类似问题的方差计算中。

3. 招商银行 A 股回报是否跑赢大市?

下面我们检验招商银行 A 股股票回报在 2016—2022 年是否跑赢沪深 300 指数日度回报。首先读入招商银行股票和沪深 300 指数数据,求出每日收益之差 r_t,再分别用考虑数据自相关性和不考虑数据自相关性两种方法计算这个收益差的 t 统计量。

为了利用 R 软件中的程序包计算 Newey-West 加权方差,我们用一种替代的 t 统计量计算方法,即把数据变量拟合到回归模型 $r_t = \alpha + \varepsilon_t$ 中,参数 α 的 t 统计量即为 r_t 的均值的 t 统计量。在 R 软件中的命令为 "coeftest(lm(回归模型), vcov. = NeweyWest)"。程序及结果如下:

R 软件代码及主要输出结果

```
> library (readxl)
> library (AER)
> #读入并合并数据
> setwd ('D:/ywang/data')
> data1 = read_excel ('./zhaoshang.xlsx', sheet = 'Sheet4')
> data2 = read_excel ('./index.xlsx', sheet = 'Sheet2')
```

```
> data=merge(data1,data2,by=c("Trddt"))
> r=data$Dretwd-data$ret
>
> #看看样本自相关系数,是否有自相关性
> rho=acf(r)
> rho
Autocorrelations of series r, by lag
    0      1      2      3      4      5      6      7      8
1.000 -0.006 -0.022 -0.012 -0.018  0.028  0.025  0.035 -0.048
>
> #考虑有自相关性的均值检验
> coeftest(lm(r~1), vcov. = NeweyWest)
t test of coefficients:
Estimate Std. Error t value Pr(>|t|)
(Intercept) 0.00072020   0.00034686   2.0764    0.03801   *
>
> #不考虑有自相关性的均值检验
>coeftest(lm(r~1))
t test of coefficients:
Estimate Std. Error t value Pr(>|t|)
(Intercept) 0.00072020   0.00037262   1.9328    0.05343
```

从上述结果可以看出,如果数据存在自相关性,当考虑数据的自相关性而用 Newey-West 方法计算方差时,t 统计量为 2.0764,p 值为 0.03801。在 5% 的显著性水平下,可以拒绝等于零的假说,即招商银行股价跑赢了沪深 300 指数。而如果不考虑数据的自相关性,t 统计量为 1.9328,p 值为 0.05343。在 5% 的显著性水平下,不能拒绝等于零的假说,即招商银行股价与沪深 300 指数并无差别。

Newey-West 方法之所以会得出大一些的 t 统计量,是因为数据存在负的自相关性,上述结果中自相关性函数 ACF(r) 清楚地表明了这一点。这个例子清楚地表明,如果不考虑数据的自相关性,可能会得出错误的结论。

2.5 时间序列数据在线性回归模型中的应用

线性回归模型及其 OLS 估计在横截面数据中被广泛使用,也经常被用于分析

时间序列数据。比如金融中被广泛使用的公司股票系统性风险 Beta 的估计,一般会用到市场模型,即计算公司股票回报对市场指数回报的回归。其他的应用还包括估计一个国家历史上通货膨胀率与失业率之间的关系等。但这些估计结果是否可靠? 需要注意哪些问题?

2.5.1 时间序列数据在 OLS 估计中的问题

1. 多元线性回归模型 OLS 估计

回忆一下初级计量经济学中关于多元线性回归模型 OLS 估计的基本结论。对多元线性模型 $y_i = \beta_0 + \beta_1 x_{1,i} + \beta_2 x_{2,i} + \cdots + \beta_p x_{p,t} + \varepsilon_i$ 和数据,模型参数 $\beta = (\beta_0, \beta_1, \cdots, \beta_p)'$ 的 OLS 估计为:

$$\hat{\beta} = (X'X)^{-1}(X'Y)$$

$$X = \begin{pmatrix} 1 & x_{11} & x_{21} & \cdots & y_{p1} \\ 1 & x_{12} & x_{22} & \cdots & y_{p2} \\ \vdots & \vdots & \vdots & \cdots & \vdots \\ 1 & x_{1n} & x_{2n} & \cdots & y_{pn} \end{pmatrix}, \quad Y = \begin{pmatrix} y_1 \\ y_2 \\ \vdots \\ y_n \end{pmatrix}, \quad \varepsilon = \begin{pmatrix} \varepsilon_1 \\ \varepsilon_2 \\ \vdots \\ \varepsilon_n \end{pmatrix}$$

定理 2.5 在下列四个基本假设的条件下,OLS 估计是无偏的:

假设 1,线性模型:产生观察数据的真实模型是一个线性模型,方程形式为 $y_i = \beta_0 + \beta_1 x_{1,i} + \beta_2 x_{2,i} + \cdots + \beta_p x_{p,i} + \varepsilon_i$;

假设 2,随机独立抽样:观察到的数据是上述模型的随机独立抽样;

假设 3,非完全共线性:模型中的解释变量 $x_1, x_2, \cdots, x_p$ 之间不存在完全的线性关系,即任何一个变量都不可能表示为其他变量的线性组合;

假设 4,外生性:模型误差的条件均值为零,$\mathrm{E}(\varepsilon_i | x_{1,i}, x_{2,i}, \cdots, x_{p,i}) = 0$。

2. 时间序列数据 OLS 估计的可能有偏性

但在处理时间序列数据时,上述假设 2 不可能成立。为了明白其后果,我们看看定理 2.5 无偏性结论的证明过程:

$$E(\hat{\beta}) = E((X'X)^{-1}(X'Y))$$
$$= E((X'X)^{-1}(X'(X\beta+\varepsilon)))$$
$$= \beta + E((X'X)^{-1}(X'\varepsilon))$$
$$= \beta + E(E((X'X)^{-1}(X'\varepsilon)|X))$$
$$= \beta + E((X'X)^{-1}X'E(\varepsilon|X))$$
$$= \beta + E((X'X)^{-1}X' \cdot 0)$$
$$= \beta$$

无偏性成立。

这个证明过程的核心在于 $E(\varepsilon|X) = 0$,即给定所有的解释变量的抽样 $X = (x_{1,i}, x_{2,i}, \cdots, x_{p,i}, i=1,2,\cdots,n)$ 时,ε_i 的条件均值 $E(\varepsilon_i|X)$ 都等于零。这个等式成立是由于随机独立抽样(假设2)(y_i, x_i) 与 (y_j, x_j) 独立,因此 $E(\varepsilon_i|X) = E(\varepsilon_i|x_i)$,而外生条件假设4使得后者等于零。

在时间序列数据中,把下标 i 改成时间 t:

$$y_t = \beta_0 + \beta_1 x_{1,t} + \beta_2 x_{2,t} + \cdots + \beta_p x_{p,t} + \varepsilon_t$$

没有随机独立抽样,即使有外生条件假设4,也无法保证上述证明过程,因为扰动项 ε_t 可能与过去的解释变量 x_{t-k} 相关,也可能与未来的解释变量 x_{t+j} 相关。综上,用时间序列数据的 OLS 估计没有无偏性的保证。

3. 同期外生与强外生条件

上述扰动项 ε_t 可能与过去的解释变量 x_{t-k} 相关,这个问题类似于横截面模型中的内生问题。横截面数据中的外生条件(假设4)对应到时间序列数据,被称作同期外生:

$$E(\varepsilon_t | x_{1,t}, x_{2,t}, \cdots, x_{p,t}) = 0$$

与同期外生相对应,有强外生假设:

$$E(\varepsilon_t | X) = E(\varepsilon_t | x_{1,j}, x_{2,j}, \cdots, x_{p,j}, j=1,2,\cdots,T) = 0$$

这个假设的一个推论是,模型误差与解释变量的所有过去及未来情况都不相关,而不是像同期外生那样,仅仅是同期不相关。

从上述 OLS 估计的无偏性证明过程看,如果强外生条件成立,我们就不需要有随机独立抽样假设(假设2),照样有 OLS 估计的无偏性。

如果不满足强外生条件,仅满足同期外生条件,那么我们就将其称作跨期内生问题。跨期内生问题中,如果扰动项 ε_t 与过去的解释变量 x_{t-k} 相关,那么问题不大。理论上,我们可以通过在模型中增加那些引起内生问题的变量 x_{t-k} 并将其作为控制变量,来解决跨期内生问题。

4. 跨期内生问题的不可避免性

如果是扰动项 ε_t 与未来的解释变量 x_{t+j} 相关,就没有办法通过增加控制变量来解决跨期内生问题,因为那些控制变量在时间 t 时还没有实现。更麻烦的是,这个无法解决的跨期内生问题在实践中有时无法避免。比如研究 GDP 增长的动态模型(被解释变量的滞后项做解释变量的模型,被称作动态模型):

$$\text{gdp}_t = \beta_0 + \beta_1 \text{gdp}_{t-1} + \beta_2 x_{2,t} + \cdots + \beta_p x_{p,t} + \varepsilon_t$$

假定同期外生条件成立,$\text{E}(\varepsilon_t \mid \text{gdp}_{t-1}, x_{2,t}, \cdots, x_{p,t}) = 0$。这里 $x_{2,t}, \cdots, x_{p,t}$ 为影响 GDP 增长的投资、货币政策等其他因素,而由于惯性,上一期的 gdp_{t-1} 肯定会对这一期的 gdp_t 有影响,形成上述动态模型。

这个模型中,扰动项 ε_t 与下一期的解释变量 $\text{gdp}_t, x_{2,t+1}, \cdots, x_{p,t+1}$ 之间的协方差为:

$$\begin{aligned}
\text{E}(\varepsilon_t \text{gdp}_t) &= \text{E}(\varepsilon_t(\beta_0 + \beta_1 \text{gdp}_{t-1} + \beta_2 x_{2,t} + \cdots + \beta_p x_{p,t} + \varepsilon_t)) \\
&= 0 + 0 + \cdots + \text{E}(\varepsilon_t \varepsilon_t) \\
&= \sigma_\varepsilon^2 > 0
\end{aligned}$$

因此,强外生假设在动态模型中不可能成立,跨期内生问题不可避免,从而没有 OLS 估计无偏性的保证。

5. 模型误差系列相关问题

事实上,在线性回归模型的 OLS 估计中,如果数据是时间序列数据,除可能的跨期内生问题外,另一个可能的问题是模型误差系列相关问题。比如市场模型

$$r_t = \alpha + \beta rm_t + \varepsilon_t$$

违背随机独立抽样假设,意味着 (r_t, rm_t) 与 (r_{t+j}, rm_{t+j}) 之间可能相关。而 $r_t = \alpha +$

$\beta rm_t+\varepsilon_t$,所以(ε_t,rm_t)与$(\varepsilon_{t+j},rm_{t+j})$之间可能相关,从而有$rm_t$与$rm_{t+j}$、$\varepsilon_t$与$rm_{t+j}$、$\varepsilon_t$与$\varepsilon_{t+j}$之间可能相关。第一种相关情况不影响我们的模型估计,第二种相关情况正好是前面讨论的跨期内生问题,第三种相关情况即为模型误差系列相关问题。

为了分析简便,我们一般不考虑一个模型中同时存在跨期内生问题和模型误差系列相关问题。对模型误差系列相关问题,根据上面的无偏性证明,它并不影响估计的无偏性和一致性,但涉及其他估计效率和假说检验的问题,我们这里不介绍,可以参考初级计量经济学教材,如伍德里奇(2010)。下面我们接着讨论跨期内生问题对模型估计的影响。

2.5.2 时间序列数据 OLS 估计的一致性

时间序列数据在线性回归模型中没有独立抽样,跨期内生问题在动态模型中不可避免,无偏性没有保证,同样地,一致性也没有保证。因此,为了用 OLS 估计得到时间序列数据的线性模型,我们需要新的理论。

幸运的是,我们有一组比较宽泛的假设,在这些假设条件下,OLS 估计是一致的。

定理 2.6 在下列四个基本假设条件下,OLS 估计是一致的:

假设 1,线性模型:产生观察数据的真实模型是一个线性模型,方程形式为 $y_t = \beta_0+\beta_1 x_{1,t}+\beta_2 x_{2,t}+\cdots+\beta_p x_{p,t}+\varepsilon_t$;

假设 2,平稳弱相关:(x_t, y_t) 为平稳的弱相关过程;

假设 3,非完全共线性:模型中的解释变量 $x_1, x_2, \cdots, x_p$ 之间不存在完全的线性关系,即任何一个变量都不可能表示为其他变量的线性组合;

假设 4,外生性:模型误差的条件均值为零,$E(\varepsilon_t | x_{1,t}, x_{2,t}, \cdots, x_{p,t}) = 0$。

比较上述定理 2.6 的结论与横截面模型 OLS 估计无偏性结论(定理 2.5),这些假设条件中,只有假设 2 有差别,从随机独立抽样假设放松到平稳弱相关假设。与前面的大数定理及中心极限定理相似,都是从独立抽样放松到平稳弱相关性(或遍历性)。

一致性的简单直观推导

这里我们不给出定理 2.6 的严格证明,只给出一个直观解释。考虑一元回归,

$y_t = \alpha + \beta x_t + \varepsilon_t$ 的 OLS 估计：

$$\hat{\beta} = \frac{\sum_{t=1}^{T}(x_t - \bar{x})(y_t - \bar{y})}{\sum_{t=1}^{T}(x_t - \bar{x})^2}$$

$$= \beta + \frac{\sum_{t=1}^{T}(x_t - \bar{x})\varepsilon_t}{\sum_{t=1}^{T}(x_t - \bar{x})^2}$$

$$\approx \beta + \frac{\sum_{t=1}^{T}(x_t - \sum_{j=1}^{T} x_j/T)\varepsilon_t}{T\sigma_x^2}$$

$$= \beta + \frac{\sum_{t=1}^{T} x_t \varepsilon_t}{T\sigma_x^2} - \frac{\sum_{t=1}^{T}\sum_{j=1}^{T} x_t \varepsilon_j}{T^2 \sigma_x^2}$$

由于同期外生(假设4)，$\dfrac{\sum_{t=1}^{T} x_t \varepsilon_t}{T}$ 趋近 $\mathrm{E}(x_t \varepsilon_t) = 0$。故有：

$$\hat{\beta} \approx \beta - \frac{\sum_{t=1}^{T}\sum_{j=1}^{T} x_t \varepsilon_j}{T^2 \sigma_x^2}$$

$$\approx \beta - \frac{\sum_{t=1}^{T}\mathrm{Cov}(x_t, \varepsilon_1)}{T\sigma_x^2}$$

而由假设2，(x_t, y_t) 为平稳的弱相关过程，得到 (x_t, ε_t) 为平稳的弱相关过程，自协方差绝对可加，所以 $\sum_{t=1}^{T}\mathrm{Cov}(x_t, \varepsilon_1)$ 有限。当 T 充分大时，$\dfrac{\sum_{t=1}^{T}\mathrm{Cov}(x_t, \varepsilon_1)}{T\sigma_x^2} \approx 0$，所以 $\hat{\beta} \to \beta$，即 OLS 估计有一致性。

上述定理的严格证明只需要利用时间序列数据中的大数定理(定理2.2)和中心极限定理(定理2.4)。

这个一致性定理(定理 2.6)为线性回归模型及其 OLS 估计在分析时间序列数据时提供了理论基础。它表明,如果数据来自一个弱相关的平稳线性过程,那么线性回归模型及其 OLS 估计方法都可以使用。比如在市场模型的系统风险 Beta 的 OLS 估计中,只要满足平稳弱相关的条件,参数估计就是可靠的。

另外,这个一致性定理告诉我们,在分析时间序列数据时,应该首先检验其平稳性和弱相关性,并且在线性回归分析中,时间序列数据的相关性带来的问题主要是跨期内生问题。跨期内生问题主要出现在动态模型中,即被解释变量的滞后项又成为解释变量。而最纯粹的动态模型为自回归模型,我们将在第 3 章介绍自回归模型并讨论其平稳性和弱相关性问题。

练习题

1. 当一个人用 $Q(5)$ 形式的 Ljung-Box 方法来检验一个时间序列数据的可预测性时,他(她)到底检验了什么?

2. 利用上证综合指数 2000—2022 年日度收盘对数回报数据(第 1 章练习题 2),绘制回报的自相关系数函数图,并检验它的日度对数回报一阶自相关系数和二阶自相关系数是否分别为零。

3. 利用练习题 2 中的数据,检验它的日度对数回报的可预测性。

4. 利用练习题 2 中的数据,检验它的周度对数回报的可预测性。与练习题 3 的结论有什么差别?

5. 证明把数据变量拟合到回归模型 $r_t = \alpha + \varepsilon_t$ 中,参数 α 的 t 统计量即为 r_t 的均值的 t 统计量。

6. 利用练习题 2 中的数据,检验它的日度对数回报(年化后)的均值是否等于 0.05。

7. 下载中国工商银行日度回报数据,与练习题 2 中的数据合并,利用市场模型和 OLS 方法估计中国工商银行股票的 Beta。该估计是否为一致估计?是否为无偏估计?为什么?

第 3 章

自回归模型

自回归(auto-regressive,AR)模型,顾名思义,是指自己对自己的回归模型,即解释变量都是被解释变量的滞后项的回归模型。比如下列 p 阶 AR 模型 AR(p):

$$y_t = \alpha + \beta_1 y_{t-1} + \beta_2 y_{t-2} + \cdots + \beta_p y_{t-p} + \varepsilon_t \tag{3.1}$$

AR 模型是时间序列的基础模型,有许多重要的性质及应用,特别是在研究时间序列过程的平稳性及遍历性问题方面。

我们在这一章先介绍差分方程,在差分方程的基础上,再介绍 AR 模型的性质、识别,以及模型在研究周期性方面的应用。

3.1 差分方程

p 阶 AR 模型(3.1)的条件均值部分正好对应一个线性常系数非齐次 p 阶差分方程:

$$y_t = \alpha + \beta_1 y_{t-1} + \beta_2 y_{t-2} + \cdots + \beta_p y_{t-p} \tag{3.2}$$

为了更好、更方便地理解 AR 模型的一些性质,我们先研究对应差分方程的性质。

差分方程是描述动态系统的重要工具,这里的线性差分方程是其中最简单的一种,混沌现象是另外一种。下面介绍一些后文用得到的基础知识,关于差分方程的详细介绍可以参见马如云等(2019)。

3.1.1 差分方程的求解

如果有差分方程的显式解,那么其性质就比较容易分析。幸运的是,差分方程理论告诉我们,有非常简单的方法可以求出线性常系数非齐次 p 阶差分方程(3.2)的显式解。

1. 线性差分方程解的基本定理

对应线性常系数非齐次 p 阶差分方程(3.2),有线性齐次 p 阶差分方程:

$$y_t = \beta_1 y_{t-1} + \beta_2 y_{t-2} + \cdots + \beta_p y_{t-p} \tag{3.3}$$

定理 3.1 对线性齐次 p 阶差分方程(3.3),如果 $f_1(t), f_2(t), \cdots, f_p(t)$ 是它的一组线性无关的解,那么方程(3.3)的任意解 $f(t)$ 一定可以表示成这 p 个解的线性组合,$f(t) = C_1 f_1(t) + C_2 f_2(t) + \cdots + C_p f_p(t)$,不定系数 C_i 由初始条件决定。

定理 3.2 对线性 p 阶差分方程(3.2),如果 $f_1(t), f_2(t), \cdots, f_p(t)$ 是它对应的齐次差分方程(3.3)的线性无关的解组,$g(t)$ 是方程(3.2)的一个特解,那么方程(3.2)的任意解 $f(t)$ 一定可以表示成 $f(t) = C_1 f_1(t) + C_2 f_2(t) + \cdots + C_p f_p(t) + g(t)$,不定系数 C_i 由初始条件决定。

这两个定理告诉我们,求解差分方程(3.2),只需要找出它的一个特解和对应的齐次差分方程的线性无关解组。因此,我们可以用猜解的方法来求解。

2. 齐次差分方程的通解

先用猜解的方法求齐次差分方程(3.3)的通解。

猜 $y_t = Az^t$,代入差分方程(3.3),有:

$$Az^t = \beta_1 Az^{t-1} + \beta_2 Az^{t-2} + \cdots + \beta_p Az^{t-p}$$

即

$$z^p - \beta_1 z^{p-1} - \cdots - \beta_{p-1} z - \beta_p = 0 \tag{3.4}$$

这是一个一元 p 次多项式方程,它有 p 个解 $z_i (i = 1, 2, \cdots, p)$。方程(3.4)被称作差分方程(3.3)[以及差分方程(3.2)]的特征方程,在差分方程问题中有非常重要的作用。

如果这 p 个解 $z_i (i = 1, 2, \cdots, p)$ 都不相同,那么我们就找到了差分方程(3.3)的 p 个线性无关的解 $y_t = z_i^t$,从而得到差分方程(3.3)的通解:

$$f(t) = C_1 z_1^t + C_2 z_2^t + \cdots + C_p z_p^t \tag{3.5}$$

如果这 p 个解 $z_i(i=1,2,\cdots,p)$ 中某个解重复了 1 次,那么这 p 个解就不是线性无关的,只有 $p-1$ 个线性无关解。不妨设第 $p-1$ 个解 z_{p-1} 重复了 1 次。这时可以容易地验证 $z_{p-1}^t\, t$ 也是差分方程(3.3)的解,并且它与已经找到的 $p-1$ 个解线性无关。这样我们就找到了 p 个线性无关解,构成通解:

$$f(t)=C_1 z_1^t+C_2 z_2^t+\cdots+C_{p-1}z_{p-1}^t+C_p z_{p-1}^t t \tag{3.6}$$

如果这 p 个解 $z_i(i=1,2,\cdots,p)$ 中某个解重复了 2 次,那么这 p 个解就不是线性无关的,只有 $p-2$ 个线性无关解。不妨设第 $p-2$ 个解 z_{p-2} 重复了 2 次。这时可以容易地验证 $z_{p-2}^t\, t$ 和 $z_{p-2}^t\, t^2$ 也是差分方程(3.3)的解,并且它们与已经找到的 $p-2$ 个解线性无关。这样我们就找到了 p 个线性无关解,构成通解:

$$f(t)=C_1 z_1^t+C_2 z_2^t+\cdots+C_{p-2}z_{p-2}^t+C_{p-1}z_{p-2}^t t+C_p z_{p-2}^t t^2 \tag{3.7}$$

其他情形类推。

3. 非齐次差分方程的特解

再用猜解的方法求非齐次差分方程(3.2)的特解。

当 $\beta_1+\cdots+\beta_p$ 不等于 1 时,猜 $y_t=g(t)=B$,代入差分方程(3.2),有 $B=\alpha+\beta_1 B+\beta_2 B+\cdots+\beta_p B$,从而有:

$$B=\frac{\alpha}{1-(\beta_1+\cdots+\beta_p)}$$

当 $\beta_1+\cdots+\beta_p$ 等于 1 时,猜 $y_t=g(t)=Bt$,代入差分方程(3.2),有 $Bt=\alpha+\beta_1 B(t-1)+\beta_2 B(t-2)+\cdots+\beta_p B(t-p)$,从而有:

$$B=\frac{\alpha}{\beta_1+2\beta_2+\cdots+p\beta_p}$$

这样我们就有了非齐次差分方程(3.2)的特解:

$$g(t)=\begin{cases}\dfrac{\alpha}{1-(\beta_1+\cdots+\beta_p)}, & \beta_1+\cdots+\beta_p\neq 1\\[2mm] \dfrac{\alpha}{\beta_1+2\beta_2+\cdots+p\beta_p}t, & \beta_1+\cdots+\beta_p=1\end{cases} \tag{3.8}$$

4. 线性差分方程的解

综合齐次差分方程(3.3)的通解和非齐次差分方程的特解,我们找到了差分方程(3.2)的全部解:

$$y_t = g(t) + \sum_{i=1}^{p} C_i z_i^t$$

其中,某些 z_i^t 可能由 $z_k^t t^j (j=1,2,\cdots)$ 替代,不定系数 C_i 由初始条件决定。

下面看一个例子,一阶差分方程

$$y_t = \alpha + \beta y_{t-1} \tag{3.9}$$

由方程(3.4)可知,方程(3.9)的特征方程为 $z-\beta=0$,特征方程的根为 $z=\beta$。因此一阶差分方程(3.9)的通解为 $y_t = C\beta^t$。

由前面特解公式(3.8)可知,一阶差分方程(3.9)的特解为:

$$g(t) = \begin{cases} \dfrac{\alpha}{1-\beta}, & \beta \neq 1 \\ \alpha t, & \beta = 1 \end{cases}$$

所以上述一阶差分方程(3.9)的解为:

$$y_t = \begin{cases} \dfrac{\alpha}{1-\beta} + C\beta^t, & \beta \neq 1 \\ \alpha t + C, & \beta = 1 \end{cases}$$

考虑初始条件 $t=0$ 时,$y_t = y_0$。当 $\beta \neq 1$ 时,有 $y_0 = \dfrac{\alpha}{1-\beta} + C$,从而有 $C = y_0 - \dfrac{\alpha}{1-\beta}$。当 $\beta = 1$ 时,有 $C = y_0$。代入得到上述一阶差分方程的解为:

$$y_t = \begin{cases} \dfrac{\alpha}{1-\beta} + \left(y_0 - \dfrac{\alpha}{1-\beta}\right)\beta^t, & \beta \neq 1 \\ \alpha t + y_0, & \beta = 1 \end{cases}$$

其实,这里的一阶差分方程(3.9)也可以用迭代法求解,能够得到同样的结果:

$$y_t = \alpha + \beta y_{t-1}$$
$$= \alpha + \beta(\alpha + \beta y_{t-2})$$
$$= \alpha + \alpha\beta + \beta^2(\alpha + \beta y_{t-3})$$
$$\cdots$$

$$= \alpha(1+\beta+\cdots+\beta^{t-1})+\beta^t y_0$$

$$= \begin{cases} \dfrac{\alpha(1-\beta^t)}{1-\beta}+y_0\beta^t = \dfrac{\alpha}{1-\beta}+\left(y_0-\dfrac{\alpha}{1-\beta}\right)\beta^t, & \beta\neq 1 \\ \alpha t+y_0, & \beta=1 \end{cases}$$

但显然用特征方程求解的方法更简洁。在求解高阶差分方程时,迭代方法更困难。

5. 特征方程及滞后算子

在这个差分方程的求解过程中,特征方程(3.4)起到了重要作用。通过求解这个特征方程,我们可以求解出线性差分方程所刻画的动态系统。而特征方程是一元多项式方程,非常简单。

对差分方程 $y_t=\beta_1 y_{t-1}+\beta_2 y_{t-2}+\cdots+\beta_p y_{t-p}$,有些教材定义的特征方程为:

$$1-\beta_1 z-\beta_2 z^2-\cdots-\beta_p z^p = 0 \tag{3.10}$$

之所以那样定义特征方程,是因为用了滞后算子(一个非常有用的工具):

$$Ly_t = y_{t-1}$$

$$L^2 y_t = LLy_t = Ly_{t-1} = y_{t-2}$$

$$\vdots$$

$$L^p y_t = L^{p-1} Ly_t = L^{p-1} y_{t-1} = \cdots = y_{t-p}$$

因此,差分方程 $y_t=\beta_1 y_{t-1}+\beta_2 y_{t-2}+\cdots+\beta_p y_{t-p}$ 可以表示为:

$$(1-\beta_1 L-\beta_2 L^2-\cdots-\beta_p L^p) y_t = 0$$

在这个差分方程中,y_t 前面的系数 $(1-\beta_1 L-\beta_2 L^2-\cdots-\beta_p L^p)$ 直接给出特征方程 $(1-\beta_1 z-\beta_2 z^2-\cdots-\beta_p z^p) = 0$。

而我们前面定义的特征方程为:

$$z^p-\beta_1 z^{p-1}-\cdots-\beta_{p-1} z-\beta_p = 0$$

我们这样定义的特征方程是由猜解过程得来的。两个方程的差别在于自变量互为倒数,所以特征方程的解也将互为倒数。二者都是正确的,但代入产生差分方程的通解时,前者要做倒数变换。

3.1.2 差分过程的稳定性

对动态系统 $y_t(t=1,2,\cdots)$ 来说,最重要的特性之一是系统的稳定性。对稳定性的一个重要判断是,当时间 t 趋向无穷时,状态 y_t 是否收敛。

1. 系统稳定

当时间 t 趋向无穷时,如果状态 y_t 收敛到一个有限数,则被称作稳定。因为稍微改变初始位置,在足够的时间后,状态会趋向同一个终点,没有差别。图 3.1 展现的是一个小球在弯曲表面的运动。图 3.1(a)中,小球 t 时在 x 轴的坐标为 x_t,不管开始时小球在哪里,在时间足够长之后,小球都会到达 e 点,即 x_t 的取值都将收敛到 e。

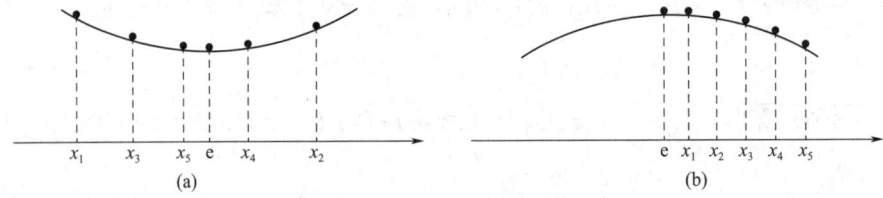

图 3.1 动态系统的稳定性

稳定的动态系统有非常重要的经济意义。一个稳定的社会经济系统,如果在发展过程中受到某些外来冲击,可能会偏离原有途径,但终将回到原定的途径上,不会导致社会经济的崩溃。

2. 系统发散

当时间 t 趋向无穷时,如果状态 y_t 趋向无穷,则系统肯定不稳定。这可能导致一种比较特殊的情况,即初始位置稍微移动一点,结果可能完全不一样。比如图 3.1(b)中小球的位置,开始处在 e 点,在没有外来干扰的情况下,小球将一直保持在那里。但如果受到一点小冲击,移到 x_1 的位置,那么小球将一直往右边移动,直到无穷远。不同的初始值,尽管差别非常小,但时间足够长以后,差别将变得非常大,这就是所谓的"蝴蝶效应"。

3. 系统不稳定也不发散

系统不稳定也不发散是指,当时间 t 趋向无穷时,状态 y_t 不发散,也不收敛,而是一直在某个区间跳跃,比如 $y_t = \sin(t)$,系统取值在 1 和 -1 之间周期性地变化。

混沌现象,一种特殊的非收敛非发散系统,比如 $y_t = \mathrm{mod}(7y_{t-1}, 10^8)$ [$y_0 > 0$,$\mathrm{mod}(a,b)$ 表示 a 除 b 的余数] 是如此没有规律,以至于 y_t 看起来与独立同分布的均匀分布的随机数没有什么差别。因此,这一类过程经常被用来模拟产生随机数,即伪随机数。

4. 蛛网模型

微观经济学中讨论局部均衡的"蛛网模型"正好对应上面这三种情况。图 3.2 表示从任一初始状态出发的结果。图 3.2(a) 表示如何从一个非均衡状态走向均衡(稳定),图 3.2(b) 表示发散的情况,图 3.2(c) 表示一个周期性的非均衡。

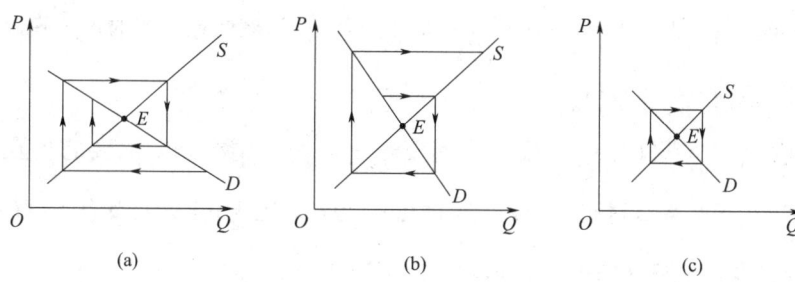

图 3.2 局部均衡蛛网模型

这个蛛网模型也可以写成差分方程的形式。

需求方程:$D_t = aP_t + b$;

供给方程:$S_{t+1} = cP_t + d$;

均衡条件:$S_{t+1} = D_{t+1}$。

由上面的局部均衡可以求解出价格的动态过程:

$$cP_t + d = aP_{t+1} + b, \quad P_{t+1} = \frac{c}{a}P_t + \frac{d-b}{a}$$

正好是线性常系数一阶差分过程。

5. 差分过程稳定性的判断

关于系统的稳定性问题,动态系统理论有一系列研究。对这里的线性常系数差分方程来说,稳定性问题非常简单,因为我们有显式解,可以直接判断收敛性。

性质3.1 线性常系数差分方程过程(3.2)稳定性的条件是,其特征方程(3.4)的根在单位圆内。

这个性质非常容易证明,因为差分方程(3.2)的显式解已知,$y_t = g(t) + \sum_{i=1}^{p} C_i z_i^t$,其中,某些 z_i^t 可能由 $z_k^t t^j (j=1,2,\cdots)$ 替代。

如果特征方程的根 $z_i(i=1,2,\cdots,p)$ 都是实数,并且绝对值都小于1,那么当时间 t 趋近无穷时,z_i^t 和 $z_i^t t^j (j=1,2,\cdots)$ 都趋近于0,从而它们的线性组合 $\sum_{i=1}^{p} C_i z_i^t$ 也将收敛到0。这时 $\beta_1+\cdots+\beta_p$ 肯定不等于1,不然特征方程(3.4)肯定有一个根等于1。因此特解(3.8)中,$g(t) = \dfrac{\alpha}{1-\beta_1-\cdots-\beta_p}$,是一个常数,当然收敛。当时间 t 趋近无穷时,差分过程收敛,系统稳定。

如果特征方程(3.4)的根 z_i 中有复数 $z_j = a_j + ib_j$,类似地,只要它的模 ($r = \sqrt{a_j^2 + b_j^2}$) 小于1,那么这些 z_i^t 和 $z_i^t t^j (j=1,2,\cdots)$ 也都趋近于0。这是因为 $z_i^t = r^t(\cos\theta + i\sin\theta)^t$,后面三角函数部分有界,前面 r^t 收敛到0。

综合实数根与复数根的情况,如果特征方程(3.4)的根 z_i 的绝对值或模都小于1,那么当时间 t 趋近无穷时,差分过程收敛,系统稳定。

对于用滞后算子形式定义的特征方程(3.10),由于它与我们这里定义的特征方程(3.4)的自变量正好互为倒数,因此,对于特征方程(3.10),差分方程稳定性的条件为其特征方程的根在单位圆外。

6. 一阶差分过程的稳定性

接下来看上述一阶差分方程 $y_t = \alpha + \beta y_{t-1}$ 的稳定性问题。已知它的解为:

$$y_t = \begin{cases} \dfrac{\alpha}{1-\beta} + \left(y_0 - \dfrac{\alpha}{1-\beta}\right)\beta^t, & \beta \neq 1 \\ \alpha t + y_0, & \beta = 1 \end{cases}$$

显然,当 $\beta = 1$ 时,解 $y_t = \alpha t + y_0$ 发散;当 $|\beta| > 1$ 时,解 $y_t = \dfrac{\alpha}{1-\beta} + \left(y_0 - \dfrac{\alpha}{1-\beta}\right)\beta^t$ 发散。所

以,一阶差分过程稳定的条件是$|\beta|<1$。

而一阶差分方程$y_t=\alpha+\beta y_{t-1}$的特征方程的根为β,如果直接用上述性质3.1可知,系统稳定的条件是β在单位圆内,即$|\beta|<1$。

前面提到的蛛网模型正好是这里的特例,即经济系统局部均衡稳定的条件是供给曲线斜率与需求曲线斜率之比的绝对值小于1。

7. 二阶差分过程的稳定性

再看二阶差分方程$y_t=\alpha+\beta y_{t-1}+\beta y_{t-2}$。其特征方程为$z^2-\beta_1 z-\beta_2=0$,它有两个根:$z_{1,2}=\dfrac{\beta_1\pm\sqrt{\beta_1^2+4\beta_2}}{2}$。根据$\delta=\beta_1^2+4\beta_2$的大小,分几种情形。

情形1:$\delta>0$。这时特征方程有两个不同的实数根$z_{1,2}$。差分方程的解为$y_t=g(t)+C_1 z_1^t+C_2 z_2^t$,$C_1,C_2$由初始条件$y_0,y_1$确定。显然,如果$|z_1|\geq 1$或$|z_2|\geq 1$,系统发散。如果$|z_1|$和$|z_2|$都小于1,$g(t)=\dfrac{\alpha}{1-\beta_1-\beta_2}$,差分方程的解收敛。因此差分方程稳定的条件是其特征方程的根z_1,z_2在单位圆之内。

情形2:$\delta=0$。这时特征方程有两个相同的实数根$z=\beta_1/2$。差分方程的解为$y_t=g(t)+C_1 z^t+C_2 z^t t$,$C_1,C_2$由初始条件$y_0,y_1$确定。显然,差分方程稳定的条件还是其特征方程的根$z$在单位圆之内,并且$g(t)=\dfrac{\alpha}{1-\beta_1-\beta_2}$。

情形3:$\delta<0$。这时特征方程有两个不同的复数根:

$$z_{1,2}=a\pm ib=\dfrac{\beta_1\pm i\sqrt{-\beta_1^2-4\beta_2}}{2}$$

这里z_1,z_2为共轭复数,并且可以用极坐标表示:

$$z_{1,2}=r(\cos\theta\pm i\sin\theta),\quad r=\|z_1\|=\sqrt{a^2+b^2}=\sqrt{-\beta_2}$$

$$\theta=\arccos\left(\dfrac{a}{r}\right)=\arccos\left(\dfrac{\beta_1}{2\sqrt{-\beta_2}}\right)$$

差分方程的解

$$y_t = g(t) + C_1 z_1^t + C_2 z_2^t$$

可以改写成：

$$y_t = g(t) + C_1 r^t (\cos\theta + i\sin\theta)^t + C_2 r^t (\cos\theta - i\sin\theta)^t$$

由于三角函数的值域在 $[-1,1]$，显然只要 $r<1$，y_t 就将收敛到 $g(t) = \dfrac{\alpha}{1-\beta_1-\beta_2}$。而 r 是特征方程解的模，因此这时差分方程稳定的条件还是其特征方程的根在单位圆之内。

3.1.3　差分过程的周期性

在上面关于二阶差分过程稳定性的讨论中，当特征方程的解为共轭复数 $z_{1,2} = a \pm ib$（情形 3）时，差分方程的解由极坐标表示为：

$$y_t = g(t) + C_1 r^t (\cos\theta + i\sin\theta)^t + C_2 r^t (\cos\theta - i\sin\theta)^t$$

$$r = \sqrt{a^2 + b^2} = \sqrt{-\beta_2}, \quad \theta = \arccos\left(\frac{a}{r}\right) = \arccos\left(\frac{\beta_1}{2\sqrt{-\beta_2}}\right)$$

根据 de Moivre 定理，它可以进一步简化为：

$$y_t = g(t) + c_1 r^t \cos(\theta t + c_2)$$

这里 c_1, c_2 由 $C_1, C_2, \beta_1, \beta_2$ 确定。

由于 cos 函数是以 2π 为周期的周期函数，$y_t = g(t) + c_1 r^t \cos(\theta t + c_2) = g(t) + c_1 r^t \cos(2\pi + \theta t + c_2) = g(t) + c_1 r^t \cos\left(\theta\left(\dfrac{2\pi}{\theta} + t\right) + c_2\right)$，因此，$y_t$ 是以 $\dfrac{2\pi}{\theta}$ 为周期的周期函数。这一点使得差分过程（进而 AR 过程）在研究周期性问题中有重要应用。

3.2　AR 模型的定义及性质

将扰动项加入差分方程，就得到了 AR 模型，但我们需要加一些假设。p 阶自回归模型 AR(p) 为：

$$y_t = \alpha + \beta_1 y_{t-1} + \cdots + \beta_p y_{t-p} + \varepsilon_t$$

$$t = 0, \pm 1, \pm 2, \cdots, \pm \infty, \quad E(\varepsilon_t | F_{t-1}) = 0 \quad (3.11)$$

其中,α 称常数项或者截距项,β 称自回归项,ε_t 为独立同分布的均值为0、方差为 σ_ε^2 的噪声,一般多假设为正态分布或 t 分布。

时间 t 为从负无穷到正无穷的整数,表明 y_t 是一个既没有起点也没有终点的过程。我们观察到的数据是这个永恒过程中的一个小片段。这可能是一个不那么直观的假设,但对模型的平稳性和遍历性有重要作用。

F_{t-1} 表示在时间 $t-1$ 时所有的已知信息,既包括直接观察到的 $y_{t-1}, y_{t-2}, \cdots, y_{-\infty}$,也包括没有直接观察值但可以计算出的 $\varepsilon_{t-1}, \varepsilon_{t-2}, \cdots, \varepsilon_{-\infty}$,因为 $\varepsilon_{t-1} = y_{t-1} - (\alpha + \beta_1 y_{t-2} + \beta_2 y_{t-3} + \cdots + \beta_p y_{t-p-1})$。

这个 $E(\varepsilon_t | F_{t-1}) = 0$ 假设被称作外生性假设,与线性回归模型中的外生性假设一致。这个假设的存在,一来为模型的参数估计提供了便利,二来方便了模型参数的经济学解释。在这个假设下,$\dfrac{\partial E(y_t | F_{t-1})}{\partial y_{t-k}} = \beta_k$,所以系数 β_k 衡量了在其他变量不变的情况下,y_{t-k} 变化一个单位,平均来看 y_t 会变化多少单位,即 y_{t-k} 对 y_t 的边际影响。

下面我们讨论 AR 过程(3.11)的性质,特别是平稳性。

3.2.1 AR 过程的平稳性

金融时间序列数据比较关注弱平稳。按定义,弱平稳应该是指均值、方差及自协方差不依赖时间。

为简单起见,先看看 AR(1) 过程:$y_t = \alpha + \beta_1 y_{t-1} + \varepsilon_t$。

1. 均值平稳性与差分方程稳定性

将上述 AR(1) 方程等式两边取均值,有:

$$\mu_t = E(y_t) = \alpha + \beta_1 \mu_{t-1}$$

正好是 AR(1) 过程对应的一阶差分方程。我们知道,如果差分方程满足稳定性条件,那么它的解在足够远的将来将收敛到稳态,与时间无关。而模型假设时间 $t = 0$,

$\pm 1, \pm 2, \cdots, \pm \infty$，即时间是从$-\infty$开始的，那么在任意有限的时间点$t$，都已经过去了无限长的时间，因此，都已经达到了稳态，即如果AR(1)过程对应的差分方程满足稳定性条件($|\beta_1|<1$)，那么该AR过程的均值都不依赖时间，是一个常数，或称均值平稳。这里也可以看出我们假设模型中时间t为从负无穷到正无穷的原因。

2. 方差平稳性

AR(1)过程的方差为：

$$\sigma_t^2 = \text{Var}(y_t) = \text{Var}(\alpha+\beta_1 y_{t-1}+\varepsilon_t) = \beta_1^2 \sigma_{t-1}^2 + \sigma_\varepsilon^2$$

这里$\text{Cov}(y_{t-1}, \varepsilon_t) = 0$是因为$E(\varepsilon_t | F_{t-1}) = 0$。方差方程也是一阶差分过程，并且与AR(1)过程对应的差分方程差不多，因此方差平稳的条件也是$|\beta_1|<1$，与均值平稳一样。

3. 自协方差平稳性

如果AR(1)过程均值平稳，那么可求出其平稳均值等于$\mu = \dfrac{\alpha}{1-\beta}$，这时AR(1)方程可以改写成：

$$y_t = \mu + \beta_1(y_{t-1} - \mu) + \varepsilon_t$$

从而它的自协方差可以计算为：

$$E(y_t - \mu, y_{t-k} - \mu) = \beta_1 E(y_{t-1} - \mu, y_{t-k} - \mu)$$

$$\gamma_{k,t} = \beta \gamma_{k-1, t-1}$$

这里同样用到了$E(\varepsilon_t | F_{t-1}) = 0$假设。上述自协方差方程是一个双下标的一阶差分方程，有与前面介绍的差分方程类似的性质。

4. AR(1)过程平稳性的条件

综合上述均值、方差及自协方差，AR(1)过程弱平稳性的条件是，对应的差分方程的特征根在单位圆内。这里，特征方程为$z-\beta=0$，特征根正好就是β，即自回归系数。也就是说，AR(1)过程平稳性的条件是自回归系数的绝对值小于1。

5. AR(p)过程平稳性的条件

对高阶AR(p)过程

$$y_t = \alpha + \beta_1 y_{t-1} + \beta_2 y_{t-2} + \cdots + \beta_p y_{t-p} + \varepsilon_t$$

等式两边取均值,有:

$$\mu_t = \alpha + \beta_1 \mu_{t-1} + \beta_2 \mu_{t-2} + \cdots + \beta_p \mu_{t-p}$$

正好是 AR(p) 对应的 p 阶差分方程。由于 AR(p) 过程从 $t=-\infty$ 开始,因此如果这个差分过程稳定,那么 AR(p) 过程均值平稳。而差分过程稳定性的条件是其特征方程的根在单位圆内,因此 AR(p) 过程均值平稳性的条件是其特征方程的根在单位圆内。

如果过程均值平稳,同前,AR(p) 可以改写成:

$$y_t = \mu + \beta_1(y_{t-1} - \mu) + \beta_2(y_{t-2} - \mu) + \cdots + \beta_p(y_{t-p} - \mu) + \varepsilon_t$$

从而自协方差可以计算为:

$$\begin{aligned} E(y_t - \mu, y_{t-k} - \mu) = & \beta_1 E(y_{t-1} - \mu, y_{t-k} - \mu) + \\ & \beta_2 E(y_{t-2} - \mu, y_{t-k} - \mu) + \cdots + \beta_p E(y_{t-p} - \mu, y_{t-k} - \mu) \end{aligned}$$

即

$$\gamma_{k,t} = \beta_1 \gamma_{k-1,t-1} + \beta_2 \gamma_{k-2,t-2} + \cdots + \beta_p \gamma_{k-p,t-p}$$

上述方程也是类似于 AR(p) 的 p 阶差分方程。因此,AR(p) 过程自协方差平稳等同于其差分过程的稳定性,而后者的条件是其特征方程的根在单位圆内。因此,AR(p) 过程平稳的条件是其特征方程 $z^p - \beta_1 z^{p-1} - \cdots - \beta_p = 0$ 的解在单位圆内。

这些分析也阐明了我们花时间讨论差分方程的稳定性问题的意义。

3.2.2 AR 过程的矩条件及短记忆性

前面两章提到,金融实证中人们关心均值、方差、偏度、峰度和可预测性(自相关性)。这里我们重点讨论 AR 过程的均值、方差和自相关系数。除前面提到的经济意义外,均值和方差还将在模型估计中有重要应用。自相关系数则对应到 AR 系统的遍历性,这是时间序列过程中的一个重要基本概念。

1. 平稳过程的长期均值

一个动态过程在平稳时均值恒等,不依赖时间,那么这时的均值也被称作长期均值。

AR(p)过程 $y_t = \alpha + \beta_1 y_{t-1} + \beta_2 y_{t-2} + \cdots + \beta_p y_{t-p} + \varepsilon_t$ 的均值过程是一个差分方程,$\mu_t = \alpha + \beta_1 \mu_{t-1} + \beta_2 \mu_{t-2} + \cdots + \beta_p \mu_{t-p}$,平稳时 $\mu_t = \mu$,故长期均值为:

$$\mu = \frac{\alpha}{1-(\beta_1+\beta_2+\cdots+\beta_p)}$$

正好是 AR(p)过程对应的差分方程的特解。

2. 自相关系数:Yule-Walker 方程

上面给出 AR(p)过程的自协方差方程为 $\gamma_{k,t} = \beta_1 \gamma_{k-1,t-1} + \beta_2 \gamma_{k-2,t-2} + \cdots + \beta_p \gamma_{k-p,t-p}$,平稳时,与时间 t 无关,因此平稳 AR(p)过程的自协方差为:

$$\gamma_k = \beta_1 \gamma_{k-1} + \beta_2 \gamma_{k-2} + \cdots + \beta_p \gamma_{k-p}$$

方程两边都除以方差 γ_0,得到自相关系数方程:

$$\rho_k = \beta_1 \rho_{k-1} + \beta_2 \rho_{k-2} + \cdots + \beta_p \rho_{k-p} \tag{3.12}$$

自协方差方程和自相关系数方程正好都是原 AR 过程对应的差分方程(没有截距项)。利用前面的差分方程相关理论,可以求出该方程,但需要 p 个初始条件。为了获得所需的这些初始条件,应用自相关性(自协方差)的对称性 $\rho_k = \rho_{-k}$,有:

$$\rho_0 = 1$$
$$\rho_1 = \beta_1 \rho_0 + \beta_2 \rho_{-1} + \cdots + \beta_p \rho_{1-p}$$
$$= \beta_1 \rho_0 + \beta_2 \rho_1 + \cdots + \beta_p \rho_{p-1}$$
$$\rho_2 = \beta_1 \rho_1 + \beta_2 \rho_0 + \cdots + \beta_p \rho_{2-p}$$
$$= \beta_1 \rho_1 + \beta_2 \rho_0 + \cdots + \beta_p \rho_{p-2}$$
$$\vdots$$
$$\rho_{p-1} = \beta_1 \rho_{p-2} + \beta_2 \rho_{p-3} + \cdots + \beta_p \rho_1$$

这是一个 p 元线性方程组,非常容易求解。差分方程(3.12)及上述初始条件,合起来又被称作自相关系数的 Yule-Walker 方程。

举例来看,对于 AR(2)过程,自相关系数的 Yule-Walker 方程为:

$$\rho_0 = 1, \quad \rho_1 = \frac{\beta_1}{1-\beta_2}, \quad \rho_k = \beta_1 \rho_{k-1} + \beta_2 \rho_{k-2}$$

3. 平稳过程的方差

直接对 AR(p) 过程 $y_t = \alpha + \beta_1 y_{t-1} + \beta_2 y_{t-2} + \cdots + \beta_p y_{t-p} + \varepsilon_t$ 进行方差计算：

$$\mathrm{Var}(y_t) = \sum_{j=1}^{p} \beta_j^2 \mathrm{Var}(y_{t-j}) + \sum_{i=1,j=1,i\neq j}^{p} \beta_i \beta_j \mathrm{Cov}(y_{t-i}, y_{t-j}) + \sigma_\varepsilon^2$$

平稳时方差及自协方差都不依赖时间 t，并且 $\mathrm{Cov}(y_{t-i}, y_{t-j}) = \mathrm{Var}(y_t)\rho_{i-j}$，故有：

$$\mathrm{Var}(y_t) = \sigma_i^2 = \frac{\sigma_\varepsilon^2}{1 - \sum_{j=1}^{p} \beta_j^2 - \sum_{i=1,j=1,i\neq j}^{p} \beta_i \beta_j \rho_{|i-j|}}$$

结合上述自相关系数 Yule-Walker 方程，可以得出平稳的 AR(p) 过程的长期方差。

比如 AR(1) 过程的方差为：

$$\sigma_y^2 = \frac{\sigma_\varepsilon^2}{1 - \beta_1^2}$$

这里也表明，平稳时 β_1 的绝对值必须小于 1，否则方差不存在。

AR(2) 过程的方差为：

$$\sigma_y^2 = \frac{\sigma_\varepsilon^2}{1 - \beta_1^2 - \beta_2^2 - 2\beta_1\beta_2\rho_1}$$

$$= \frac{\sigma_\varepsilon^2}{1 - \beta_1^2 - \beta_2^2 - \frac{2\beta_1^2 \beta_2}{1 - \beta_2}}$$

4. 短记忆性质

从自相关系数方程 $\rho_k = \beta_1 \rho_{k-1} + \beta_2 \rho_{k-2} + \cdots + \beta_p \rho_{k-p}$ 可以得出，AR(1) 过程的自相关系数方程为：

$$\rho_k = \beta_1 \rho_{k-1} = \beta_1^2 \rho_{k-2} = \cdots = \beta_1^k$$

即 β_1 的指数函数。

$\beta_1 = 2$ 时，β_1^k 很快趋近无穷。"国王与智者下象棋赌小麦"[①]的故事中，国王之所

[①] 相传，古时候有一位智者与国王下象棋，智者提出如果他赢了，国王就给他小麦，数量为棋盘上小麦数量的总和：在棋盘第一个格子里放一粒小麦，第二个格子里放两粒小麦，第三个格子里放四粒小麦，第四个格子里放八粒小麦，以此类推，直到棋盘上六十四个格子里都放满小麦。国王以为这个赌注不大就答应了。结果，国王输掉比赛后才发现，他国家所有的小麦加起来都不够赔给对方的。

以会输掉全国的小麦,就是因为这个指数函数的增长快速趋近无穷的性质。

同样的道理,$|\beta_1|<1$ 时,自相关系数快速下降到 0。即使 $\beta_1=0.95$,一阶高度自相关,但当 $k=500$ 时,$\rho_k=7.3\mathrm{E}-12$,几乎为 0,几乎没有相关性。

我们把自相关系数以这种指数函数形式快速下降的过程称作短记忆过程(short memory)。而 AR(1) 过程的平稳性保证了 $|\beta_1|<1$。因此,所有平稳的 AR(1) 过程都是短记忆过程。

平稳 AR(p) 过程自相关系数方程是其对应的齐次差分方程,前面给出这个差分方程的通解为 $\rho_k = \sum_{i=1}^{p} C_i z_i^k$,其中,某些 z_i^k 可能由 $z_s^k k^j (j=1,2,\cdots)$ 替代,本质上它也是指数函数。在平稳的条件下,z_i 的模小于 1,因此随着 k 趋近无穷,z_i^k 和 $z_s^k k^j$ 都快速趋近于 0,因此 AR(p) 过程的自相关系数快速趋近于 0,也是短记忆过程。

但研究发现,尼罗河水流量的自相关性有可以达到上千年的时间间隔,因此,有限阶的 AR(p) 过程显然不适合用来研究尼罗河水流量自相关性这样的问题。下一章的长记忆过程模型是一种可能的研究方法。

其实不光在时间序列过程的自相关问题中,现金流贴现和宏观经济学中的效用函数贴现一般也是这样的指数函数形式。在贴现率等于 0.95 时(对应大约 5% 的利率),100 年后的 1 单位现金的现值为 0.95^{100},几乎为 0! 因此,研究百年大计之类的问题,用这样的指数函数贴现显然不大合适,大概也不太适合用有限阶的 AR(p) 这样的模型。

5. 短记忆性与弱相关性

需要注意的是,这里的短记忆过程,自相关系数是绝对可加的。比如在 AR(1) 模型中,$\rho_k = \beta_1^k$,因此

$$\sum_{k=1}^{\infty} |\rho_k| = \sum_{k=1}^{\infty} |\beta_1^k| = \frac{|\beta_1|}{1-|\beta_1|}$$

故 AR(p) 过程只要是平稳的,就一定是弱相关的。也就是说,在 AR(p) 中,前面提到的时间序列过程的平稳性和遍历性两个重要问题就变成了一个问题,只要保证

平稳性就可以了。

这也是为什么我们在使用时间序列数据时,一般要求先做平稳性检验及平稳化处理。对于平稳数据,线性回归模型分析就没有问题。资产价格数据一般是非平稳的,但资产回报数据一般是平稳的,所以我们计算资产系统风险 Beta 的市场模型的参数估计就没有问题,得到的是 Beta 的一个一致估计。

3.2.3　AR 过程的均值回归及周期性现象

AR(p)过程如果平稳,则可以被改写成:

$$y_t = \mu + \beta_1(y_{t-1}-\mu) + \beta_2(y_{t-2}-\mu) + \cdots + \beta_p(y_{t-p}-\mu) + \varepsilon_t$$

这里 μ 为过程的长期均值。我们把这个形式称作均值回归形式。这个形式在前面讨论 AR 过程的方差、自协方差时提供了很多便利。

1. 普适的均值回归现象

上述形式为什么被称作均值回归形式？考虑一个平稳的 AR(1) 过程:

$$y_t - \mu = \beta_1(y_{t-1}-\mu) + \varepsilon_t$$

当 $0<\beta_1<1$,比如等于 0.5 时,在时间 $t-1$,状态 y_{t-1} 离长期均值 1 个单位($y_{t-1}-\mu=1$);在时间 t,平均来看,状态 y_t 离长期均值 0.5 个单位($y_t-\mu=0.5$);在时间 $t+1$,平均来看,状态 y_{t+1} 离长期均值 0.5^2 个单位。足够长的时间后,平均状态趋向长期均值,此即"均值回归"(mean-reverting)现象。当 $0>\beta_1>-1$ 时,也是均值回归,但为正负跳跃回归。

因此,只要 AR(1) 过程平稳,就有均值回归现象。由于观察到的时间序列数据大部分是平稳过程,因此有所谓的"普适的均值回归现象"一说。

对于均值回归过程,有一个衡量均值回归速度的概念,叫作半衰期,其定义为多长时间(多少期)之后过程与均值的距离会变成其与均值的初始距离的一半,即定义这样的 k,使得 $E(y_{t+k}-\mu)=0.5(y_t-\mu)$。对于一个 AR(1) 模型,意味着 $\beta_1^k(y_t-\mu)=y_t-\mu$,可以求出 $k=\dfrac{\ln 0.5}{\ln(|\beta_1|)}$。可见,$\beta_1$ 决定了均值回归速度。均值回归中还涉

及以下几个性质：

持续性，在均值回归过程中，$\beta_1>0$，表明这个过程在均值回归的同时，还有持续性，即如果上一期高于长期均值，那么下一期平均来看，还将高于长期均值，但偏离程度会逐步回归到零。

反转性，在均值回归过程中，$\beta_1<0$，表明这个过程还有反转性，即如果上一期高于长期均值，那么下一期平均来看，将低于长期均值，但偏离程度会逐步回归到零。

平稳的 AR(p) 过程同样有均值回归现象，有持续性或反转性，只是没有 AR(1) 过程中表现得这样明显、直接。

2. 均值回归现象与股市反转交易策略

平稳 AR 过程的均值回归现象中有持续性或反转性，在资本市场中有冲量交易策略（买入过程中涨得比较多、卖出过程中跌得比较多）和反转交易策略（买入过程中跌得比较多，卖出过程中涨得比较多）。持续性与冲量交易策略、反转性与反转交易策略之间，有什么关系吗？直观来看，都涉及均值的持续性或反转性，但其实存在本质差别。这里时间序列过程的均值回归是回归到自己在时间上的长期均值；而股市中的反转交易策略不是反转到自己在时间上的长期均值，而是横截面比较，指上一期涨得多的股票，在下一期涨得相对少一些。

用因子模型来看，有横截面回归模型：$r_i = \alpha + \beta \text{rank}_i + \varepsilon_i, i=1,2,\cdots,n$，这里 r_i 是股票 i 在某一时期的回报，rank_i 是股票 i 上一期涨跌幅从高到低的排序。$\beta>0$ 意味着上一期涨得多的股票，下一期相对来说还是涨得多，即 rank_i 有横截面上的预测能力，可以用 rank_i 分组构成多空交易策略。如果 $\beta>0$，则为冲量交易策略；如果 $\beta<0$，则为反转交易策略。

AR 模型中的均值回归是时间序列特征，而股市中的反转交易策略是横截面特征。

3. AR 过程的周期性

AR(p) 过程的均值过程为 $\mu_t = \alpha + \beta_1 \mu_{t-1} + \beta_2 \mu_{t-2} + \cdots + \beta_p \mu_{t-p}$，这是一个标准的齐次差分方程。前面提到的差分方程理论告诉我们，在高于一阶时，对应的特征方程可能有复数根。当有一对共轭复数解时,不妨假设第一、二个解为复数,$z_{1,2}=a\pm ib$,由 de Moivre 定理:

$$c_1 z_1^t + c_2 z_2^t = C_1 r^t \cos(\theta t + C_2), \quad r = \sqrt{a^2+b^2}, \quad \theta = \arccos\left(\frac{a}{r}\right)$$

差分方程的解可以表示为:

$$\mu_t = g(t) + C_1 r^t \cos(\theta t + C_2) + \sum_{i=3}^{p} C_i z_i^t$$

这里某些 z_i^t 可能由 $z_k^t t^j (j=1,2,\cdots)$ 替代。过程平稳时,$g(t) = \mu = \dfrac{\alpha}{1-(\beta_1+\cdots+\beta_p)}$。

由于 cos 函数是以 2π 为周期的周期函数,因此 $y_t = \alpha + \beta_1 \mu_{t-1} + \beta_2 \mu_{t-2} + \cdots + \beta_p \mu_{t-p} + \varepsilon_t$ 平均来看是以 $\dfrac{2\pi}{\theta}$ 为周期的周期函数。

进一步地,如果有多重共轭复数根,比如第一、二个解为 $z_{1,2}=a_1 \pm ib_1$,第三、四个解为 $z_{3,4}=a_2 \pm ib_2$,则差分方程的解可以表示为:

$$\mu_t = g(t) + C_1 r_1^t \cos(\theta_1 t + C_2) + C_3 r_2^t \cos(\theta_2 t + C_4) + \sum_{i=5}^{p} C_i z_i^t$$

这里 $r_1 = \sqrt{a_1^2+b_1^2}, \theta_1 = \arccos\left(\dfrac{a_1}{r_1}\right), r_2 = \sqrt{a_2^2+b_2^2}, \theta_2 = \arccos\left(\dfrac{a_2}{r_2}\right)$,某些 z_i^t 可能由 $z_k^t t^j$ $(j=1,2,\cdots)$ 替代。表明过程 $y_t = \alpha + \beta_1 \mu_{t-1} + \beta_2 \mu_{t-2} + \cdots + \beta_p \mu_{t-p} + \varepsilon_t$ 平均来看是一个由两重周期叠加的过程,两个周期的长度分别为 $\dfrac{2\pi}{\theta_1}$ 和 $\dfrac{2\pi}{\theta_2}$。

3.3　AR 模型的识别

上面介绍了 AR 模型的性质,下面将讨论 AR 模型的识别问题。毕竟我们在实际工作中没有模型,只有数据,需要用数据去识别一个模型,然后利用识别出的模型进行分析和预测。AR 模型的识别包括模型设置问题(滞后阶数的选择,故又称模型选择)和参数估计问题两部分。我们先讨论给定模型的参数估计问题,因为我们会用估计结果来设置模型。

3.3.1 AR 模型的估计

1. OLS 估计

在模型给定(阶数给定)的情况下,我们是否可以用 OLS 方法来估计 AR 模型参数？在第 2 章的讨论中,我们知道,只要数据过程是弱相关的,OLS 就可以给出参数的一致估计。而从上面关于 AR 过程平稳性的讨论中可知,平稳的 AR 过程都是短记忆过程,是弱相关的。因此,我们可以用 OLS 来估计平稳 AR 模型的参数。

假定我们有某时间序列的 T 个样本观测值 $y_1, y_2, \cdots, y_T$ 和 AR(p) 模型 $y_t = \alpha + \beta_1 y_{t-1} + \beta_2 y_{t-2} + \cdots + \beta_p y_{t-p} + \varepsilon_t$。模型误差 ε_t 的方差为 σ^2。初级计量经济学告诉我们,模型参数 $\beta = (\alpha, \beta_1, \cdots, \beta_p)'$ 的 OLS 估计为：

$$\hat{\beta} = (X'X)^{-1}(XY)$$

$$X = \begin{pmatrix} 1 & y_p & y_{p-1} & \cdots & y_1 \\ 1 & y_{p+1} & y_p & \cdots & y_2 \\ \vdots & \vdots & \vdots & & \vdots \\ 1 & y_{T-1} & y_{T-2} & \cdots & y_{T-p} \end{pmatrix}, \quad Y = \begin{pmatrix} y_{p+1} \\ y_{p+2} \\ \vdots \\ y_T \end{pmatrix} \quad (3.13)$$

同时,模型误差的方差估计为：

$$\hat{\sigma}^2 = \frac{1}{T-p-1} \sum_{t=p+1}^{T} \hat{\varepsilon}_t^2 \quad (3.14)$$

$$\hat{\varepsilon}_t = y_t - (\hat{\alpha} + \hat{\beta}_1 y_{t-1} + \hat{\beta}_2 y_{t-2} + \cdots + \hat{\beta}_p y_{t-p}) \quad (3.15)$$

参数估计的方差估计为：

$$\hat{\text{Var}}(\hat{\beta} | F_T) = (X'X)^{-1} \hat{\sigma}^2 \quad (3.16)$$

如同横截面多元回归分析,这个参数估计的方差估计将被用在假说检验和预测的置信区间的计算中。

2. MLE 估计

在横截面数据中,当模型误差为正态分布时,线性模型主要参数的 OLS 估计等同于最大似然估计(MLE 估计)。在时间序列数据中,这一结论差不多也成立。由于 AR 模型是后面将介绍的自回归移动平均模型(ARMA 模型)的一个特例,而 ARMA 模型无法用 OLS 估计,只能用 MLE 估计方法,因此,我们先介绍 AR 模型的 MLE 估计。

为了简洁,我们先考虑 AR(1)模型 $y_t = \alpha + \beta_1 y_{t-1} + \varepsilon_t$。假设模型误差 $\varepsilon_t \sim \text{iid } N(0, \sigma^2)$,由此未知参数有 $\Phi = (\alpha, \beta_1, \sigma)$。假定我们有某时间序列的 T 个样本观测值$(y_1, y_2, \cdots, y_T)$,这时联合分布密度函数(似然函数)可以写成:

$$f(y_1, y_2, \cdots, y_T | \Phi)$$
$$= f(y_T | y_{T-1}, \cdots, y_1, \Phi) f(y_1, y_2, \cdots, y_{T-1} | \Phi)$$
$$= f(y_T | y_{T-1}, \cdots, y_1, \Phi) f(y_{T-1} | y_{T-2}, \cdots, y_1, \Phi) f(y_1, \cdots, y_{T-2} | \Phi)$$
$$= \prod_{t=2}^{T} f(y_t | y_{t-1}, \cdots, y_1, \Phi) f(y_1 | \Phi)$$

在正态分布的模型误差假设下,模型外生性假设 $\mathrm{E}(\varepsilon_t | F_{t-1}) = 0$ 意味着 ε_t 独立于 F_{t-1}。因此,条件分布函数 $f(y_t | y_{t-1}, \cdots, y_1, \Phi)$ 为条件正态分布:

$$f(y_t | y_{t-1}, \cdots, y_1, \Phi) = \frac{1}{\sqrt{2\pi}\sigma} \exp\left(-\frac{(y_t - \alpha - \beta_1 y_{t-1})^2}{2\sigma^2}\right)$$

并且,利用前面 AR(1)过程的矩条件,有:

$$f(y_1 | \Phi) = \frac{1}{\sqrt{2\pi}\sigma_y} \exp\left(-\frac{(y_1 - \mu)^2}{2\sigma_y^2}\right), \quad \mu = \frac{\alpha}{1-\beta_1}, \quad \sigma_y^2 = \frac{\sigma^2}{1-\beta_1^2}$$

最大化这个似然函数,就可以得到 Φ 的估计。对高阶的 AR(p)过程,用完全类似的方法可以写出似然函数并得出参数的估计。

3. 模拟产生一个样本数据

下面用数据练习、验证上述估计方法。我们首先模拟产生一个 AR(1)过程数据,再去估计它,因为这时我们有模型的真实参数,这样做可以帮助我们了解估计方法的性质和软件的表现。

我们先用 R 软件写一个模拟 AR(1)过程的命令 myAR1(myseed, con, b1, b2, n),模型为 $y_t = \text{con} + b1 y_{t-1} + \varepsilon_t$,模型误差 ε_t 为标准差等于 $b2$ 的正态分布,数据长度

为 n。这样以后用到时,就不用每次都重复写了。R 软件"arima"命令中的"arima.sim"方程可以产生 AR 过程的模拟数据,但那里的截距项被强制设为零。

命令 myAR1 的输入参数 myseed,是为了控制随机数产生器的初始值。计算机产生随机数事实上是非线性动态系统过程,因此它依赖于初始条件。这里参数 myseed 的作用就是规定初始条件。如果每次用同样的 myseed 参数,那么将得到相同的模拟数据;如果用不同的 myseed 参数,那么将得到不同的模拟数据。如果完全让计算机产生不一样的模拟样本,则可以输入取值为负的 myseed 参数。

我们这个程序命令是要产生数据量为 n 的模拟样本,我们先模拟产生 $n+100$ 个数据,然后去除前面的 100 个,这样做的目的是减轻系列过程的初始设置 y_0 的影响。

R 软件代码

```
myAR1=function (myseed, alpha, beta1, b2, n){
if (myseed>0) set.seed(myseed)
n=n+100
#模拟独立同分布正态分布的随机数
x=rnorm(n, 0, b2)
y=0
y[1]=alpha/(1-beta1)+x[1]
for (t in 2:n){
y[t]= alpha+beta1*y[t-1]+x[t]
}
y=y[101:n]
y
}
```

4. AR 模型估计在 R 软件中的实现

下面写入上述命令 myAR1,用模型

$$y_t = 1+0.5y_{t-1}+\varepsilon_t, \quad \varepsilon_t \sim N(0,0.04) \tag{3.17}$$

产生一个有 500 个观测值的样本,然后用这些模拟出来的数据估计一个 AR(2)模型。我们这里故意用一个比模拟数据的模型(3.17)多一个滞后项的模型,以便观察能否把不应该出现的项识别出来。R 软件中估计 AR 模型的命令为"arima"。

R 软件代码及主要输出结果

```
> #模拟产生样本
> y=myAR1(101, 1, 0.5, 0.2, 500)
>
> #估计模型
> arout=arima (y, order=c (2, 0, 0), method= 'ML')
> arout

Call:
arima (x = y, order = c (2, 0, 0), method ="ML")

Coefficients:
         ar1        ar2        intercept
         0.5130     -0.0295    1.9817
s.e.     0.0447     0.0448     0.0166

sigma ^ 2 estimated as 0.0368 : log likelihood = 115.95, aic =-223.9
```

对比上述估计结果与原模型(3.17),可见这里报告的 intercept 不是截距项,而是长期均值项,即估计出来的模型为:

$$y_t - 1.9817 = 0.5130 \times (y_{t-1} - 1.9817) - 0.0295 \times (y_{t-2} - 1.9817) + \varepsilon_t$$

原模型(3.17)写成均值回归的形式为 $y_t - 2 = 0.5 \times (y_{t-1} - 2) + \varepsilon_t$。长期均值的估计比较精确。从 β_2(程序报告中的 ar2)的 t 统计量$(-0.0295/0.0448 = -0.6585)$看,第二阶滞后项并不显著,而真实值为 0。$\varepsilon_t$ 的方差估计为 0.0368,真实值为 0.2^2,估计结果与真实过程比较差不多。总体来看,估计出的模型与原模型非常接近。

5. 非连续滞后项的 AR 模型

有时我们想估计的 AR 模型中的滞后项并不是连续的,比如:

$$y_t = \alpha + \beta_1 y_{t-1} + \beta_4 y_{t-4} + \varepsilon_t$$

这里不要 AR 模型的第二阶项和第三阶项,只要第一阶项和第四阶项。类似的情况有很多,因为有些项并不显著,这样就可以用一个更简单的模型。上面的 AR 模型可以写成 AR((1,4)),双括号内分别列出 AR 模型的所有滞后项。如果括号内没有括号,只有一个数字,比如 AR(3),就表示滞后项是从 1 开始直到那个数字(3)的所有滞后项。

显然,前面介绍的 OLS 估计方法和 MLE 估计方法都可以直接套用到这里。R 软件中的"tseries"包中的"arma"命令可以非常容易地做这样的选择。下面还是用上述模拟数据,估计一个 AR((1,4))模型,R 软件程序如下:

R 软件代码及主要输出结果

```
> library (tseries)
>
> arout1=arma (y, lag=list (ar=c (1, 4) ) )
> summary(arout1)

Call :
arma (x = y, lag = list (ar = c (1, 4) ) )

Coefficient (s) :
Estimate    Std. Error   t value   Pr (>|t|)
ar1         0.49848      0.039021  12.774    <2e-16 ***
ar4        -0.01115      0.03902   -0.286    0.775
intercept   1.01473      0.10312    9.840    <2e-16 ***

Fit :
sigma ^ 2 estimated as 0.03667,
Conditional Sum-of-Squares = 18.15, AIC=-228.01
```

上面的输出结果表明,估计的模型为:

$$y_t = 1.01473 + 0.49848 y_{t-1} - 0.01115 y_{t-4} + \varepsilon_t$$

与"arima"命令不同,这个"arma"命令给出的 intercept 确实就是截距项,而不是长期均值。这里的第四阶滞后项的系数 t 统计量为 -0.286,p 值为 0.775,结果不显著。这里用的还是前面的模拟数据[模型(3.17)],这个估计结果精度很高。

3.3.2 AR 模型的选择

1. AR 模型选择的意义

前面讨论了如何把数据拟合到选定的模型,但实际工作中没有人给我们模型,我们需要自己选择模型。在初级计量经济学的多元线性模型中,模型选择问题几乎就是变量选择问题。这里 AR 模型选择问题有些差别,是选择多少个滞后项。

在前面模拟数据例子中,我们选择了一个 AR(2) 模型,显然不对。首先,我们知道真实模型是 AR(1) 过程。其次,二阶滞后项 y_{t-2} 的系数估计结果不显著,表明本来可以不需要这个滞后项。给定观察数据,为什么不是滞后项用得越多越好?反正多了这一项,其他参数估计的一致性也没有问题。这个问题在横截面回归模型中同样存在。在那里,如果在模型中加入了不需要的多余变量,尽管对参数估计的无偏性没有影响,但会导致其他参数的估计精度下降。这一逻辑在这里同样成立。这是我们不能过多使用滞后项的一个原因。另一个原因是过多的滞后项会导致模型预测精度下降,这一点后面再讨论。因此,我们需要选择恰当的滞后项。

下面介绍两种经常使用的选择滞后项的方法:偏自相关函数和信息准则。如果建立模型的目的完全是预测,那么基于样本外预测误差的比较分析有时是一种更直观合理的方法,这一方法我们在第 5 章再讨论。

2. AR 模型的选择:偏自相关函数

第 2 章定义了自相关函数,下面定义偏自相关函数。对一个数据样本逐步估计以下 AR 模型组:

$$y_t = \alpha + \beta_{11} y_{t-1} + \varepsilon_t$$

$$y_t = \alpha + \beta_{21} y_{t-1} + \beta_{22} y_{t-2} + \varepsilon_t$$

$$\vdots$$

$$y_t = \alpha + \beta_{k1} y_{t-1} + \cdots + \beta_{kk} y_{t-k} + \varepsilon_t$$

$$\vdots$$

把这些模型参数估计中的 $\beta_{11}, \beta_{22}, \cdots, \beta_{kk}, \cdots$ 合成一个系列,就是偏自相关函数。比如 AR(1) 过程,$y_t = \alpha + \beta_1 y_{t-1} + \varepsilon_t$,自相关函数系列为 $(\beta_1, \beta_1^2, \cdots, \beta_1^k, \cdots)$,而偏自相关函数系列为 $(\beta_1, 0, 0, \cdots)$。

直观来看,偏自相关是控制了更近的历史时的自相关。最大非零偏自相关系数直接对应 AR 模型中的滞后阶数,因此,偏自相关函数是比较合理的滞后阶数的选择工具。可以看出,用偏自相关函数选择滞后阶数,与横截面多元回归模型中用 t 统计量判断是否需要加一个控制变量的方法是一致的。

R 软件中计算偏自相关函数的命令是"pacf"。下面计算前面模拟产生的 AR(1) 过程数据 y_t 的偏自相关函数:

R 软件代码及主要输出结果

```
> x3=pacf(y)
> x3
1      2      3      4      5      6       7       8       9      10
0.557  -0.041 0.017  0.019  0.009  -0.014  -0.050  -0.068  0.004  -0.006
>
> #把偏自相关函数画出来,更直观
> plot(x3)
```

画图给出的偏自相关函数更直观。图 3.3 为模型(3.17)模拟产生数据的偏自相关函数,只有一阶偏自相关系数显著大于零,因此,模型选择可以考虑 AR(1) 模型。这里真实的偏自相关函数为 $(0.5, 0, 0, \cdots)$,样本偏自相关函数与理论上的非常接近,选择结果合理。

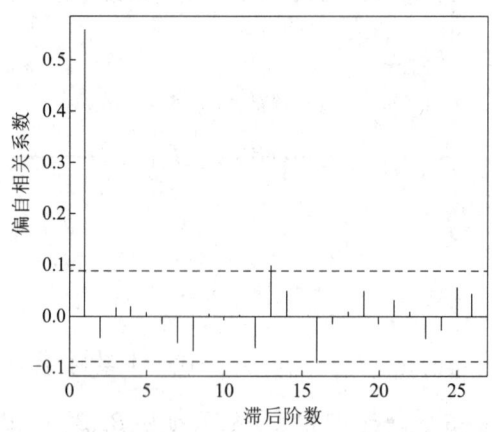

图 3.3　偏自相关函数:模拟数据

3. AR 模型的选择:AIC

图 3.4 为招商银行 A 股日度回报数据的偏自相关函数,偏自相关系数在滞后六阶及三十阶后都显著不等于零。对于这个数据,仅仅用偏自相关函数很难作出选择。另一种用得比较广泛的方法是赤池信息准则(Akaike information criterion,AIC)。

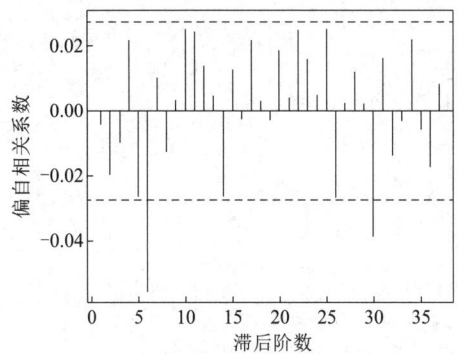

图 3.4 偏自相关函数:招商银行日度回报

类似于多元线性回归模型中的调整 R^2,AIC 是在尽最大可能拟合数据的同时惩罚模型复杂度,选择比较简单一些的模型。基本思路是,对所有的备选模型计算它们的 AIC,AIC 值越小的模型越好。

给定样本量为 T 的数据和某一个备选模型,先用 MLE 估计该模型得出最大对数似然函数,AIC 定义为:

$$AIC = -2\{最大对数似然函数 - 模型中的参数个数\}$$

这里第一部分衡量了模型的拟合能力,第二部分衡量了对模型复杂度的惩罚。因此,我们的判断是 AIC 越小的模型越好(定义前面有负号)。有些教科书上定义的 AIC 是上述定义的 $1/T$ 倍,R 软件"arima"命令下报告的 AIC 与我们上述定义中的一致,没有乘 $1/T$。

如前面 AR 模型估计部分所示,R 软件中的"arima"命令的结果会报告 AIC 值,我们可以用它来进行不同模型的比较选择。R 软件中"forecast"程序包中的命令"auto.arima( )"可以自动做标准 AR 模型(连续滞后阶数)的选择。下面演示对前

述模拟数据的模型选择:

R 软件代码及主要输出结果

```
> y=myAR1(101, 1, 0.5, 0.2, 500)
> library (forecast)
> x5=auto.arima (y, ic="aic")
> x5
Series : y
ARIMA(1, 0, 0) with non-zero mean

Coefficients :
       ar1       mean
       0.5570    1.9955
s.e.   0.0371    0.0204

sigma ^2 = 0.04121 : log likelihood = 88.64
AIC=-171.28    AICc=-171.24    BIC=-158.64
```

根据 AIC,程序自动选择了 AR(1)模型并且给出了估计结果。因为数据来自一个 AR(1)过程的模拟数据,所以这个选择是合适的。

4. AR 模型的选择:AIC 还是 BIC?

除了 AIC,还有贝叶斯信息准则(Bayesian information criterion,BIC),其定义为:

$$BIC = -2\{最大对数似然函数 - \text{Log}(T)/2 \times 模型中的参数个数\}$$

同 AIC,BIC 的第一部分衡量了模型的拟合能力,第二部分衡量了对模型的复杂度的惩罚,我们的选择是 BIC 越小的模型越好。

AIC 与 BIC 的差别在于对模型复杂度惩罚的权重不一样。该权重在 AIC 中是 1,而在 BIC 中是 $\text{Log}(T)/2$。当数据样本量 $T>100$ 时,$\text{Log}(T)/2>1$,因此当样本量大于 100 时,BIC 对模型复杂度的惩罚比 AIC 更重,从而 BIC 比 AIC 偏好参数个数更少的模型(或称"更小的模型")。

对同一个数据,AIC 和 BIC 可能会给出不同的选择建议。这时应如何选择? 有两点考虑:第一,用样本外预测误差做进一步的分析比较(后文再介绍)。第二,经验研究表明,一般来说,当样本量 T 比较大时,AIC 对模型复杂度的惩罚相对较轻,从而会选择相对较大的模型;而当样本量 T 比较小时,BIC 对模型复杂度的惩罚较重,从而会选择较小的模型。因此,当样本量比较大时(比如在 1 000 以上),BIC 比 AIC 更准确一些,而当样本量比较小时(比如在 100 左右),AIC 比 BIC 的准确程度高一些。

除了 AIC 和 BIC,还有其他许多类似的信息准则,比如最终预报误差(final prediction error,FPE)准则、汉南-奎因(Hannan and Quinn,HQ)准则等,它们的定义逻辑类似,都是在最大可能拟合数据的同时惩罚模型复杂度。这些信息准则其实是比较一般化的方法,不仅可以用在这里的 AR 模型选择中,还可以用在其他类别的模型选择中。

5. 偏自相关函数与信息准则

AIC 等信息准则适用于一组给定的备选模型。备选模型组从哪里来?一种方法是以偏自相关函数为指导,把那些偏自相关系数显著不等于零对应的滞后项构成的模型及其相邻的模型(滞后阶数加一或减一)列为备选模型。也就是说,我们一般先画出偏自相关函数图,找出所有偏自相关系数显著不等于零的滞后项,用这些滞后项构造基础备选模型,再用 AIC 等信息准则在基础备选模型及其临近模型中进行选择。下一节将给出一个选择范例。

3.4 应用范例:中国 GDP 增长的周期性

下面综合应用这一章的内容,选择并估计一个 AR 模型,用来分析中国 GDP 增长过程中的周期现象。

1. 研究周期性的意义

经济周期是宏观经济学中的核心研究问题之一,也是金融投资领域重点关注的问题,特别是在大类资产配置方面。美林时钟(见图 3.5)由美林证券于 2004 年提出,是通过对各国过去几十年的经济发展和资产青睐热度的数据统计分析得出的资产配置模型。其核心是经济增长(GDP)和通货膨胀(CPI)的周期性。

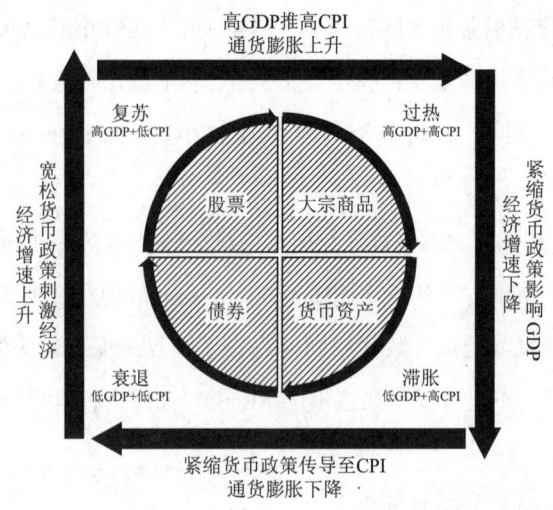

图 3.5 美林时钟

美林时钟告诉我们,可以按 GDP 和 CPI 两个关键经济指标的周期,来确定合适的投资策略。而要使用美林时钟,除了需要知道 GDP 和 CPI 的周期性,还要知道当前处于周期的什么阶段。AR 模型是研究经济周期问题的一个有效工具。

2. 用 AR 模型拟合 GDP 增长率数据

首先读入中国 1995—2022 年的季度 GDP 数据,将其转化成 R 软件中的时间序列数据格式,计算同比增长率(这一期相较于去年同期的增长率)。然后使用偏自相关函数初选模型,图 3.6 为中国 1995—2022 年季度 GDP 同比增长率的偏自相关函数。

R 软件代码及主要输出结果

```
>library (readxl)
> setwd ('D :/ywang/data')
> data = read_excel ('./GDP.xlsx', sheet='Sheet1')
> attach (data)
> gdp=ts (gdp, start=c (1995, 4), frequency = 4)
> plot (gdp)
>
> #对数差分计算增长率
> r=diff (log (gdp), 4)
>
```

```
> #画出偏重相关系数图
> plot (pacf (r))
```

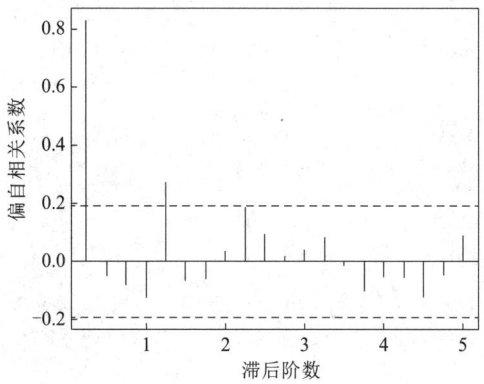

图 3.6　中国 1995—2022 年季度 GDP 同比增长率的偏自相关函数

偏自相关函数图 3.6 中的 x 轴坐标以年为单位。可以看出,模型到第五阶滞后时的偏自相关系数都非常显著,第九阶(R 程序报告中,滞后阶数以年为单位,故这里的第 2.25 年实际是第九个季度)偏自相关系数估计的 p 值接近 0.05(图中虚线表示 p 值为 0.05 对应的估计值),在 10% 的水平下显著。考虑这些元素,我们首先把 AR(5) 作为备选模型,再用 AIC 进行比较(样本量只有 102,比较少)。

AR(5) 模型的估计结果报告在表 3.1 中,第一阶、第四阶和第五阶滞后项系数显著,AIC 值为 -459.15。

再把 AR(5) 模型的相邻模型 AR(6) 作为备选模型,它的估计结果也报告在表 3.1 中,第六阶滞后项系数不显著,并且 AIC 为 -456.82,比 AR(5) 模型的大,因此不考虑 AR(6) 模型。

由于在 AR(5) 模型中第二阶、第三阶滞后项系数不显著,因此,我们估计 AR((1,4,5)) 模型,三个滞后项系数都显著,AIC 值为 -463.0,比 AR(5) 模型的小,表明 AR((1,4,5)) 模型比 AR(5) 模型要合适一些。

偏自相关函数图 3.6 显示,数据的第九阶偏自相关系数比较显著,为了稳健,我们再试一试 AR((1,4,5,9)) 模型,发现它不如 AR((1,4,5)) 模型,因此我们选择 AR((1,4,5)) 模型。

表 3.1　模型选择过程

参数	AR(5)	AR(6)	AR((1,4,5))	AR((1,4,5,9))
AIC	−459.15	−456.82	−463.0	−459.16
β_1	0.8988*** (9.416)	0.9171*** (9.159)	0.9231*** (14.982)	0.9096*** (14.654)
β_2	0.0236 (0.188)	−0.0040 (−0.031)		
β_3	0.0252 (0.201)	0.0200 (0.159)		
β_4	−0.3737*** (−2.962)	−0.3748*** (−2.981)	−0.3525*** (−3.295)	−0.3474*** (−3.241)
β_5	0.2729** (2.758)	0.3573** (2.277)	0.2764*** (2.798)	0.2634** (2.442)
β_6		−0.0782 (−0.650)		
β_9				0.0434 (0.640)

注:括号里表示参数估计的 t 值,*** 表示在1%程度下显著,** 表示在5%程度下显著,* 表示在10%程度下显著。

模型估计为:

$$y_t = 0.0171 + 0.9231 y_{t-1} - 0.3525 y_{t-4} + 0.2764 y_{t-5} + \varepsilon_t$$

3. 计算周期长度

给定上述 AR 模型,特征方程为:

$$z^5 - 0.9231 z^4 + 0.3525 z - 0.2764 = 0$$

利用 R 软件中的"polyroot"命令可以求出该特征方程的五个根。

R 软件代码及主要输出结果

```
> polyroot (c (-0.2764, 0.3525, 0, 0, -0.9231, 1))
0.5549768+0.5008818i      0.5549768-0.5008818i
-0.5285196+0.5375912i    -0.5285196-0.5375912i
0.8701856-0.0000000i
```

可以看出,特征方程有一个实数根 0.8701856 和两对共轭复数根 $-0.5285196 \pm 0.5375912i, 0.5549768 \pm 0.5008818i$。共轭复数的模分别为 0.75388 和 0.74758。所有根都在单位圆内,系统平稳。

两对共轭复数根意味着系统有两个周期叠加。第一个周期的长度由公式 $q = \frac{2\pi}{\theta}, \theta = \arccos(-0.5285196/0.75388)$ 计算得出为 2.6764 个季度。第二个周期的长度由类似公式计算得出为 8.4637 个季度。

练习题

1. 请判断过程 $(1-0.4L-0.3L^2)(y_t-1.0)=\varepsilon_t$ 的平稳性和周期性。

2. 给定差分过程 $y_t=0.5+0.9y_{t-1}+0.1y_{t-2}$,已知 $y_0=0, y_1=0.1$,请求出 y_{10}。

3. 验证以下结论:如果特征方程(3.4)有两个相同的实数根 z,那么 z^t 和 $z^t t$ 是差分方程(3.3)的两个线性无关的解。

4. 计算 AR(3) 过程 $y_t=\alpha+\beta_1 y_{t-1}+\beta_2 y_{t-2}+\beta_3 y_{t-3}+\varepsilon_t$ 的长期均值和长期方差。

5. 模拟过程 $y_t=0.5+0.7y_{t-1}+0.1y_{t-3}+\varepsilon_t, \varepsilon_t \sim N(0,0.01)$,产生 200 个观测值,然后把模拟产生的样本拟合到一个合适的 AR 模型中,再产生 2 000 个观测值,重复上述过程。这两个不同观测量的样本,在模型识别过程中有什么差别?

6. 下载中国 1990—2022 年第一产业季度增加值及第二产业季度增加值数据,计算同比增长率,用 AR 过程研究其周期性。

第 4 章

自回归移动平均模型

前面介绍了自回归模型及其在研究周期性方面的应用。在预测中,自回归移动平均(auto-regressive moving average, ARMA)模型是一个用得更广的模型,AR 模型其实是 ARMA 模型的特例。ARMA 模型的一般形式为:

$$y_t = \alpha + \beta_1 y_{t-1} + \cdots + \beta_p y_{t-p} + \varepsilon_t + \phi_1 \varepsilon_{t-1} + \cdots + \phi_q \varepsilon_{t-q},$$
$$t = 0, \pm 1, \pm 2, \cdots, \pm \infty, \ E(\varepsilon_t | F_{t-1}) = 0 \tag{4.1}$$

这里 ε_t 为方差等于 σ_ε^2 的独立同分布白噪声,一般假设为正态分布或 t 分布的随机变量。F_{t-1} 表示在时间 $t-1$ 时所有的已知信息,包括直接观察到的 $y_{t-1}, y_{t-2}, \cdots, y_{-\infty}$,也包括没有直接观察值但可以计算出的 $\varepsilon_{t-1}, \varepsilon_{t-2}, \cdots, \varepsilon_{-\infty}$。

同前面的 AR 模型设置,这里的条件均值假设 $E(\varepsilon_t | F_{t-1}) = 0$ 是外生性假设。它有两大作用:一是简化模型参数估计;二是使得模型参数的经济学解释为边际影响,即给定其他条件不变,y_{t-k} 变化一个单位,平均来看,导致 y_t 变化 β_k 个单位。

方程(4.1)的右边由三部分构成:过程 y_t 的 p 个滞后项($y_{t-1}, \cdots, y_{t-p}$)、扰动项 ε_t、扰动项的 q 个滞后项($\varepsilon_{t-1}, \cdots, \varepsilon_{t-q}$),故模型被称作 ARMA($p,q$) 过程。这个模型有几个特例:如果没有扰动项和扰动项的滞后项,就是差分方程;如果没有扰动项的滞后项,就是前面讨论过的 AR(p) 模型;如果没有过程 y_t 的滞后项,就是 q 阶移动平均[moving average, MA(q)]模型。

本章先介绍 MA 模型,再介绍 ARMA 模型,最后介绍 ARMA 模型在预测方面的应用。

4.1 MA 模型

MA 模型是 ARMA 模型的特例,MA(q) 的一般形式为:

$$y_t = \mu + \varepsilon_t + \phi_1 \varepsilon_{t-1} + \cdots + \phi_q \varepsilon_{t-q},$$
$$t = 0, \pm 1, \pm 2, \cdots, \pm \infty, \ E(\varepsilon_t | F_{t-1}) = 0 \tag{4.2}$$

4.1.1 MA 过程的性质

1. MA(1)过程的平稳性及遍历性

先看 MA(1)过程 $y_t = \mu + \varepsilon_t + \phi_1 \varepsilon_{t-1}$ 的性质。平稳性问题是所有时间序列过程的首要问题。下面按照定义检查 MA(1)过程的弱平稳条件。

均值：
$$E(y_t) = \mu + E(\varepsilon_t) + \phi_1 E(\varepsilon_{t-1}) = \mu$$

方差：
$$\gamma_0 = \mathrm{Var}(y_t) = \mathrm{Var}(\varepsilon_t) + \phi_1^2 \mathrm{Var}(\varepsilon_{t-1}) + 2\phi_1 \mathrm{Cov}(\varepsilon_t, \varepsilon_{t-1}) = \sigma^2 + \phi_1^2 \sigma^2$$

自协方差：
$$\gamma_1 = \mathrm{Cov}(y_t, y_{t-1}) = E((y_t - \mu)(y_{t-1} - \mu))$$
$$= E((\varepsilon_t + \phi_1 \varepsilon_{t-1})(\varepsilon_{t-1} + \phi_1 \varepsilon_{t-2})) = \phi_1 \sigma^2$$
$$\gamma_k = \mathrm{Cov}(y_t, y_{t-k}) = E((y_t - \mu)(y_{t-k} - \mu))$$
$$= E((\varepsilon_t + \phi_1 \varepsilon_{t-1})(\varepsilon_{t-k} + \phi_1 \varepsilon_{t-k-1})) = 0, k > 1$$

显然,这些均值及方差、协方差都是有限的常数,因此,弱平稳条件自动满足。并且,所有自协方差函数的绝对值之和就等于 $|\gamma_0| + |\gamma_1|$,是有限的,因此所有的 MA(1)过程都是平稳的、遍历的。

2. 有限记忆

由上述方差、协方差可得,MA(1)的自相关系数为：
$$\rho_k = \begin{cases} \dfrac{\phi_1}{1+\phi_1^2}, & k = 1 \\ 0, & k > 1 \end{cases}$$

可见,MA(1)过程在超过一阶时没有自相关,即没有超过一期的记忆。因此,从自相关性看,MA(1)过程是有限记忆。

相较于我们在前面已经定义的短记忆[自相关系数以指数函数形式快速下降到零,如平稳的 AR(p)过程]、长记忆(自相关系数以幂函数形式慢速下降到零,如分数单位根过程)、永久记忆(自相关系数不下降到零,如单位根过程),有限记忆模型在做预测时更简单。

3. MA(q)的性质

下面再来看看 MA(q)过程 $y_t = \mu + \varepsilon_t + \phi_1 \varepsilon_{t-1} + \cdots + \phi_q \varepsilon_{t-q}$ 的性质。

均值:
$$E(y_t) = \mu + E(\varepsilon_t) + \phi_1 E(\varepsilon_{t-1}) + \cdots + \phi_q E(\varepsilon_{t-q}) = \mu$$

方差:
$$\gamma_0 = \text{Var}(\varepsilon_t) + \phi_1^2 \text{Var}(\varepsilon_{t-1}) + \cdots + \phi_q^2 \text{Var}(\varepsilon_{t-q}) + \sum_{i \neq j} \phi_i \phi_j \text{Cov}(\varepsilon_{t-i}, \varepsilon_{t-j})$$
$$= (1 + \phi_1^2 + \cdots + \phi_q^2) \sigma^2$$

自协方差:
$$\gamma_1 = \text{Cov}(y_t, y_{t-1}) = E((y_t - \mu)(y_{t-1} - \mu))$$
$$= E((\varepsilon_t + \phi_1 \varepsilon_{t-1} + \cdots + \phi_q \varepsilon_{t-q})(\varepsilon_{t-1} + \phi_1 \varepsilon_{t-2} + \cdots + \phi_q \varepsilon_{t-q-1}))$$
$$= (\phi_1 + \phi_1 \phi_2 + \phi_2 \phi_3 + \cdots + \phi_{q-1} \phi_q) \sigma^2$$
$$\gamma_k = \text{Cov}(y_t, y_{t-k}) = E((y_t - \mu)(y_{t-k} - \mu))$$
$$= E((\varepsilon_t + \phi_1 \varepsilon_{t-1} + \cdots + \phi_q \varepsilon_{t-q})(\varepsilon_{t-k} + \phi_1 \varepsilon_{t-k-1} + \cdots + \phi_q \varepsilon_{t-k-q}))$$
$$= (\phi_k + \phi_1 \phi_{k+1} + \phi_2 \phi_{k+2} + \cdots + \phi_{q-k} \phi_q) \sigma^2, k \leq q$$
$$\gamma_k = 0, k > q$$

由方差、协方差可得,自相关系数
$$\rho_k = \begin{cases} \dfrac{\phi_k + \phi_1 \phi_{k+1} + \phi_2 \phi_{k+2} + \cdots + \phi_{q-k} \phi_q}{1 + \phi_1^2 + \cdots + \phi_q^2}, & k \leq q \\ 0, & k > q \end{cases}$$

这些均值及方差、协方差都是有限的常数,因此,所有的有限阶 MA(q)过程都是弱平稳的。并且,自协方差函数的绝对值之和就等于 $|\gamma_0| + |\gamma_1| + \cdots + |\gamma_q|$,是有限的,因此 MA($q$)也是遍历的。而从自相关性看,所有的 MA($q$)都是有限记忆过

程,它与 q 期以前的变量无关。

4.1.2 MA 模型的识别

MA 模型的识别问题,同样有模型设置和参数估计两个方面。

1. MA 模型的 MLE 估计

先看 MA(q)的参数估计问题。对 MA(q)模型,我们没有办法进行 OLS 估计,因为方程(4.2)的右边只有扰动项及其滞后项 ε_{t-j},没有可观察变量。我们只能假设模型误差服从某种分布,比如正态分布,然后用 MLE 估计模型。下面以 MA(1)过程为例,讨论其 MLE 估计方法。

给定时间序列数据观测值 $\{y_1, y_2, \cdots, y_T\}$ 和 MA(1)模型 $y_t = \mu + \varepsilon_t + \phi_1 \varepsilon_{t-1}$,如果 $\varepsilon_t \sim N(0, \sigma^2)$,未知模型参数为 $\Theta = (\mu, \phi_1, \sigma)$,我们没有办法直接写出似然函数 $f(y_1, y_2, \cdots, y_T | \Theta)$。但如果 ε_0 已知,那么用参数和观测值 $\{y_1, y_2, \cdots, y_T\}$,可以依次得出:

$$\varepsilon_1 = y_1 - (\mu + \phi_1 \varepsilon_0)$$
$$\varepsilon_2 = y_2 - (\mu + \phi_1 \varepsilon_1)$$
$$\vdots \tag{4.3}$$
$$\varepsilon_T = y_T - (\mu + \phi_1 \varepsilon_{T-1})$$

从而可以写出似然函数

$$\begin{aligned}
&f(y_1, y_2, \cdots, y_T | \Theta, \varepsilon_0) \\
&= f(y_T | y_{T-1}, \cdots, y_1, \Theta, \varepsilon_0) f(y_1, y_2, \cdots, y_{T-1} | \Theta, \varepsilon_0) \\
&= f(y_T | y_{T-1}, \cdots, y_1, \Theta, \varepsilon_0) f(y_{T-1} | y_{T-2}, \cdots, y_1, \Theta, \varepsilon_0) f(y_1, \cdots, y_{T-2} | \Theta, \varepsilon_0) \\
&= \prod_{t=2}^{T} f(y_t | y_{t-1}, \cdots, y_1, \Theta, \varepsilon_0) f(y_1 | \Theta, \varepsilon_0)
\end{aligned}$$

因为假设 ε_t 为正态分布,所以条件分布函数 $f(y_t | y_{t-1}, \cdots, y_1, \Theta, \varepsilon_0)$ 可以写成:

$$f(y_t | y_{t-1}, \cdots, y_1, \Theta, \varepsilon_0) = \frac{1}{\sqrt{2\pi}\sigma} \exp\left(-\frac{(y_t - \mu - \phi_1 \varepsilon_{t-1})^2}{2\sigma^2}\right)$$

因此，如果知道第一个扰动项 ε_0，就可以写出整个似然函数，最大化这个似然函数就可以得出未知参数的估计。

在上面估计的模型中，扰动项 ε_t 被假设为正态分布的随机变量。其他常用的扰动项分布还有 t 分布，估计方法类似。

高阶的 MA(q) 过程的估计方法类似，细微的差别在于需要设定多个初始扰动项 $\varepsilon_0, \varepsilon_{-1}, \cdots, \varepsilon_{-q+1}$。

2. 精确 MLE 和条件 MLE

MA(q) 的 MLE 估计需要知道 q 个初始扰动项 $\varepsilon_0, \varepsilon_{-1}, \cdots, \varepsilon_{-q+1}$，事实上这是不可能的。对此一般有两种处理方法。

方法1：假设它们为0（因为它们的均值为0），这时的估计方法被称作条件最大似然估计（conditional MLE，CMLE）方法。

方法2：把它们当作未知参数，与其他参数 Θ 一起估计，这种估计方法被称作精确最大似然估计（exact MLE，EMLE）方法。

第一种方法虽然是近似方法，但一般情况下误差很小，因此被广泛使用。

3. R 软件中的实现

R 软件中估计 MA 模型的程序也是"arima"和"arma"。我们先用 R 软件写一个模拟 MA 过程的方程（R 软件中"arima"命令的"arima.sim"方程可以模拟 MA 过程，但它只能产生均值为零的过程）。

R 软件代码

```
MA1=function (myseed, alpha, phi1, a2, n){
if (myseed>0) set.seed (myseed)
n=n+100
x=rnorm(n, 0, a2)
y=0
y[1] = alpha+x[1]
for (t in 2:n){
y[t] = alpha+x[t] +phi1* x[t -1]
}
```

```
y=y[101:n]
y
}
```

下面模拟

$$y_t = 1.2 + \varepsilon_t + 0.3\varepsilon_{t-1}, \quad \varepsilon_t \sim N(0, 0.04) \tag{4.4}$$

过程,500 个观测值,命名为 x。把 x 拟合到 MA(2) 模型中,这里故意用一个比模拟数据的模型(4.4)多一个滞后项的模型,以便观察能否把不应该出现的项识别出来。

R 软件代码及主要输出结果

```
> x=MA1(10, 1.2, 0.3, 0.2, 500)
> x2=arima (x, order=c (0, 0, 2))
> x2

Coefficients:
    ma1      ma2     intercept
    0.3821   -0.0131  1.2079
s.e. 0.0447  0.0449   0.0127

sigma ^ 2 estimated as 0.0432:  log likelihood = 75.93,  aic = -143.86
```

从上面 R 软件的输出结果可知,估计出的模型为:

$$y_t = 1.2079 + \varepsilon_t + 0.3821\varepsilon_{t-1} - 0.0131\varepsilon_{t-2}, \quad \varepsilon_t \sim N(0, 0.0432)$$

但扰动项第二阶滞后项的系数 ϕ_2 估计的标准差为 0.0449,对应的 t 统计量 = $\dfrac{-0.0131}{0.0449}$ = -0.2918,不显著。因此估计出的模型与真实模型(4.4)非常接近,MLE 估计效果良好。

4. MA 模型的设置

MA 模型识别的第二个问题是模型设置,即扰动项滞后阶数的选择。这里可以用自相关函数,而不是 AR 模型选择过程中的偏自相关函数,更多的是用 AIC、BIC 选择。具体方法同 AR 模型的选择方法,不再赘述。

4.2　ARMA 模型

AR(p)与 MA(q)合在一起,就形成了 ARMA(p,q)模型:

$$y_t = \alpha + \beta_1 y_{t-1} + \cdots + \beta_p y_{t-p} + \varepsilon_t + \phi_1 \varepsilon_{t-1} + \cdots + \phi_q \varepsilon_{t-q},$$
$$t = 0, \pm 1, \pm 2, \cdots, \pm \infty, \quad E(\varepsilon_t | F_{t-1}) = 0 \tag{4.5}$$

当均值平稳时,把 ARMA(p,q)写成均值回归形式会方便很多:

$$y_t - \mu = \beta_1(y_{t-1} - \mu) + \cdots + \beta_p(y_{t-p} - \mu) + \varepsilon_t + \phi_1 \varepsilon_{t-1} + \cdots + \phi_q \varepsilon_{t-q}$$

进一步写成滞后算子的形式会更简洁:

$$\left(1 - \sum_{i=1}^{p} \beta_i L^i\right)(y_t - \mu) = \left(1 + \sum_{j=1}^{q} \phi_j L^j\right) \varepsilon_t \tag{4.6}$$

还有一些时间序列过程,本身不平稳,是单位根过程,但差分后可以变成平稳的 ARMA(p,q)过程,因此有:

$$\left(1 - \sum_{i=1}^{p} \beta_i L^i\right)(1-L)^d y_t = \alpha + \left(1 + \sum_{j=1}^{q} \phi_j L^j\right) \varepsilon_t \tag{4.7}$$

其中,d 表示需要进行差分处理的次数,也称单整的阶数。当时间序列过程是单位根时,要差分处理,d 阶单位根需要差分 d 次。这个模型又可被称作 ARIMA(p,d,q)过程。

这里 ARIMA(p,d,q)过程之所以没有写成均值回归形式,是因为单位根过程不平稳,没有作为常数的均值,除非均值为零。ARIMA(p,d,q)过程本质上是对变量进行差分预处理后的 ARMA(p,q)模型,因此后续我们不对它展开讨论。

4.2.1　ARMA 模型的性质

与前面的 AR 和 MA 过程一样,我们关心 ARMA(p,q)过程的平稳性、遍历性及矩条件。为了便于理解,下面我们以 ARMA(3,2)为例。

1. ARMA 过程的均值

$$E(y_t) = \alpha + \beta_1 E(y_{t-1}) + \beta_2 E(y_{t-2}) +$$

$$\beta_3 E(y_{t-3}) + E(\varepsilon_t) + \phi_1 E(\varepsilon_{t-1}) + \phi_2 E(\varepsilon_{t-2})$$

$$\mu_t = \alpha + \beta_1 \mu_{t-1} + \beta_2 \mu_{t-2} + \beta_3 \mu_{t-3}$$

可见，ARMA(p,q)过程的均值过程就是其 AR(p)部分的均值过程。

2. ARMA 过程的自协方差

均值平稳时，自协方差为：

$$E(y_t - \mu, y_{t-k} - \mu) = \beta_1 E(y_{t-1} - \mu, y_{t-k} - \mu) + \beta_2 E(y_{t-2} - \mu, y_{t-k} - \mu) +$$
$$\beta_3 E(y_{t-3} - \mu, y_{t-k} - \mu) + E(\varepsilon_t, y_{t-k} - \mu) +$$
$$\phi_1 E(\varepsilon_{t-1}, y_{t-k} - \mu) + \phi_2 E(\varepsilon_{t-2}, y_{t-k} - \mu)$$

$$\gamma_{k,t} = \begin{cases} \beta_1 \gamma_{k-1,t-1} + \beta_2 \gamma_{k-2,t-2} + \beta_2 \gamma_{k-3,t-3} + \phi_1 \sigma^2 + \phi_2(\beta_1 + \phi_1)\sigma^2, & k=1 \\ \beta_1 \gamma_{k-1,t-1} + \beta_2 \gamma_{k-2,t-2} + \beta_2 \gamma_{k-3,t-3} + \phi_2 \sigma^2, & k=2 \\ \beta_1 \gamma_{k-1,t-1} + \beta_2 \gamma_{k-2,t-2} + \beta_2 \gamma_{k-3,t-3}, & k>2 \end{cases}$$

可见，当 $k>q$ 时，ARMA(p,q)过程的自协方差过程就是其 AR(p)部分的自协方差过程，因为这时 MA 部分已经无记忆。而当 $k \leq q$ 时，ARMA(p,q)过程的自协方差方程也是一个二维的差分方程，与其 AR(p)部分的自协方差方程差不多，只是多了一个常数项，因此主要性质基本一致。

3. ARMA 过程的平稳性和遍历性

ARMA(p,q)过程的平稳性完全由其 AR 部分决定，自相关性也基本上与其 AR 部分的自相关性一样。所以，平稳的 ARMA(p,q)过程还是短记忆过程，是遍历的。

4.2.2 ARMA 模型的三种表示方式及意义

前面分别讨论了 AR 模型、MA 模型和 ARMA 模型，其实它们之间存在一种相互变换的关系。

1. 从 AR(p) 过程到 MA(∞) 过程

考虑一个 AR(1)模型 $y_t = \alpha + \beta_1 y_{t-1} + \varepsilon_t$，我们用滞后算子形式来表示它：

$$(1 - \beta_1 L) y_t = \alpha + \varepsilon_t$$

并用泰勒展开做如下变换：

$$y_t = (1-\beta_1 L)^{-1}(\alpha+\varepsilon_t)$$

$$= (1-\beta_1 L)^{-1}\alpha + (1-\beta_1 L)^{-1}\varepsilon_t$$

$$= \frac{\alpha}{1-\beta_1} + (1+\beta_1 L+\beta_1^2 L^2+\beta_1^3 L^3+\cdots)\varepsilon_t$$

$$= \mu + \varepsilon_t + \beta_1 \varepsilon_{t-1} + \beta_1^2 \varepsilon_{t-2} + \cdots$$

这是一个 MA(∞) 过程。它要有意义，泰勒展开级数就不能发散，即 β_1^k 应该随着 k 趋近无穷而收敛，即 $|\beta_1|<1$。这正好是 AR(1) 过程平稳的条件。因此，一个平稳的 AR(1) 过程总可以变换成一个 MA(∞) 过程。

类似地，高阶平稳的 AR(p) 也可以用泰勒展开变换成 MA(∞) 过程。

上述变换过程表明，非平稳性的 AR(p) 过程，比如 $y_t=\alpha+y_{t-1}+\varepsilon_t$，无法变换成 MA 过程。

2. 从 MA(q) 过程到 AR(∞) 过程

类似地，可以把 MA(q) 过程变换成 AR(∞) 过程。考虑一个 MA(1) 模型 $y_t = \mu+\varepsilon_t+\phi_1\varepsilon_{t-1}$，我们用滞后算子形式来表示它：

$$y_t = \mu + (1+\phi_1 L)\varepsilon_t$$

并用泰勒展开做如下变换：

$$(1+\phi_1 L)^{-1} y_t = (1-\phi_1 L)^{-1}\mu + \varepsilon_t$$

$$(1 - \phi_1 L + \phi_1^2 L^2 - \phi_1^3 L^3 + \cdots)y_t = \alpha + \varepsilon_t$$

$$y_t - \phi_1 y_{t-1} + \phi_1^2 y_{t-2} - \phi_1^3 y_{t-3} + \cdots = \alpha + \varepsilon_t$$

$$y_t = \alpha + \phi_1 y_{t-1} - \phi_1^2 y_{t-2} + \phi_1^3 y_{t-3} - \cdots + \varepsilon_t$$

这是一个 AR(∞) 过程。它要有意义，泰勒展开级数就不能发散，即 ϕ_1^k 应该随着 k 趋近无穷而收敛，即 $|\phi_1|<1$。MA 过程的这个条件被称作可反转性(invertibility)，与 AR 过程的平稳性相一致。因此，一个可反转的 MA(1) 过程总可以变换成一个 AR(∞) 过程。

有可反转性的高阶 MA(q) 过程可以类似地变换成 AR(∞) 过程。MA(q) 过程的"可反转性"对应 AR 过程的"平稳性",同样可以通过其对应的特征方程的根是否在单位圆内来判断。

3. ARMA(p,q) 过程的三种表达式

类似地,ARMA(p,q) 过程也可以变换成 AR(∞) 过程或 MA(∞) 过程,因此 ARMA(p,q) 过程有三种表示方式。

ARMA(p,q): $\left(1 - \sum_{i=1}^{p} \beta_i L^i\right)(y_t - \mu) = \left(1 + \sum_{j=1}^{q} \phi_j L^j\right)\varepsilon_t$

AR: $\left(1 + \sum_{j=1}^{q} \phi_j L^j\right)^{-1}\left(1 - \sum_{i=1}^{p} \beta_i L^i\right)(y_t - \mu) = \varepsilon_t$

MA: $y_t = \mu + \left(1 - \sum_{i=1}^{p} \beta_i L^i\right)^{-1}\left(1 + \sum_{j=1}^{q} \phi_j L^j\right)\varepsilon_t$

ARMA 过程的三种表示方式各有优点。ARMA(p,q) 形式简洁,多用于模型设置及检验。AR 形式清楚地表明了 y_t 如何依赖其历史 y_{t-j},可以帮助我们理解一个时间序列过程的动态演化。MA 形式清楚地表明了 y_t 如何依赖扰动项 ε_t 及其历史 ε_{t-j}。扰动项一般指经济过程中的外生冲击,如宏观经济过程中的政策变化、技术变化、环境变化等,因此 MA 形式更适合研究外生冲击对一个时间序列过程的影响。这一点将在第 8 章得到充分体现。

4. 简洁的 ARMA 模型

上述相互转换关系还给了我们一个重要启示。在实证中,有时对一个数据,既可以用一个高阶的 MA(q) 模型来很好地拟合,也可以用低阶的 AR(p) 模型来很好地拟合。或者反过来,对一个数据,既可以用一个高阶的 AR(p) 模型来很好地拟合,也可以用低阶的 MA(q) 模型来很好地拟合。这样就为我们提供了一个简化模型的方法:可以用低阶的 AR 模型代替高阶的 MA 模型,用低阶的 MA 模型代替高阶的 AR 模型。因此,实证中最常见的是低阶的 ARMA(p,q) 模型,而不是高阶的 AR 模型或 MA 模型。

4.2.3 ARMA 模型的识别

1. MLE 估计及在 R 软件中的实现

同前面的 AR 模型和 MA 模型，ARMA 模型的识别包括参数估计和模型设置。在模型估计方面，同 MA 模型，只能用 MLE 方法估计 ARMA 模型，似然函数的写法与 MA 的差不多，并且依不同的处理初始扰动项 ε_0 的方法，有近似的 CMLE 和精确的 MLE。这里不重复介绍。

R 软件中估计 ARMA 模型的命令还是前面的"arma"和"arima"。"arma"命令可以方便地估计非连续滞后的模型，比如命令"arma(y, lag = list(ar = c(1,2), ma = c(1,5)))"估计的模型是 $y_t = \alpha + \beta_1 y_{t-1} + \beta_2 y_{t-2} + \varepsilon_t + \phi_1 \varepsilon_{t-1} + \phi_5 \varepsilon_{t-5}$。"arima"命令则只能估计完整的 ARMA 模型，命令是"arima(y, order = c(p,d,q))"，其中，p 表示 AR 的阶数，q 表示 MA 的阶数，d 表示单整的阶数。

这里先用模拟数据来学习估计方法并验证 R 中的命令。以下是模拟产生 ARMA(1,1) 过程的 R 软件方程：

R 软件代码

```
ARMA1=function (myseed, alpha, beta1, phi1, a2, n){
if (myseed >0) set.seed (myseed)
n=n+100
x=rnorm(n, 0, a2)
y=0
y[1] = alpha/(1-beta1)+x[1]
for (t in 2:n){
y[t] =alpha+beta1* y[t-1]+x[t] +phi1* x[t -1]
}
y=y[101:n]
y
}
```

模拟 $y_t = 1.2 + 0.5 y_{t-1} + \varepsilon_t + 0.3 \varepsilon_{t-1}$，$\varepsilon_t \sim N(0, 0.2^2)$，产生 500 个观测值的样本 x。试着将 x 拟合到一个 ARMA(1,2) 模型中，结果如下：

R 软件代码及主要输出结果

```
> x=ARMA1(10, 1.2, 0.5, 0.3, 0.2, 500)
> x1=arima (x,order=c(1, 0, 2))
> x1

Coefficients:
ar1       ma1       ma2       intercept
0.5208    0.3606    -0.0309   2.4168
s.e.  0.1121    0.1233    0.0985    0.0257
sigma ^ 2 estimated as 0.04316:  log likelihood = 75.85,  aic = -141.69
```

可见,AR1 的系数估计为 0.5208,MA1 的系数估计为 0.3606,MA2 的系数估计为 -0.0309 但不显著(t 统计量为 $-0.0309/0.0985=-0.314$),这三个估计值非常接近各自对应的真实值 0.5、0.3、0。这里报告的 intercept 为 2.4168,为系统的长期均值,对应的真实值为 $1.2/0.5=2.4$,也非常接近。因此,ARMA 模型的 MLE 估计效果非常好。

在用 R 软件中的"arima"命令估计 ARIMA 模型时,要注意,尽管模型设置可以选择单整阶数 $d>0$,但这时程序强制要求截距项为零。因此,当实际数据是差分后的 ARMA 过程,并且截距项不等于零时,不能直接用"arima"命令估计原数据,而是要先人工进行差分,再用"arima"命令估计一个 $d=0$ 的模型。

2. 估计相乘形式的 ARMA

有时我们会估计几个 ARMA 过程的乘积,比如:

$$(1-\beta_1 L)(1-\beta_2 L^4)y_t = \alpha+(1+\phi_1)\varepsilon_t$$

这个过程展开后变成一个 ARMA((1,4,5),1)过程:

$$(1-\beta_1 L-\beta_2 L^4+\beta_1\beta_2 L^5)y_t = \alpha+(1+\phi_1)\varepsilon_t$$

但比通常的 ARMA((1,4,5),1)过程少一个待估计参数(L^5 前面的系数),而与 ARMA((1,4),1)过程相比,可以用同样的参数个数,多拟合一个数据特征(五阶滞后)。

这样的模型经常被用于处理季节性数据,我们在后面会用到。R 软件中直接把上述模型当作季节模型处理,下一节再介绍。有些软件,如 SAS,有更多的模型可选,这里不做介绍。

4.3 预测

ARMA 模型的主要功能是预测,下面我们先分别介绍 AR 模型、MA 模型和 ARMA 模型的预测过程,再介绍如何用样本外预测误差进行模型的比较和选择。

4.3.1 AR 模型的预测

1. 用作预测的条件均值

前面提到,最本质的预测是找出预测对象的条件分布函数。如果 AR 模型已经被识别出来,预测也就差不多完成了,因为模型本身就是条件分布。而比较直观的预测,是用这个条件分布计算一些矩,特别是条件均值。条件中位数或条件众数有时也被用作预测指标。由于均值运算的线性性质,均值还是用得最广的预测指标。

在时间 T 进行提前 s 步的(均值)预测,就是利用当时所有的已知信息,计算预测对象在 $T+s$ 时的条件均值。

2. 提前一步预测及其精度

先看提前一步预测。给定估计出的模型

$$y_t = \hat{\alpha} + \hat{\beta}_1 y_{t-1} + \hat{\beta}_2 y_{t-2} + \cdots + \hat{\beta}_p y_{t-p} + \varepsilon_t$$

以及时间 T 的已知信息 $F_T = (y_T, y_{T-1}, \cdots)$,预测对象在 $T+1$ 时的真实值应该为:

$$y_{T+1} = \alpha + \beta_1 y_T + \beta_2 y_{T-1} + \cdots + \beta_p y_{T-p+1} + \varepsilon_{T+1}$$

这时的预测值为:

$$\hat{y}_{T+1} = E(y_{T+1} | F_T) = \hat{\alpha} + \hat{\beta}_1 y_T + \hat{\beta}_2 y_{T-1} + \cdots + \hat{\beta}_p y_{T-p+1}$$

预测误差等于:

$$y_{T+1} - \hat{y}_{T+1} = (\alpha - \hat{\alpha}) + (\beta_1 - \hat{\beta}_1) y_T + \cdots + (\beta_p - \hat{\beta}_p) y_{T-p+1} + \varepsilon_{T+1}$$

这个预测误差包括两部分:参数估计误差$(\beta - \hat{\beta})$带来的和模型误差ε_{T+1}带来的。模型误差的量级以方差衡量,等于σ_ε^2。参数估计误差的大小,由前面 AR 模型的 OLS 估计[方程(3.16)]可知,等于$\text{Var}(\hat{\beta} | F_T) = (X'X)^{-1} \sigma_\varepsilon^2$,$\sigma_\varepsilon^2$对应方程(3.16)中的$\hat{\sigma}^2$。因此,单个参数$\beta_k$的估计误差是模型误差的$1/(T-p)$量级。为了看清这一点,考虑特殊情况———一阶 AR 模型,这时:

$$(X'X)^{-1} = \frac{1}{T \sum y_t^2 - (\sum y_t)^2} \begin{pmatrix} \sum y_t^2 & -\sum y_t \\ -\sum y_t & T \end{pmatrix}$$

这个矩阵的每个元素都是$1/(T-1)$量级。因此,预测误差中的单个参数估计误差部分远小于模型误差部分。这一点经常被用来近似计算预测精度(方差),即忽略参数估计误差带来的部分。

不过,当模型过于复杂,模型参数的个数$p+1$比较多,甚至与数据样本量T相当时,尽管每个参数估计误差部分都很小,但参数个数众多,使得总的模型参数估计误差变得非常大,这时参数估计误差带来的预测误差就不能被忽略。这也说明了为什么大模型的样本外预测效果不一定好,我们需要惩罚模型复杂度。

给定模型误差的方差估计[方程(3.15)]和模型参数估计的方差估计[方程(3.16)],我们可以非常容易地计算出上述预测误差的方差,从而得出预测值的置信区间。

3. 提前多步预测

再看提前两步的预测。给定时间T的已知信息$F_T = (y_T, y_{T-1}, \cdots)$,预测对象在$T+2$时的真实值应该为:

$$y_{T+2} = \alpha + \beta_1 y_{T+1} + \beta_2 y_T + \cdots + \beta_p y_{T-p+2} + \varepsilon_{T+2}$$

这时的预测值为:

$$\hat{y}_{T+2} = E(y_{T+2} | F_T) = \hat{\alpha} + \hat{\beta}_1 E(y_{T+1} | F_T) + \hat{\beta}_2 y_T + \cdots + \hat{\beta}_p y_{T-p+2}$$

其中，$\mathrm{E}(y_{T+1}|F_T)$ 为提前一步预测 $\hat{y}_{T+1}$。因此，提前两步预测需要滚动进行。这时的预测误差等于：

$$y_{T+2}-\hat{y}_{T+2}=(\alpha-\hat{\alpha})+(\beta_1 y_{T+1}-\hat{\beta}_1\hat{y}_{T+1})+(\beta_2-\hat{\beta}_2)y_T+\cdots+\varepsilon_{T+2}$$

$$=(\alpha-\hat{\alpha})+(\beta_1 y_{T+1}-\beta_1\hat{y}_{T+1}+\beta_1\hat{y}_{T+1}-\hat{\beta}_1\hat{y}_{T+1})+(\beta_2-\hat{\beta}_2)y_T+\cdots+\varepsilon_{T+2}$$

$$=(\alpha-\hat{\alpha})+\beta_1(y_{T+1}-\hat{y}_{T+1})+(\beta_1-\hat{\beta}_1)\hat{y}_{T+1}+(\beta_2-\hat{\beta}_2)y_T+\cdots+\varepsilon_{T+2}$$

可见，这里除前面遇到的参数估计误差及模型误差外，还有提前一步的预测误差 $\beta_1(y_{T+1}-\hat{y}_{T+1})$，因此预测误差变得更大。

提前更多步的预测，基本方法与提前两步预测相同，需要滚动预测，是一个迭代过程，并且预测误差将累加到更多步的预测误差中。

4. AR 模型预测在 R 软件中的实现

R 软件中的"forecast"命令可以用估计出的 AR 模型结果直接计算上述预测过程并给出预测的精度。下面先模拟一个 AR(1) 过程，产生 505 个观测值，用前面的 500 个观测值估计一个 AR(2) 模型，再做提前五步预测，并给出 95% 的置信区间。

R 软件代码及主要输出结果

```
> library (forecast)
> library (forecast)
> y=myAR1(101, 1, 0.5, 0.2, 505)
> x2=arima(y[1:500], order=c(2, 0, 0))
> x3=forecast (x2, h=5, level=c(99.5))
> x3
    Point Forecast   Lo 99.5   Hi 99.5
501      2.178131   1.639648   2.716613
502      2.070717   1.465507   2.675928
503      2.021629   1.403470   2.639788
504      1.999609   1.378879   2.620339
505      1.989758   1.368516   2.611001
> names(x3)
[1] "method"   "model"    "level"    "mean"    "lower"    "upper"
[7] "x"        "series"   "fitted"   "residuals"
```

```
> upp=c(y[500], x3$upper)
> low=c(y[500], x3$lower)
> min(low, upp)
[1] 1.368516
> max(low, upp)
[1] 2.716613
> tdx=496:505
> plot(tdx, y[496:505], type='l', xlab='time', ylab='y', ylim=c
(1.3, 2.8))
> points(tdx, y[496:505], pch='o', cex=0.7)
> points(tdx[6:10], x3$mean, pch='*')
> lines(tdx[5:10], low, lty=2)
> lines(tdx[5:10], upp, lty=2)
```

上述 R 程序还把 5 个预测值与实际观察值一起绘制在图 4.1 中,"o"为真实值,"*"为预测值,虚线表示 95% 的置信区间。可见,预测值比较接近真实值,并且随着提前预测的步数增加,预测的置信区间变大,预测误差增大。

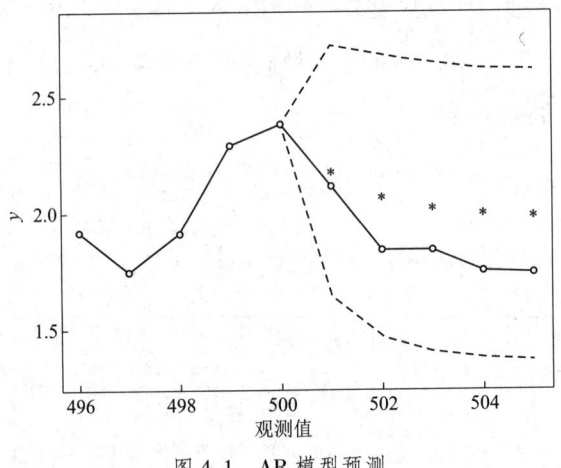

图 4.1 AR 模型预测

4.3.2 MA 模型的预测

1. 预测值的计算

MA 模型也可以用来进行预测。同 AR 模型,MA 模型本身就给出了条件分布,而条件均值预测还是用得最广的预测指标。

对 MA(q) 模型来说,给定估计出来的模型

$$y_t = \hat{\mu} + \hat{\varepsilon}_t + \hat{\phi}_1 \varepsilon_{t-1} + \cdots + \hat{\phi}_q \varepsilon_{t-q}$$

以及时间 T 的已知信息 $F_T = (y_T, y_{T-1}, \cdots)$,提前一步的预测值为:

$$\hat{y}_{T+1} = E(y_{T+1} | F_T) = \hat{\mu} + \hat{\phi}_1 \varepsilon_T + \cdots + \hat{\phi}_q \varepsilon_{T-q+1}$$

上述表达式中扰动项 $\varepsilon_T, \cdots, \varepsilon_{T-q+1}$ 不是直接观测值。给定上面 MA 估计过程中扰动项的递归计算公式(4.3)及初始扰动项($\varepsilon_t, t=0,-1,\cdots,-q+1$)的设定(设为均值0,或者估计出的未知参数),这些扰动项的拟合值也是可以计算出来的。因此 MA 模型预测要先用估计出的模型参数计算出所有扰动项的拟合值,再计算预测对象的预测值。

提前 s 步预测:

$$\hat{y}_{T+s} = E(y_{T+s} | F_T) = \begin{cases} \hat{\mu} + \hat{\phi}_s \varepsilon_T + \cdots + \hat{\phi}_q \varepsilon_{T-q+s}, & s \leq q \\ \hat{\mu}, & s > q \end{cases}$$

当 $s > q$ 时,提前 s 步的预测值恒等于估计出的模型均值 $\hat{\mu}$,与 MA 模型的有限记忆一致。

2. MA 模型的预测精度

预测对象在 $T+1$ 时的真实值应该为:

$$y_{T+1} = \mu + \varepsilon_{T+1} + \phi_1 \varepsilon_T + \cdots + \phi_q \varepsilon_{T-q+1}$$

这时预测误差等于:

$$y_{T+1} - \hat{y}_{T+1} = (\mu - \hat{\mu}) + \varepsilon_{T+1} + (\phi_1 - \hat{\phi}_1) \varepsilon_T + \cdots + (\phi_q - \hat{\phi}_q) \varepsilon_{T-q+1}$$

同 AR 模型预测误差,这个预测误差包括两部分:参数估计误差($\phi - \hat{\phi}$)带来的和模型误差 ε_{T+1} 带来的。在模型不太大的情况下,预测误差中的参数估计误差部分远小于模型误差部分。这一点经常被用来近似计算预测精度,即忽略参数估计误差带来的部分。

提前两步预测：

$$\hat{y}_{T+2} = \mathrm{E}(y_{T+2} \mid F_T) = \hat{\mu} + \hat{\phi}_2 \varepsilon_T + \cdots + \hat{\phi}_q \varepsilon_{T-q+2}$$

在不考虑模型参数估计误差时，预测误差等于：

$$y_{T+2} - \hat{y}_{T+2} = \varepsilon_{T+2} + \phi_1 \varepsilon_{T+1}$$

提前 s 步预测，不考虑模型参数估计误差，预测误差的计算非常简单，它等于：

$$y_{T+s} - \hat{y}_{T+s} = \begin{cases} \varepsilon_{T+s} + \phi_1 \varepsilon_{T+s-1} + \cdots + \phi_{s-1} \varepsilon_{T+1}, & s \leqslant q \\ \varepsilon_{T+s} + \phi_1 \varepsilon_{T+s-1} + \cdots + \phi_q \varepsilon_{T+s-q}, & s > q \end{cases} \quad (4.8)$$

因此 MA 模型的预测误差大小以方差衡量，为 $\mathrm{Var}(y_{T+s} - \hat{y}_{T+s}) = (1 + \sum_{i=1}^{\min(s-1,q)} \phi_i^2) \sigma^2$。

4.3.3 ARMA 模型的预测

给定 AR 模型和 MA 模型的预测过程及性质，ARMA 模型的预测计算过程就变得非常直接，即把它们两个放在一起。预测误差的性质也一样，也是 AR 模型和 MA 模型两者的结合。

比较上面 AR 模型和 MA 模型的预测计算过程及误差性质，我们知道，MA 模型在这些方面(至少在表达形式上)更简洁。比如 AR 模型的预测计算过程需要迭代，而 MA 模型的预测计算公式直接为 $\hat{y}_{T+s} = \hat{\mu} + \hat{\phi}_s \varepsilon_T + \cdots + \hat{\phi}_q \varepsilon_{T-q+s}$。AR 模型中预测误差的方差也远比 MA 模型中的复杂。因此，人们更喜欢把 ARMA 模型表示为 MA(∞) 形式，然后再计算预测值及预测误差的方差。

R 软件中的"forecast"命令可以用 ARMA 模型的估计结果直接计算上述预测过程并给出预测的精度。

4.4 滚动窗口样本外预测误差及其分析

前面介绍的模型选择中用到的 AIC、BIC 或其他的信息准则，都是建立在样本拟合优度的基础上的,不一定完全适用于预测模型的选择。在为预测选择模型时,样本外预测误差(即模型的估计过程中没有用到被预测的数据点)的比较是另一种比较好的方法。

4.4.1 滚动窗口计算样本外预测误差

如何得到样本外预测误差?在机器学习领域有海量数据,可以用测试集数据进行样本外预测。但在金融时间序列分析中,很多情况下,数据样本受限。这里的做法是保留一部分样本作为测试集,并用滚动窗口(rolling-window)的方法选取数据估计模型,获得样本外预测误差。比如,对一组有 $2T$ 个样本的数据 $(y_1, y_2, \cdots, y_{2T})$,具体做法如下:

第一步,用样本 $(y_1, y_2, \cdots, y_T)$ 估计给定需要测试的模型,得到 $T+1$ 时的预测值 $\hat{y}_{T+1}$,并与 $T+1$ 时的观测值 Y_{T+1} 比较,得到一个样本外预测误差 $\nu_{T+1} = y_{T+1} - \hat{y}_{T+1}$。

第二步,用样本 $(y_2, y_3, \cdots, y_{T+1})$ 重新估计给定的测试模型,得到 $T+2$ 时的预测值 $\hat{y}_{T+2}$,并与 $T+2$ 时的观测值 Y_{T+2} 比较,得到一个样本外预测误差 $\nu_{T+2} = y_{T+2} - \hat{y}_{T+2}$。

重复上述过程,直到用样本 $(y_T, y_{T+1}, \cdots, y_{2T-1})$ 估计模型,计算样本外预测误差 $\nu_{2T} = y_{2T} - \hat{y}_{2T}$。

这种滚动窗口方法也被称作历史模拟法。这样做的目的,一是模拟实际预测过程,犹如我们回到过去某个时间点 $T+k$,用长度为 T 的数据估计模型并预测;二是一直用同样长度的数据,因为模型的选择与数据长度有关,在前面 BIC 的定义中模型复杂度就依赖于数据长度。如果不是滚动窗口数据,那么随着时间的推移,估计模型时使用的数据样本会越来越多,前后的模型选择就没有可比性。

上述历史模拟法预留了一半样本作测试集,其实预留多少完全取决于数据规模,如果样本量比较小,预留一半,那么每次估计模型时的样本规模太小,估计精度不够,这时应该少留一些样本作测试集。

4.4.2 样本外预测误差分析

1. 误差的系统性偏差分析

上述滚动窗口法给出了一个样本外预测误差序列$(\nu_{T+1},\nu_{T+2},\cdots,\nu_{2T})$,可以利用这些样本外预测误差来分析模型选择问题。如果被选择的模型是一个合适的模型,那么这些样本外预测误差就没有任何系统性偏差。系统性偏差主要体现在以下两个方面:

第一,均值不等于零。预测误差均值大于零,意味着整个预测误差都过大,减少一些会提高预测精度。均值是否为零,可以用通常的t统计量来检验。

第二,预测误差序列中不再有可预测性,因为ARMA模型的误差序列应该是独立同分布的随机变量。这个可预测性的检验问题在第2章介绍过。

2. 样本外预测误差比较模型

如果有两个备选模型,就可以按照上述方式分别得到两个预测误差序列,比如模型1的预测误差序列$(\nu_{T+1},\nu_{T+2},\cdots,\nu_{2T})$和模型2的预测误差序列$(\mu_{T+1},\mu_{T+2},\cdots,\mu_{2T})$,比较这两个预测误差序列的大小。

直观的想法是比较它们的平方和,用F检验:

$$F = \frac{\sum_{i=1}^{T}\nu_{T+i}^2}{\sum_{i=1}^{T}\mu_{T+i}^2} \sim F(T+1,T+1), \quad H_0:F=1$$

但这个F检验要求:①ν_t和μ_t都是正态分布的;②ν_t内部相互独立,μ_t内部相互独立;③ν_t和μ_t之间独立。第三个条件显然无法满足,因为这两个预测误差序列用了同样的样本数据估计模型,预测误差是用同一个真实值减预测值得出的,所以结果不可能独立。

为此,Granger and Newbold(1977)提出了一种检验方法,即先用预测误差序列构造出两个新的时间序列x_t和z_t:

$$x_t = \nu_t + \mu_t, \quad z_t = \nu_t - \mu_t$$

它们之间的协方差为：

$$\text{Cov}(x_t, z_t) = \text{E}(x_t z_t) = \text{E}(\nu_t^2 - \mu_t^2)$$

因此，如果 x_t 与 z_t 的相关系数 ρ_{xz} 等于零，则两个预测误差序列的方差大小并无差别。但如果相关系数大于零，意味着 ν_t 的方差比 μ_t 的大，模型 1 的预测精度会低一些。

上述判断是对预测误差的总体性质而言的，那么如何利用样本相关系数检验总体相关系数是否大于零？Granger and Newbold(1977) 提出并证明了：

$$\frac{\hat{\rho}_{xz}}{\sqrt{(1-\hat{\rho}_{xz}^2)/(T-1)}} \sim t(T-1)$$

即把 x_t 和 z_t 的样本相关系数代入上述公式，与 t 分布的阈值比较。这个检验也被称作 Granger-Newbold 检验。

Diebold and Mariano(1995) 则进一步发展了 Granger-Newbold 检验，不需要上述正态分布假设。R 软件中有进行 Diebold-Mariano 检验的命令"dm.test"。

这种样本外预测误差的比较分析，应该结合前面提到的信息准则选择模型方法。比如，如果 AIC 和 BIC 给出不同的选择，那么我们可以用样本外预测误差的精度比较做进一步选择。再比如，用样本外预测误差进一步比较 AIC 选出的最好的两个模型，从中选出一个，而不是完全依赖 AIC 指标。

3. 滚动窗口的 R 软件样本程序

下面预测中国 1995—2022 年季度货币供应量 M2 增长率，首先用 AIC 选出最优的两个模型——AR(5) 模型和 ARMA(4,2) 模型，再用滚动窗口的方法比较它们的样本外预测误差。由于样本量比较小，我们选择保留四年 16 个观测值。

R 软件代码及主要输出结果

```
> library (readxl)
> library (tseries)
> library (forecast)
> setwd ('D : /ywang/FTStextbook/data')
> data=read_excel ('./GDP.xlsx', sheet='Sheet1')
```

```
> attach (data)
> m2=ts (m2, start=c (1995,4), frequency=4)
> #增长率
> r=diff (log(m2))
>
> #选择模型
> pacf (r)
> out1=arima (r, order=c (5,0,0))
> out1
> out2=arima (r, order=c (5,0,1))
> out2
> out3=arima (r, order=c (4,0,1))
> out3
> out4=arima (r, order=c (4,0,2))
> out4
>
> #比较 ARMA(5,0)与 ARMA(4,2)
> T=length (r)
> #保留样本外观测值的个数
> k=16
> forecast1=rep (0,k)
> forecast2=rep (0,k)
>
> #滚动预测,预测值放在向量 forecast1、forecast2 中
> for (i in 1:k) {
+     start=i
+     end=T-k+i-1
+     estdata=r [start:end]
+
+     out1<-arima (estdata, order=c (5,0,0))
+     forecast1 [i] = forecast (out1, h=1)$mean [1]
+
+     out2<-arima (estdata, order=c (4,0,2))
+     forecast2 [i] = forecast (out2, h=1) $mean [1]
+ }
>
> #与真实值比较
```

```
> tdx=2022-(c((k-1):0)/4)
> end=length (r)
> start=end-k+1
> plot (tdx, r[start:end], type='l', xlab= 'year', ylab='M2')
> points (tdx, forecast1, pch='*')
> points (tdx, forecast2, pch='o', cex = 0.7)
```

两个模型的预测值及真实值如图4.2所示。真实值以线表示，AR(5)模型的预测值以"*"表示，ARMA(4,2)模型的预测值以"o"表示。AR(5)和ARMA(4,2)两个模型的预测值几乎重合。哪个预测更准确，目测不出。下面计算两个预测误差的方差，并用Diebold-Mariano方法进行检验。

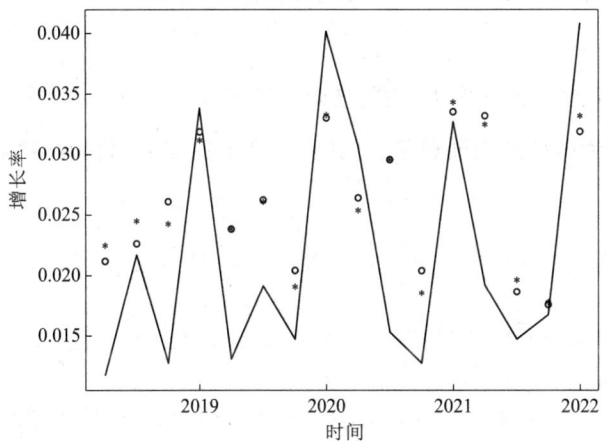

图4.2 中国季度M2增长率样本外预测

R软件代码及主要输出结果

```
>
> err1=forecast_1-r[start:end]
> err2=forecast_2-r[start:end]
> var (err1)
[1] 5.291391 e-05
> var (err2)
[1] 5.30912 e-05

> ###Diebold-Mariano Test
```

```
> test1=dm.test (err1, err2, alternative ="less", h = 1)
> test1

Diebold-Mariano Test
data:  err1err2
DM = -0.70622, Forecast horizon = 1, Loss function power = 2,
p-value = 0.2454
alternative hypothesis: less
```

AR(5)模型的预测误差的方差为 5.291391e−05，小于 ARMA(4,2)模型的 5.30912e−05，表明 AR(5)过程稍好于 ARMA(4,2)过程。DM 值等于 −0.70622，p 值为 0.2454，表明二者没有显著差别。这时一般选择小一些的模型，即 AR(5)过程。

上述预测结果误差非常大，表明这两个模型都不够好。观察到数据中有明显的以四个季度为周期的周期现象，这其实是季节性现象，我们在第 6 章中会展开讨论。

练习题

1. 考虑 $(1-0.6L-0.3L^2)(y_t-1.0) = (1-0.4L-0.8L^2)\varepsilon_t$ 的平稳性及可反转性。

2. 请把过程 $(1-0.6L-0.3L^2)(y_t-1.0) = (1-0.4L)\varepsilon_t$ 改写成 MA 形式和 AR 形式(只需要保留前五项)。说明这三种形式各自的用处。

3. 如果 y_t 是平稳的且可反转的，那么 $\Delta y_t = y_t - y_{t-1}$ 是平稳的吗？是可反转的吗？为什么？

4. 给定过程 $y_t = (1-a_1L)(1-a_2L^{12})\varepsilon_t$，$|a_1|<1$，$|a_2|<1$，请求出 y_t 所有非零的自相关系数。

5. 用 ARMA 模型和中国 1990—2022 年第二产业增加值季度同比增长率(第 3 章练习题 6 中的数据文件)，做 16 个滚动窗口的提前一步和提前两步的样本外预测。

第 5 章

单位根过程
及其检验

平稳性是时间序列数据的核心问题。给定 AR 模型,我们可以通过其对应的特征方程来分析是否平稳。但实际中我们事前没有模型,只有数据。因此我们要检验给定的数据是否来自平稳过程,特别地,要检验数据是否来自平稳的 AR(p) 过程,即单位根检验。

这一章首先介绍单位根过程,然后讨论如何检验单位根。

5.1 单位根过程

实际工作中,有许多非平稳的过程,比如股票价格就不可能是平稳的。如果是不分红股票的价格(或者有分红但股价是股利复权调整后的),它的均值必然会随着时间的推移而上升,要不然它的回报小于等于零,这样的股票就不会有人购买。分红股票的价格,在分红前后(严格来说是交易规则规定的登记日前后)一定有一个突变,分红前的股价包含了股利,而分红后的则没有。因此股价过程的均值不可能是常数,过程不可能是平稳的。

描述不平稳过程的常见模型是单位根模型,即特征方程的根正好在单位圆上的 AR(p) 模型。如果一个过程取了对数后是单位根过程,则称其为对数单位根过程。

5.1.1 随机游走过程

考虑一个最简单的单位根,即 AR(1) 形式的单位根:

$$y_t = \alpha + y_{t-1} + \varepsilon_t \tag{5.1}$$

这个单位根过程又称随机游走过程,因为它的位置(y_t)每次都是在上次的基础上(y_{t-1})移动一个随机步长 $\alpha+\varepsilon_t$,其中,α 被称为漂移项。当 $\alpha \neq 0$ 时,这个过程也被称为带漂移项的随机游走,它是现实中常见的一个过程,比如一般认为取对数后的股价过程是带漂移项的随机游走。

对随机游走过程用迭代法求解,可以得到:

$$\begin{aligned} y_t &= \alpha + y_{t-1} + \varepsilon_t \\ &= \alpha + (\alpha + y_{t-2} + \varepsilon_{t-1}) + \varepsilon_t \\ &= 2\alpha + y_{t-2} + \varepsilon_{t-1} + \varepsilon_t \\ &\cdots \\ &= \alpha t + y_0 + (\varepsilon_t + \varepsilon_{t-1} + \cdots + \varepsilon_1) \end{aligned} \tag{5.2}$$

令 $\mu_t = \varepsilon_t + \varepsilon_{t-1} + \cdots + \varepsilon_1$,显然 $\mu_t = \mu_{t-1} + \varepsilon_t$ 是一个不带漂移项的随机游走。可见带漂移项的随机游走等于一个确定性时间趋势(αt)加上一个不带漂移项的随机游走。

容易看出,不带漂移项的随机游走过程的均值恒等于零,方差是时间的线性函数,等于 $\text{Var}(\mu_t) = t\sigma^2$,这里 σ^2 是 ε_t 的方差。

5.1.2 确定性时间趋势问题

随机游走过程(5.2)中,均值和方差都是时间 t 的线性函数,即都有确定性时间趋势。

对均值有确定性时间趋势的现象,文献中还有另一种模型,即常数增长模型:

$$y_t = \alpha + \beta t + \varepsilon_t \tag{5.3}$$

这里 ε_t 为独立同分布的误差项。这一类过程被称为常数增长模型,因为时间每过一期,平均来看,y_t 都增加 β 单位。

随机游走过程(5.2)与常数增长模型(5.3)非常接近,条件均值部分完全一样。误差项有差别,前者的误差不平稳,方差随着时间的推移而增加;后者的误差是独立同分布的噪声,方差恒等。观察误差方差上的特征是判断一个数据来自上述两个过程中哪个过程的有效方法之一。

类似地,在一般的单位根过程中,确定性时间趋势问题同样存在。

5.1.3 伪回归现象及其处理方法

确定性时间趋势问题会导致伪回归现象。

1. 伪回归现象

为了研究 x 和 y 之间的因果关系,我们经常进行如下回归分析:

$$y = \alpha + \beta x + \varepsilon$$

当 y 和 x 都有确定性时间趋势(带漂移项的随机游走或常数增长过程)时,不管 y 和 x 之间是否真的有因果关系,我们都可以得到 x 对 y 有显著影响的结论。比如对一个现在的小孩子十岁前每六个月的身高数据(y)与一个 100 年前的小孩子十岁前每六个月的身高数据(x)进行回归分析,肯定能发现显著的相关关系,但事实上它们之间并没有因果关系。人们把这种本来没有因果关系但进行回归分析得出有因果关系的现象,称作伪回归。

常数增长过程中的伪回归现象,是由共同的时间趋势导致的,本质上是上述回归模型中缺少了一个关键的控制变量——时间变量 t。或者说,这里的伪回归现象是多元回归模型中缺少关键控制变量导致的内生问题。正确的模型应该是增加这个控制变量,即

$$y = \alpha + \beta x + \omega t + \varepsilon \tag{5.4}$$

单位根过程中的伪回归现象则无法通过控制时间 t 的方法解决,而是需要其他的处理方法。

2. 单位根过程的平稳化

单位根过程不仅可能导致伪回归现象,而且更为根本的问题是,由于它不平稳,单位根过程数据不满足中心极限定理的条件要求,因此一般要先进行平稳化处理。单位根过程(5.1)可以改写成:

$$y_t - y_{t-1} = \alpha + \varepsilon_t$$

其中,y_t 的一阶差分过程 $\Delta y_t = y_t - y_{t-1} = \alpha + \varepsilon_t$ 是平稳过程,符合中心极限定理的条件

要求。

如果一个单位根过程差分后平稳,则该过程被称作一阶单位根,或者一阶单整 $I(1)$。如果经过一次差分处理后还不平稳,需要再差分一次 $\Delta^2 y_t = \Delta y_t - \Delta y_{t-1} = y_t - 2y_{t-1} + y_{t-2}$ 才平稳,则该过程被称作二阶单位根,或者二阶单整 $I(2)$,以此类推。

5.2 单位根检验

5.2.1 随机游走过程的 DF 检验

给定数据 $y_1, y_2, \cdots, y_T$,用 OLS 或者 MLE 方法把它们拟合到一个 AR(1) 模型 $y_t = \alpha + \beta y_{t-1} + \varepsilon_t$ 中,如果发现 β 的估计值大于等于 1,那么我们没有理由认为这个数据来自一个平稳的 AR(1) 过程。但如果 β 的估计值等于 0.95,是否就可以认为它们来自一个平稳的 AR(1) 过程呢?

先考虑最简单的不带漂移项的随机游走过程,这时这个问题可以表示成数理统计中的假说检验:

$$y_t = \beta y_{t-1} + \varepsilon_t, \quad H_0: \beta = 1, \quad H_1: \beta < 1$$

等式两边减去 y_{t-1},有 $\Delta y_t = y_t - y_{t-1} = (\beta-1) y_{t-1} + \varepsilon_t$,检验问题变成:

$$\Delta y_t = \gamma y_{t-1} + \varepsilon_t, \quad H_0: \gamma = 0, \quad H_1: \gamma < 0$$

这个假说检验看起来与线性回归模型 OLS 估计中参数的单边显著性检验一样,在那里是用 t 检验,即 $t = \dfrac{\hat{\gamma}}{\hat{\sigma}_\gamma} \sim t(T-2)$。

这个 t 检验在横截面数据线性回归模型中成立,是由于在假说 H_0 成立时,$\hat{\gamma}$ 是 $\gamma = 0$ 的无偏估计,从而有 $t = \dfrac{\hat{\gamma}}{\hat{\sigma}_\gamma} \sim t(T-2)$。而在上述单位根检验问题中,如果 $H_0: \gamma = 0$ 成立,那么 y_t 是单位根过程,不平稳。这时 γ 的 OLS 估计(或 MLE)没有无偏

性或一致性的保证,因此这时的"t统计量"($t=\dfrac{\hat{\gamma}}{\hat{\sigma}_\gamma}$,用引号是因为它是用通常的$t$统计量计算方法计算的)不一定服从$t$分布。

1. DF 分布

Dickey and Fuller(1979)通过模拟的方法得到了这一"t统计量"在$H_0:\gamma=0$成立时服从的分布,即 Dickey-Fuller 分布(DF 分布)。

模拟产生 DF 分布的步骤是,基于$H_0:\gamma=0$成立时的模型,$y_t=y_{t-1}+\varepsilon_t$,模拟一个样本量为$T$的样本,用 OLS 方法估计模型$\Delta y_t=\gamma y_{t-1}+\varepsilon_t$,并用通常计算$t$统计量的方法计算得到一个$\tau=\dfrac{\hat{\gamma}}{\hat{\sigma}_\gamma}$。重复这个过程$N$次,比如 10 万次。用这$N$个$\tau$数值,计算其经验分布,即为 DF 分布,或者直接得出尾部分布概率的阈值(分位数点位),如表 5.1 所示。

表 5.1 DF 分布阈值表

显著性水平	样本规模					
	25	50	100	250	500	无穷大(t分布)
10%	-1.61	-1.61	-1.62	-1.62	-1.62	-1.28
5%	-1.96	-1.95	-1.95	-1.95	-1.94	-1.65
2.5%	-2.28	-2.24	-2.24	-2.24	-2.23	-1.96
1%	-2.66	-2.61	-2.59	-2.58	-2.57	-2.33

表 5.1 中同时报告了t分布的相应阈值。可以看出,在 1% 的显著性水平下,t统计量小于 -2.33 就可以拒绝H_0假说,而 DF 统计量要小于 -2.57 才能拒绝H_0假说。显然 DF 分布比t分布更肥尾。

上述"t统计量"严格来说被称作τ统计量,用上述 DF 分布进行的检验被称作 Dickey-Fuller 检验(DF 检验)。

2. DF 检验

有了 DF 分布或尾部分布概率的阈值,就可以做 DF 检验。具体做法是把数据的一阶差分对它的一阶滞后进行回归(没有截距项):

$$\Delta y_t = \gamma y_{t-1} + \varepsilon_t \tag{5.5}$$

计算 γ 的 τ 统计量(方法完全同 t 统计量的计算),与 DF 分布的阈值比较,如果小于给定显著性水平的阈值,则可以拒绝 H_0,即认为数据不是来自单位根过程。

5.2.2 其他 DF 分布

在上面的 DF 检验中,回归模型是 $\Delta y_t = \gamma y_{t-1} + \varepsilon_t$,对应的真实过程是不带漂移项的单位根。但事实上更多的是带漂移项的过程,因此我们在检验回归模型时,应该考虑加截距项。至少在不知道是否有漂移项时,首先应该考虑的是做加截距项的回归。当真实过程是没有漂移项的随机游走时,与上一小节的检验回归模型不同,现在的 DF 检验回归模型中加了截距项,那么 DF 分布会有变化吗?

1. DF2 分布

在横截面线性回归模型中,如果真实模型本来没有截距项,那么回归模型加或不加截距项,对自变量系数 β 的检验并没有影响,都是用同一个 t 检验。但在单位根检验过程中,Dickey and Fuller(1979)发现,当真实过程中没有漂移项时,回归时加或不加截距项 α,DF 分布并不一样。当检验的回归模型中加了截距项,模型为

$$\Delta y_t = \alpha + \gamma y_{t-1} + \varepsilon_t \tag{5.6}$$

时,DF 分布如表 5.2 中第二部分所示。与没有截距项时的 DF 分布(表 5.1 或者表 5.2 的第一部分)比较可知,现在的 DF 分布肥尾现象要更显著一些。为了后面叙述方便,我们把这种加截距项回归的 DF 分布称作 DF2 分布,而把不加截距项回归的 DF 分布称作 DF1 分布。

2. DF3 分布

另外,我们知道许多时间序列数据,除了可能是带漂移的随机游走,也可能是常数增长过程(5.3),或者两个部分同时存在,即 AR(1)过程中可能会同时出现一个确定性时间趋势:

$$y_t = \alpha + \beta y_{t-1} + \omega t + \varepsilon_t$$

表 5.2 完整 DF 分布阈值表

显著性水平	样本规模					
	25	50	100	250	500	无穷大（t 分布）
DF1：没有截距项，没有时间项						
10%	-1.61	-1.61	-1.62	-1.62	-1.62	-1.28
5%	-1.96	-1.95	-1.95	-1.95	-1.94	-1.65
2.5%	-2.28	-2.24	-2.24	-2.24	-2.23	-1.96
1%	-2.66	-2.61	-2.59	-2.58	-2.57	-2.33
DF2：有截距项，没有时间项						
10%	-2.64	-2.60	-2.58	-2.57	-2.57	-1.28
5%	-2.99	-2.92	-2.89	-2.87	-2.87	-1.65
2.5%	-3.32	-3.22	-3.16	-3.13	-3.13	-1.96
1%	-3.73	-3.57	-3.49	-3.45	-3.44	-2.33
DF3：有截距项，有时间项						
10%	-3.24	-3.18	-3.15	-3.14	-3.13	-1.28
5%	-3.61	-3.50	-3.46	-3.43	-3.42	-1.65
2.5%	-3.95	-3.80	-3.73	-3.69	-3.67	-1.96
1%	-4.39	-4.15	-4.06	-4.00	-3.98	-2.33

这时我们需要检验的还是 β 是否小于 1。因此，当我们不知道是否存在确定性时间趋势时，我们首先要考虑的是做加截距项和时间趋势项的回归：

$$\Delta y_t = \alpha + \gamma y_{t-1} + \omega t + \varepsilon_t \tag{5.7}$$

Dickey and Fuller(1979)发现，当真实过程中没有漂移项和确定性时间趋势时，回归加或不加时间趋势项 t，DF 分布又会不一样。表 5.2 中的第三部分是回归模型中加了截距项和时间趋势项时的 DF 分布，与另外两个部分比较可知，肥尾现象还要更显著一些。下面我们把这种 DF 分布称作 DF3 分布。

这里的三种 DF 分布，都是通过模拟方法得到的经验分布，但非常接近理论值。Phillips(1987)严格证明了，在 H_0 假说(过程是不带漂移项的随机游走)的情况下，上述检验模型[模型(5.5)、模型(5.6)和模型(5.7)] OLS 估计的一致性都成立，也服从渐进正态分布，只是收敛速度为 T，而不是一般中心极限定理中的 $\sqrt{T}$。

5.2.3 检验带趋势项的随机游走

上述三种 DF 分布,都是假设真实过程为不带漂移项、没有确定性时间趋势项的纯粹随机游走过程。实际工作中,许多真实过程是有趋势项的(漂移项的存在也导致均值过程出现时间趋势,因此下面我们把带漂移项和确定性时间趋势项都称作趋势项)。这时应如何检验单位根问题?显然这时检验的回归模型中必须加入趋势项,即模型(5.7)(但真实过程与前面 DF3 的不一样),这一模型包括两个检验:趋势项系数与滞后项系数的联合检验、对滞后项系数的显著性检验。

1. 趋势项系数与滞后项系数的联合检验

首先看趋势项系数与滞后项系数的联合检验问题。回归模型中有趋势项和滞后项,是多变量回归,一般检验几个约束是否同时成立的方法是 F 检验。与前述"t 统计量"服从 τ 分布相对应,在这里的单位根检验回归模型中,用通常的方法计算出的"F 统计量"不再服从 F 分布,而是服从 ϕ 分布。我们把这里的"F 统计量"称作 ϕ 统计量。更复杂的是,如同上面有三种 DF 分布,这里也有多种 ϕ 分布,依赖于检验回归模型和假说的设置。

当回归模型有截距项而没有时间趋势项时,检验截距项和滞后项系数是否同时为零,即

$$\Delta y_t = \alpha + \gamma y_{t-1} + \varepsilon_t, \quad H_0: \alpha = \gamma = 0, \quad H_1: 至少一个不为零$$

这时的"F 统计量"服从 ϕ_1 分布。

当回归模型有截距项的同时还有时间趋势项时,检验截距项、滞后项和时间趋势项系数是否同时为零,即

$$\Delta y_t = \alpha + \gamma y_{t-1} + \omega t + \varepsilon_t, \quad H_0: \alpha = \omega = \gamma = 0, \quad H_1: 至少一个不为零$$

这时的"F 统计量"服从 ϕ_2 分布。

当回归模型有截距项的同时还有时间趋势项时,检验滞后项和时间趋势项系数是否同时为零,即

$$\Delta y_t = \alpha + \gamma y_{t-1} + \omega t + \varepsilon_t, \quad H_0: \omega = \gamma = 0, \quad H_1: 至少一个不为零$$

这时的"F 统计量"服从 ϕ_3 分布。

Dickey and Fuller(1981)给出这些分布的阈值,见表 5.3。这些 ϕ 分布将在后面的检验模型选择步骤中用到。

表 5.3 ϕ 分布阈值表

显著性水平	样本规模					
	25	50	100	250	500	无穷大
ϕ_1						
10%	4.12	3.94	3.86	3.81	3.79	3.78
5%	5.18	4.86	4.71	4.63	4.61	4.59
2.5%	6.30	5.80	5.57	5.45	5.41	5.38
1%	7.88	7.06	6.70	6.52	6.47	6.43
ϕ_2						
10%	4.67	4.31	4.16	4.07	4.05	4.03
5%	5.68	5.13	4.88	4.75	4.71	4.68
2.5%	6.75	5.94	5.59	5.40	5.35	5.31
1%	8.21	7.02	6.50	6.22	6.15	6.09
ϕ_3						
10%	5.91	5.61	5.47	5.39	5.36	5.34
5%	7.24	6.73	6.49	6.34	6.30	6.25
2.5%	8.65	7.81	7.44	7.25	7.20	7.16
1%	10.61	9.31	8.73	8.43	8.34	8.27

2. 对滞后项系数的显著性检验

再来看真实过程是有趋势项的随机游走时,对滞后项系数的显著性检验问题。Sims et al.(1990)证明了,如果一个时间序列数据的产生过程本来有趋势项(截距项或/和时间趋势项),检验回归模型正确地包含了这些项,那么可以对回归模型中所有系数用通常的 t 检验和 F 检验。也就是说,这里的 DF 检验,不再用 DF 分布,而是回到 t 分布。

5.2.4 高阶 AR 过程的 ADF 检验

目前为止的单位根检验,都是假设过程为 AR(1)形式(可能还有确定性时间趋势项)。但我们知道,高阶的 AR 过程也有平稳性问题。为了检验高阶的 AR 过程是否为单位根,Dickey and Fuller(1979)对 DF 检验进行了扩充,加入差分项 Δy_t 的滞后项,形成 ADF(Augmented Dickey-Fuller)检验。比如考虑一个 AR(3)过程:

$$y_t = \alpha + \beta_1 y_{t-1} + \beta_2 y_{t-2} + \beta_3 y_{t-3} + \varepsilon_t$$

定义 $\Delta y_t = y_t - y_{t-1}$,上述过程可改写成:

$$\Delta y_t = \alpha + (\beta_1 + \beta_2 + \beta_3 - 1) y_{t-1} - (\beta_2 + \beta_3) \gamma y_{t-1} - \beta_3 \Delta y_{t-2} + \varepsilon_t$$
$$= \alpha + \gamma y_{t-1} - (\beta_2 + \beta_3) \Delta y_{t-1} - \beta_3 \Delta y_{t-2} + \varepsilon_t$$

可以看出,如果 $\gamma \geqslant 0$,则系统不平稳。因此,同简单的 DF 检验,这里只需要把检验对象的差分 Δy_t 对滞后项 y_{t-1} 和差分项的滞后项 Δy_{t-1}、Δy_{t-2} 进行回归,滞后项 y_{t-1} 系数 γ 的显著性即为平稳性的显著性。

同样,这里的回归模型还需要考虑是否加截距项和时间趋势项 t,统计量("t 统计量"和"F 统计量")的分布也同前面的分布一样。

5.3 检验模型的选择

由目前的讨论可知,进行单位根检验的 ADF 检验是通过下面三类回归模型完成的:

$$\Delta y_t = \gamma y_{t-1} + \beta_1 \Delta y_{t-1} + \cdots + \beta_p \Delta y_{t-p} + \varepsilon_t$$
$$\Delta y_t = \alpha + \gamma y_{t-1} + \beta_1 \Delta y_{t-1} + \cdots + \beta_p \Delta y_{t-p} + \varepsilon_t$$
$$\Delta y_t = \alpha + \gamma y_{t-1} + \omega t + \beta_1 \Delta y_{t-1} + \cdots + \beta_p \Delta y_{t-p} + \varepsilon_t$$

到底应该用哪个模型?不同回归模型有不同的 DF 分布。这里的模型选择问题包含:要有多少个滞后项?是否要趋势项(截距项和时间趋势项)?

5.3.1 滞后项的选择

先看是否要加入滞后项,以及滞后项阶数要多少的问题。这里本质上是 AR 模型的阶数选择问题,我们既可以用前面讨论过的 AR 模型选择方法,用回归系数的 t 值判定,也可以用 AIC/BIC 进行选择,但最大的滞后阶数一般建议小于等于$(T-1)^{1/3}$。

5.3.2 是否带趋势项的选择

1. 趋势项的重要性

上述讨论表明,当真实过程没有趋势项时,在检验回归模型中加与不加趋势项,要用不同的 DF 分布。当真实过程有趋势项时,如果检验回归模型中不加趋势项,缺少关键控制变量显然会导致估计的不一致性,从而使检验结果不正确。而如果检验回归模型正确地包含了趋势项,则不能用 DF 分布,而要改用 t 分布。因此,趋势项既不能多,也不能少。但我们不可能知道真实过程是否有趋势项,因此需要一种判断方法。

2. 趋势项的选择

一种常用的方法是逐步选择,从最一般的模型(包含两个趋势项)开始,逐步到最简单的模型。具体的流程见图 5.1。

第 1 步:回归模型中同时有截距项和时间趋势项,计算滞后项系数 γ 的"t 统计量",与 DF3 分布比较,看能否拒绝 H_0 假说。如果能,意味着 $\gamma<0$,不是单位根,检验结束。否则,进入第 2 步。

第 2 步:看看能否在第 1 步的模型中去掉时间趋势项。对第 1 步的回归结果,检验时间趋势项与滞后项系数是否同时为零,即计算"F 统计量"并与 ϕ_3 分布(表 5.3)进行比较,看能否拒绝 H_0 假说。如果能,进入第 2A 步。否则,进入第 3 步。

第 2A 步:第 2 步拒绝 H_0 假说,意味着时间趋势项与滞后项系数不同时为零。而给定进入第 2 步时已经知道滞后项系数 γ 可能为零,因此"时间趋势项与滞后项系数不同时为零"的结论意味着时间趋势项的系数 ω 不为零。现在可以认为真实过程中有趋势项,并且检验回归模型中正确地包含了趋势项,由 Sims et al.(1990)可知,可以改用 t 检验。也就是把第 1 步中计算出的 γ 的"t 统计量"与 t 分布进行比较,看能否拒绝 H_0 假说。由于 t 分布比 DF 分布尾部分布瘦一些,因此尽管第 1 步不能拒绝单位根,现在或许能拒绝。如果能,意味着 $\gamma<0$,不是单位根;如果不

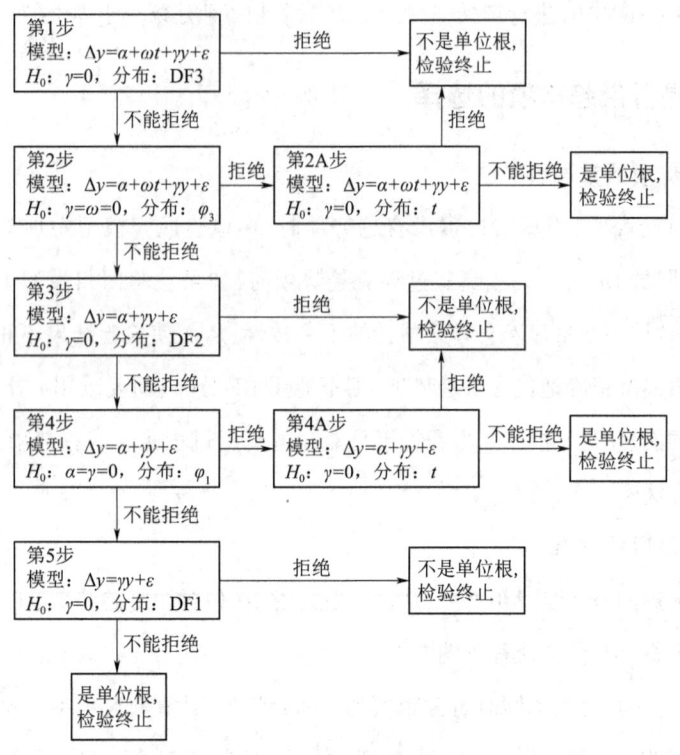

图 5.1 是否要趋势项的逐步选择

能,意味着是单位根。检验结束。

第 3 步:第 2 步不能拒绝 H_0 假说,意味着时间趋势项与滞后项系数可能同时为零,因此回归模型中不能有时间趋势项,只有截距项。现在用新的模型,重新回归并计算滞后项系数 γ 的"t 统计量",与 DF2 分布比较,看能否拒绝 H_0 假说。如果能,意味着 $\gamma<0$,不是单位根,检验结束。否则,进入第 4 步。

第 4 步:看看能否在第 3 步的回归模型中去掉截距项。对第 3 步的回归结果,检验截距项与滞后项系数是否同时为零,即计算"F 统计量"并与 ϕ_1 分布(表 5.3)进行比较,看能否拒绝 H_0 假说。如果能,进入第 4A 步。否则,进入第 5 步。

第 4A 步:类似第 2A 步。拒绝 H_0 假说,意味着截距项与滞后项系数不同时为零。而给定进入第 4 步时已知滞后项系数 γ 可能为零,因此"截距项与滞后项系数不同时为零"的结论意味着截距项 α 不为零。现在可以认为真实过程中有趋势项,并且检验模型中正确地包含了趋势项,由 Sims et al. (1990) 可知,可以改用 t 检验。也就是把第 3 步计算出的 γ 的"t 统计量"与 t 分布进行比较,看能否拒绝 H_0 假说。如果能,意味着 $\gamma<0$,不是单位根;如果不能,意味着是单位根。检验结束。

第 5 步:类似第 3 步。不能拒绝 H_0 假说,意味着截距项与滞后项系数可能同时为零,因此回归模型中不能有截距项,同时也没有时间趋势项。现在用新的模型,重新回归并计算滞后项系数 γ 的"t 统计量",与 DF1 分布进行比较,看能否拒绝 H_0 假说。如果能,意味着 $\gamma<0$,不是单位根;如果不能,可能是单位根。检验结束。

5.3.3 R 软件实现的例子

本小节用 R 软件检验中国 1991—2015 年日度利率是不是单位根过程。

1. 已知检验模型时

如果知道用哪个 ADF 检验模型,那么可以用 R 软件中"fUnitRoots"包的"adfTest"命令。下面假设已知回归模型中差分滞后项为四阶,并且需要截距项和时间趋势项。

R 软件代码及主要输出结果

```
> library (readxl)
> library (fUnitRoots)
> setwd ('D : /ywang/data')
> data = read_excel ('. / rate . xls', sheet ='Sheet1')
> attach (data)
> df<-adfTest (rate, lags=4, type = c ('ct'))
> df

Test Results:
PARAMETER:
Lag Order : 4
STATISTIC :
Dickey-Fuller : -1.1137
P VALUE : 0.9205
```

我们这里的回归模型选择了四阶差分滞后(lags=4),并且有截距项和时间趋势项[type=c('ct')]。如果选择只有截距项,type=c('c');如果选择都没有,type=c('nc')]。从结果看,DF 统计量等于 -1.1137,对应 DF 分布的 p 值为 0.9205,所以在 10% 的显著性水平下,不能拒绝是单位根的假说。

2. 未知检验模型时

如果不知道用哪个 ADF 检验回归模型,那么可以用 R 软件中"urca"包的"ur.df"命令,并按照前面小节的步骤,逐步进行。

第 1 步,回归模型中包含截距项和时间趋势项[type=c("trend")。其他选择为 type=c("none")或("drift")],并用 AIC 自动选择差分滞后阶数[selectlags=c("AIC")]。

R 软件代码及主要输出结果

```
>library (urca)
> k = trunc ((length(rate)-1)^(1/3))
> df=ur.df(rate, type=c("trend"),lags=k, selectlags=c("AIC"))
> summary(df)

Coefficients:
Estimate       Std. Error   t value   Pr(>|t|)
(Intercept)    1.157e-03    2.339e-03   0.495    0.621
z.lag.1       -2.795e-04    2.508e-04  -1.114    0.265
tt            -1.500e-07    2.901e-07  -0.517    0.605
z.diff.lag    -1.194e-04    1.048e-02  -0.011    0.991

Residual standard error: 0.05028 on 9100 degrees of freedom
Multiple R-squared: 0.0001556, Adjusted R-squared: -0.000174
F-statistic: 0.472 on 3 and 9100 DF, p-value:0.7018

Value of test-statistic is: -1.1142  1.2104  0.7078

Critical values for test statistics:
     1pct   5pct   10pct
tau3 -3.96  -3.41  -3.12
phi2  6.09   4.68   4.03
phi3  8.27   6.25   5.34
```

从上述结果中可以看出,差分滞后阶数为一。差分的第一阶滞后项的系数估计值为-1.194e-04,t值为-0.011,不显著。这时滞后项系数γ的估计值为-2.795e-04,"t统计量"为-1.114,按 DF3 分布(R 软件输出结果中的 tau3),5%的显著性水平的阈值为-3.41,故不能拒绝是单位根的假说。这里完成了第 1 步,并且需要进入第 2 步。

第 2 步,看看是否可以用不加时间趋势项的回归模型进行检验。上述报告中的 "ϕ统计量"等于 0.7078,按ϕ_3分布,5%的显著性水平的阈值为 6.25,故不能拒绝滞后项和时间趋势项系数同时为零的假说。因此进入第 3 步,对不加时间趋势项而只有截距项的回归模型进行检验。

第 3 步,由于我们已经知道差分滞后阶数为一,因此下面把它固定为一[lags=1,selectlags=c("Fixed")]。

R 软件代码及主要输出结果

```
> df2= ur.df (rate, type=c ("drift"), lags=1,selectlags=c("Fixed"))
> summary(df2)

Coefficients:
             Estimate    Std. Error  t value  Pr(>|t|)
(Intercept)  4.691e-05   9.391e-04    0.050    0.960
z.lag.1     -1.843e-04   1.728e-04   -1.066    0.286
z.diff.lag  -1.832e-04   1.047e-02   -0.017    0.986

Value of test-statistic is:  -1.0665  1.6766

Critical values for test statistics:
      1pct    5pct   10pct
tau2  -3.43  -2.86  -2.57
phi1   6.43   4.59   3.78
```

这时滞后项系数γ的估计值为-1.843e-04,"t统计量"为-1.066,按 DF2 分布,5%的显著性水平的阈值为-2.86,故不能拒绝是单位根的假说。这里完成了第 3 步,并且需要进入第 4 步。

第4步，看看是否可以用不加截距项的回归模型进行检验。上述报告中的"ϕ 统计量"等于 1.6766，按 ϕ_1 分布，5% 的显著性水平的阈值为 4.59，不能拒绝滞后项和截距项系数同时为零的假说。因此进入第 5 步，对不加时间趋势项和截距项的回归模型进行检验。

第5步，同样把差分滞后阶数固定为一 [lags = 1, selectlags = c("Fixed")]。

R 软件代码及主要输出结果

```
> df3= ur.df (rate, type=c ("none"), lags=1, selectlags=c("Fixed"))
> summary(df3)

Coefficients:
            Estimate Std. Error t value Pr(>|t|)
z.lag.1    -1.772e-04  9.678e-05  -1.831   0.0672
z.diff.lag -1.901e-04  1.047e-02  -0.018   0.9855

Value of test-statistic is: -1.8306

Critical values for test statistics:
      1pct   5pct  10pct
tau1 -2.58  -1.95  -1.62
```

这时滞后项系数 γ 的估计值为 $-1.772e-04$，"t 统计量"为 -1.831，按 DF1 分布，5% 的显著性水平的阈值为 -1.95，10% 的显著性水平的阈值为 -1.62，故在 5% 的显著性水平下不能拒绝是单位根的假说，但在 10% 的显著性水平下可以拒绝是单位根的假说。

最终结论是，在 5% 的显著性水平下不能拒绝中国利率过程是单位根的假说，但在 10% 的显著性水平下可以拒绝该假说，也就是说，是否拒绝该假说取决于选择的显著性水平，可以拒绝，也可以不拒绝。那到底如何选择显著性水平，后面会进一步讨论。

5.4 检验中的其他问题

5.4.1 数据问题及预处理

1. 数据结构性变化问题

经济数据经常有结构性变化，比如中国的经济发展在改革开放前后有根本性的改变,又如中国的 K12(基础教育)教培行业在 2021 年国家对其进行治理前后,也存在结构性变化。

考虑一个简单模型的例子,$y_t = 0.5 y_{t-1} + D_t + \varepsilon_t$,这里当 $t \geq 100$ 时,$D_t = 2$,而在其他时间 t,$D_t = 0$。这个过程在 $t = 100$ 时有个 2 单位的跳跃,如果没有这个跳跃,它就是一个长期均值为零的平稳过程。因此,也可以将这个过程看成一个分段平稳过程,时间 $t = 100$ 前是均值为 0 的平稳过程,$t = 100$ 后是均值为 4 的平稳过程。

对这个过程,在做自回归分析时,会发现有显著的时间趋势,这一点与带漂移项的单位根相似,并且有非常高的自相关性,即小的观测值接着小的观测值,大的观测值接着大的观测值。如果直接进行 ADF 检验,由于跳跃的存在,它看起来有一个上涨的趋势,这个趋势可能使得 ADF 模型估计中确定性时间趋势存在,也可能使得滞后项系数不显著,即单位根存在。

也就是说,有结构性变化的数据会经常被检验为单位根,即使它本来是有结构性变化的分段平稳过程。因此,做单位根检验时,要首先检查数据是否有结构性变化。如果有,就应该分阶段进行检验;或者在检验回归模型中,加入结构性变化虚拟变量。

而对于如何知道是否有结构性变化,文献中虽然有一些检验方法,但最直观的还是将数据绘制成散点图,观察其趋势。

2. 是否进行对数化处理

前面提到对数回报和对数单位根的概念,它们其实是对数据进行了对数化处理。在分析金融时间序列数据时,一般首先看是否需要取对数。有时先取对数,能极大地简化分析过程。

图 5.2(a)是中国 1995—2022 年季度 GDP,(b)是取对数后的数据。从(b)中可以明显看出,2005—2010 年可能有结构性变化。另外,(b)中的曲线明显比(a)中的更接近时间的线性函数。这两点都显示了 GDP 数据先进行对数化处理的好处。

一般来说,我们希望数据看起来:第一,尽可能为线性,因为我们的模型是线性

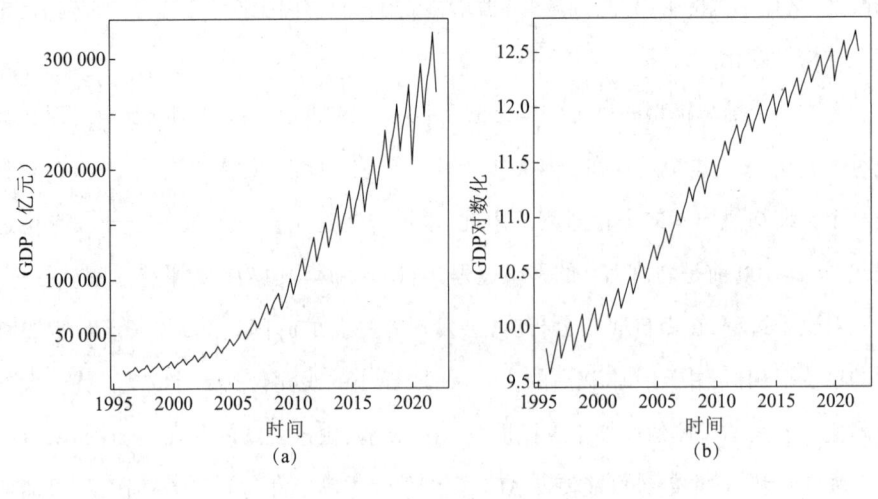

图 5.2　1995—2022 年中国季度 GDP

模型;第二,尽量平稳,因为不平稳或者接近不平稳会给模型估计和检验带来困难。这两点可以用来判断是否应该先对数据进行对数变换。

5.4.2　DF 检验效率及后果

1. 检验效率

人们经常通过蒙特卡洛模拟实验(Monte Carlo simulation)方法来考察小样本情况下检验的效率,即假说检验中的一类误差。这里针对单位根检验的效率,模拟一个平稳的 AR(1) 过程:$y_t = \beta y_{t-1} + \varepsilon_t$,数据长度为 100,进行 DF 检验,做 10 万次模拟实验,统计拒绝单位根的频率。根据恩德斯(2017),表 5.4 报告了 β 为不同数值时将样本判断为平稳过程的比例。可以看出,当 $\beta = 0.80$、显著性水平为 1% 时,只有 51.4% 的样本被正确地判断为平稳过程。当 $\beta = 0.90$、显著性水平为 1% 时,只有 9.0% 的样本被正确地判断为平稳过程。当 $\beta = 0.99$、显著性水平为 1% 时,只有 1.3% 的样本被正确地判断为平稳过程;即使在 10% 的显著性水平下,也只有 10.5% 的样本被正确地判断为平稳过程。可见,DF 检验基本上会把一阶自回归系数大于 0.9 的平稳 AR(1) 过程判断为单位根过程。

表 5.4　ADF 检验效率　　　　　　　　　　（单位：%）

β	显著性水平		
	10%	5%	1%
0.80	95.9	87.4	51.4
0.90	52.1	33.1	9.0
0.95	23.4	12.7	2.6
0.99	10.5	5.8	1.3

DF 检验倾向于把平稳过程检验为单位根过程,发生这种情况的一个原因在于检验的设定。一般的检验都是要求在有比较充分的证据的情况下,才拒绝 H_0 假说,即拒绝 H_0 假说难,不拒绝容易。这种规律在 DF 检验中同样成立,因此 DF 检验会倾向于给出是单位根的结论。Kwiatkowski et al. (1992)提出了一套检验理论(文献中把它称作 KPSS 检验),其中 H_0 假说是平稳过程,因此也就没有这个问题了。

关于 DF 检验的效率,还有一个值得关注的特点。DF 检验的效率还高度依赖于数据的时间跨度,观测值个数相同,周度数据的 DF 检验效率比日度数据会高一些。当然,观测值个数越多,效率越高。这一点在连续时间过程中有重要启示,即提高数据频率不如加大时间跨度。

2. 倾向于单位根的后果

ADF 检验有倾向于单位根的偏差,但这个偏差问题的后果有时并没有那么严重。经验研究表明,把一个本来是 β 接近 1 的平稳过程当作单位根过程,从而先做平稳化处理再建立模型,这样的模型的预测精度可能会比直接按平稳过程建立模型的预测精度更高。但对于因果分析则不一定是这样。因此,在以预测为目的的模型建立过程中,没有必要过于关注 ADF 检验偏差,而在以因果分析为目的的模型建立过程中,则需要注意这个偏差。

3. 是不是单位根？一点艺术性

前面检验中国利率过程的平稳性时,发现在 5% 的显著性水平下不能拒绝是单位根的假说,而在 10% 的显著性水平下则可以拒绝。那么到底该用哪个显著性水平？更何况还有 DF 检验的效率比较低的问题。因此,单位根检验的结论并不是那么"精确、唯一"。

在为研究因果问题而进行单位根检验时,有几点可以参考。第一,要用经济学直觉来辅助判断。由于 ADF 检验有倾向于单位根的偏差,而有许多经济系统直观来看应该是平稳过程(比如利率过程,如果利率非平稳,且因为利率大于零,所以非平稳意味着有正的时间趋势,那么在足够远的未来,利率将变得非常大,但利率对应着人们对效用和财富的贴现,无法想象会有过高的贴现率),因此,经济学家在研究经济结构问题时倾向于把利率过程判断为平稳过程,而人们在预测时则比较倾向于把利率过程判断为非平稳过程。

第二,注意经济学主流观点。传统的宏观经济学一般认为宏观变量(如 GDP 等)是确定性增长及周期的合成,但从 Nelson and Plosser(1982)开始,主流文献一般认为主要的宏观变量是带漂移项的单位根过程。

第三,考虑备选假说 H_1。我们希望用来研究经济因果关系的模型,一般是对应到 H_1 假说成立时的模型。一旦给定 H_1 假说模型,检验就给定了。如果用来研究因果关系的模型需要有时间趋势项,而检验时的模型没有时间趋势项,那么即使拒绝 H_0 假说,H_1 假说也不是我们想要的。

所以,单位根检验有时并非那么"科学",而是有那么一点"艺术性"。

5.4.3 其他检验方法

前面详细介绍了 DF 检验(及 ADF 检验),也提到了 KPSS 检验。文献中还有其他的一些检验方法,Stock(1994)进行了比较详细的回顾。下面介绍其中比较常见的 PP 检验方法,由 Phillips and Perron(1988)提出。

PP 检验,与 ADF 检验类似,也是对 DF 检验的一般化。在 DF 检验中,假说被检验过程是 AR(1),模型误差独立同分布。ADF 检验用高阶 AR 过程处理模型误差的自相关,即把模型误差中的自相关部分显式地用滞后项刻画,从而变成 AR(p) ($p>1$)。而 PP 方法是用误差序列相关稳健的方差估计方法进行处理。

我们在第 2.5 节提到,时间序列数据导致的问题主要有跨期内生问题和模型误差系列相关问题。本书第 2 章主要讨论跨区内生问题,而模型误差系列相关问题在初级计量经济学中已有介绍,参考伍德里奇(2010)。在那里,模型误差系列相关问题有两种处理方法。第一种方法是用 OLS 估计模型参数,另外再用模型误差系列相关稳健的方法(第 2.4 节介绍的 Newey-West 方法)估计方差,从而进行假说检验。第二种方法是用 FGLS(广义最小二乘)方法估计和检验模型。在这里所说的单位根检验问题中,ADF 检验方法对应到初级计量经济学中线性回归模型的 FGLS 方法,显式地模拟模型误差系列相关。PP 检验方法对应到"用模型误差系列相关稳健的方法估计方差"方法,不改变检验回归模型,只调整计算方差的方法。

因此,PP 检验方法的本质还是 DF 检验方法,还存在在回归模型中是否加截距项和时间趋势项的问题,同样有三种不同模型选择的问题。由于"用模型误差系列相关稳健的方法估计方差"方法涉及误差的滞后阶数,因此 PP 检验也有误差滞后阶数的选择问题,与 ADF 检验中的差分滞后阶数的选择问题相对应。

R 软件"tseries"程序包中的"pp.test"可以实现对这个 PP 单位根检验方法的应用。但目前的版本只能做带截距项和时间趋势项的回归模型检验,即对应于 DF3 分布的那个检验。下面用 PP 检验方法再次检验中国利率过程。

R 软件代码及主要输出结果

```
>library (readxl)
> library (tseries)
> setwd ('D:/ywang/data')
> data = read_excel ('./rate.xls',sheet='Sheet1')
> attach (data)
> pp.test(rate, type = c ("Z(t_alpha)"))

Phillips-Perron Unit Root Test
Dickey-Fuller Z(t_alpha) = -1.1141,Truncation lag parameter=12,
p-value = 0.9204
alternative hypothesis : stationary
```

这里 PP 检验的 DF 统计量为 -1.1141,p 值为 0.9204,不能拒绝单位根的假说。前面用 ADF 检验的例子中第 1 步(加截距项和时间趋势项的回归)中的 DF 统计量

为 -1.1142，与这里的结果非常接近。这一方面说明 PP 检验与 ADF 检验结果相近，另一方面也验证了 R 软件中的"pp.test"命令目前只能做"加截距项和时间趋势项的回归"的检验。

尽管文献中有许多检验单位根的方法，并各有其优点，但应用最广的还是 DF 检验方法及其增广的 ADF 或 PP 检验方法。

5.5 分数单位根简介

上一章提到，所有平稳的有限阶 $AR(p)$ 过程的自相关系数函数都是快速趋近于零的指数函数形式，具有绝对可加性，都是短记忆过程，不适合研究像尼罗河水流这样的有很长期记忆的现象。

其实单位根过程的记忆非常长。比如一个随机游走 $y_t = y_{t-1} + \varepsilon_t$，它的 k 阶自协方差和自相关系数分别等于

$$\mathrm{E}(y_t y_{t+k} | F_0) = \mathrm{E}(y_t(y_t + \varepsilon_{t+1} + \cdots + \varepsilon_{t+k}) | F_0) = \mathrm{E}(y_t^2 | F_0) = t\sigma^2$$

$$\mathrm{corr}(y_t, y_{t+k} | F_0) = \sqrt{\frac{t}{t+k}}$$

这里的自相关系数函数不是时间间隔 k 的指数函数，它甚至不趋近于零，更别说绝对可加了，它是永久记忆。问题是单位根过程并不平稳，许多统计分析方法没有办法直接使用。

文献中把自相关系数函数不是绝对可加的，而是以 $\rho_k = k^{-\alpha}$，$\alpha > 0$ 形式慢速下降的过程称作长记忆(long memory)过程。

比较用滞后算子形式表示的随机游走 $(1-L)^1 y_t = \varepsilon_t$ 和用滞后算子形式表示的白噪声 $(1-L)^0 y_t = \varepsilon_t$，前者是永久记忆过程，后者没有记忆。我们可以猜测 $(1-L)^d y_t = \varepsilon_t (0 < d < 1)$ 过程将会有长记忆并且平稳。

这个猜测部分准确，Brockwell and Davis(1991)证明了过程

$$(1-L)^d y_t = \varepsilon_t, \quad 0 < d < 1 \tag{5.8}$$

确实是长记忆过程,并且当 0<d<0.5 时,系统平稳。由于过程(5.8)是单位根过程的形式并且 d 为分数,因此过程(5.8)被称作分数单位根。

对分数单位根过程(5.8)进行泰勒展开:

$$(1-L)^d y_t = \varepsilon_t$$

$$\left(1 + \sum_{j=1}^{\infty} \frac{\Gamma(j-d)}{\Gamma(-d)\Gamma(j+1)} L^j\right) y_t = \varepsilon_t$$

这里 $\Gamma(x)$ 是 Gamma 函数,也即广义阶乘函数。显然,上述泰勒展开把分数单位根过程变成了一个无限阶的 AR 过程。

可以证明当 0<d<0.5 时,这个分数单位根过程平稳,并且自相关系数函数 ρ_k 在 k 趋近无穷大时与 k^{2d-1} 同阶,正好符合长记忆过程的定义。

20 世纪 60 年代,有人用这个过程研究股票回报,但后来发现并不是很成功。比如 20 世纪 30 年代的大萧条,对现在的股票回报没有什么影响,但对人们心理上的影响可能还存在。因此,后来又有人用分数单位根过程研究股票回报波动率,即所谓的 FIGARCH 模型。我们这里不对其进行介绍。

练习题

1. 基于模型

$$y_t = 0.5 + 0.3 y_{t-1} + 0.2 y_{t-2} + 0.1 y_{t-3} + \varepsilon_t, \quad \varepsilon \sim N(0, 0.04)$$

模拟产生一个有 200 个观测值的样本,然后对其进行 ADF 单位根检验。

2. 基于模型

$$y_t = 0.5 + 0.5t + \varepsilon_t, \quad \varepsilon \sim N(0, 0.04)$$

模拟产生一个有 200 个观测值的样本,然后对其进行 ADF 单位根检验。

3. 用模拟方法验证,如果真实过程为带漂移项的随机游走

$$y_t = 0.5 + y_{t-1} + \varepsilon_t, \quad \varepsilon \sim N(0, 0.04)$$

检验回归模型也是正确地设置为

$$\Delta y_t = \alpha + \gamma y_{t-1} + \varepsilon_t$$

那么 γ 的 OLS 估计的"t 统计量"$\hat{\gamma}/\hat{\sigma}_\gamma$ 服从 t 分布。模拟样本大小为 200，模拟次数为 10 000。

4. 用模拟方法验证，如果真实过程为随机游走过程

$$y_t = y_{t-1} + \varepsilon_t, \quad \varepsilon \sim N(0, 0.04)$$

检验回归模型为

$$\Delta y_t = \alpha + \gamma y_{t-1} + \varepsilon_t$$

那么 γ 的 OLS 估计的"t 统计量"$\hat{\gamma}/\hat{\sigma}_\gamma$ 的经验分布将比 t 分布肥尾(只需比较 5% 分位数)。模拟样本大小为 200，模拟次数为 10 000。

5. 检验上证综合指数 2000—2022 年日度收盘指数及对数回报的平稳性，数据与第 1 章练习题 2 中的相同。

6. 检验中国 1990—2022 年第一产业季度增加值及第二产业季度增加值的平稳性，数据为第 3 章练习题 6 中的原始数据。

7. 考察一个接近单位根过程的平稳过程，如果把它当作单位根处理，样本外预测的精度将如何受影响。请用模型 $(1-0.6L-0.3L^2)(y_t-1.0) = (1-0.4L)\varepsilon_t$，模拟产生 200 个样本，分别用下列两种方法做 100 个滚动窗口提前一步和提前两步的样本外预测，并比较这两种方法的预测精度。

(1) 直接对数据建立 ARMA 模型；

(2) 先对数据进行差分处理，再建立 ARMA 模型。

第 6 章

季节性问题及
季节调整

6.1 季节性现象

许多时间序列数据,特别是宏观经济数据和微观销售数据,具有一定的季节趋势,比如图 6.1 表示的中国的季度 GDP 数据。很明显,四个季度中,第四季度 GDP 最高,第一季度 GDP 最低。

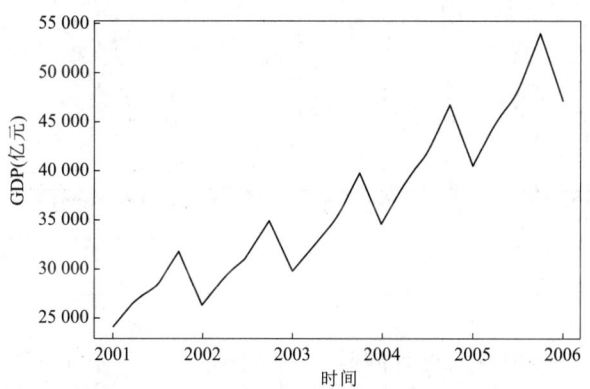

图 6.1　2001 年第一季度到 2006 年第一季度中国季度 GDP

对季节性问题的研究,在金融经济领域有非常重要的应用。比如金融券商的行业研究,需要预测企业的营业收入,而对绝大多数企业来说,营业收入都有季节性。再比如对电力期货的定价,由于电力的需求与天气高度相关,而天气也有明显的季节性,因此定价也有季节性。宏观经济指标中则有更多的季节性问题。

6.1.1　季节性问题的来源

为了更好地分析并理解季节性问题,先看看其产生的原因,主要有三类:第一,自然条件和技术因素。比如季节变换导致的天气变化对农业生产产生影响,从而导致蔬菜产量和价格的季节性。第二,社会文化宗教因素。比如节(假)日对旅游、销售、生产等的影响。第三,人为规则因素。比如股票市场规则对交易的影响、每年固定时间的期权到期对现货市场的影响。

6.1.2 同比增长率及其翘尾问题

对有季节性现象的数据,直接计算出的环比增长率(本期比上期的百分比变化或对数变化)有更明显的季节性特征,比如图6.2(a)表示的中国季度GDP环比增长率,每年的第四季度最高,第一季度最低。

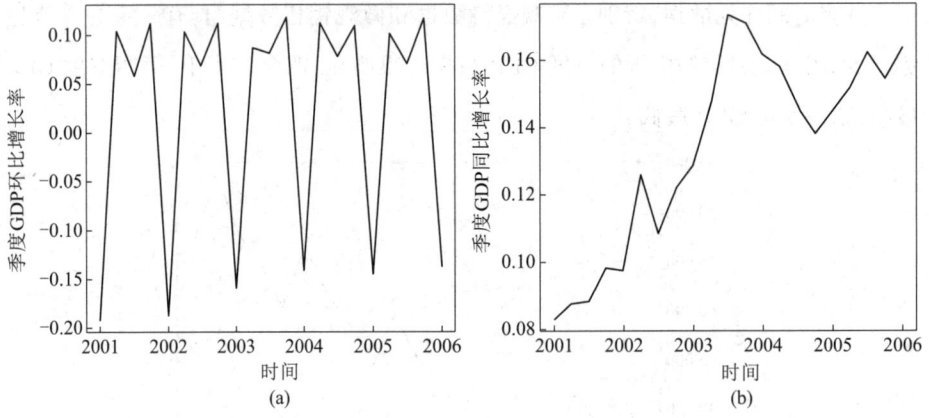

图6.2　2001年第一季度到2006年第一季度中国季度GDP增长率

为了避免增长率中的季节性问题,一种简单的办法是用同比增长率,即这个季度(或这个月)相较于上年同期的百分比变化或对数变化。由于当期的数据与上年同期的数据发生在同一个季节,没有季节性差别,因此也就没有增长率的季节性问题。图6.2(b)表示的是中国季度GDP同比增长率,从中看不出任何季节性规律。

相较于环比增长率,同比增长率虽然可以解决季节性问题,但有翘尾问题。比如在CPI的计算中,某一商品2021年7月1日之前两年的价格一直是每公斤0.5元,2021年7月1日上涨到每公斤1元并保持到2022年12月,那么该商品的同比价格增长率在2021年1月到6月都是0,在2021年7月到2022年6月都是100%,

在 2022 年 7 月到 12 月又都是 0。虽然从 2021 年 7 月到 2022 年 6 月价格保持稳定,但计算出来的同比价格增长率却为 100%。这就是商品价格指数中的滞后影响。这种滞后影响也被称作"翘尾"因素(carryover effect),是计算同比增长率时没有办法规避的现象。因此,同比增长率的问题是,基准点是上年同期,不能准确地反映最近的变化,会对理解数据造成困难。

同比增长率和环比增长率都有问题,需要引入新的模型。

6.2 季节模型

一般地,有三种季节模型:确定性季节模型、随机季节模型、带确定性因素的随机季节模型。

6.2.1 确定性季节模型

确定性季节模型,顾名思义,会用一些确定性变量来刻画季节性。而线性回归模型是最简单也是用得最多的确定性季节模型:

$$y_t = \alpha + \beta_1 x_{1t} + \cdots + \beta_k x_{kt} + \varepsilon_t$$

这个模型与一般的多元回归模型没有本质差别,通常的 OLS 估计方法在这里同样适用。

比如二月的工作日少,我们可以通过有效工作日做回归分析。按照日历,我们可以有每个月的工作日数据 d_t,从而有回归模型:

$$y_t = \alpha + \beta d_t + \varepsilon_t$$

春节在第一季度,我们可以用虚拟变量控制。由于每个季度都有不同的特点,因此一般每个季度都要控制。而为了避免虚拟变量陷阱,可以设立三个虚拟变量:假如某一数据时间 t 在第一季度,则 $d1_t = 1$,否则 $d1_t = 0$;假如某一数据时间 t 在第二季度,则 $d2_t = 1$,否则 $d2_t = 0$;假如某一数据时间 t 在第三季度,则 $d3_t = 1$,否则 $d3_t = 0$。回归模型为:

$$y_t = \alpha + \beta_1 d1_t + \beta_2 d2_t + \beta_3 d3_t + \varepsilon_t$$

还可以同时加上有效工作日和季度虚拟变量：

$$y_t = \alpha + \beta_0 d_t + \beta_1 d1_t + \beta_2 d2_t + \beta_3 d3_t + \varepsilon_t$$

一般地,在确定性季节多元线性回归模型中,解释变量可以包括任何有意义的因素,如有效工作时长、虚拟变量(是不是工作日、月度、季度、政策变化)等。并且,这一类模型刻画的季节性多是人为规则因素和节(假)日安排等因素导致的。这一类模型的设立和处理都非常简单。

6.2.2 随机季节模型

随机季节模型多为基于 ARIMA 的季节模型。比如对季度数据,

$$y_t = \alpha + \beta y_{t-4} + \varepsilon_t$$

就是一个 AR 模型,自相关函数除了 $\rho_{4k} = \beta^k, k = 1, 2, \cdots$,其他的都为零,即只与往年的同季度相关,其他的都不相关。

另一个 MA 形式的季节模型

$$y_t = \mu + \varepsilon_t + \phi \varepsilon_{t-4}$$

自相关函数除了 $\rho_4 = \phi$,其他的都为零,即只与上年的同季度相关,其他的都不相关。

一般的随机季节模型是相乘形式的 ARIMA 模型,比如

$$(1-\beta_1 L)(1-\beta_s L^s) y_t = \alpha + (1-\phi_1 L)(1-\phi_s L^s) \varepsilon_t \tag{6.1}$$

这个模型记为 ARIMA(1,0,1)(1,0,1)[s]。s 为季节周期。对于月度,$s=12$;对于季度,$s=4$。第一个括号(1,0,1)部分是普通的 ARIMA 模型的设置 $(1-\beta_1 L)$ 和 $(1-\phi_1 L)$,第二个括号(1,0,1)是季节性 ARIMA 模型的设置 $(1-\beta_s L^s)$ 和 $(1-\phi_s L^s)$。这个模型的一个特例

$$(1-L)(1-L^s) y_t = \alpha + (1-\phi_1 L)(1-\phi_s L^s) \varepsilon_t$$

就是著名的"航空公司模型"(airline model)。

随机季节模型就是我们前面讨论的 ARMA 模型的一种特例。因此,前面讲的模型设立/估计/预测等,都可以在这里直接应用。但随机季节模型,作为一类特殊的 ARMA 模型,还有一些特别的点值得进一步讨论。

1. 季节单位根

季节模型(6.1)的 AR 部分对应的特征方程为：

$$(z-\beta_1)(z^s-\beta_s) = 0$$

如果 $\beta_s = 1$，则存在 s 个单位根，系统不平稳。比如 $s = 4$ 时，四个特征根分别为 1，-1，i，$-i$。我们把这样的单位根称作季节单位根。容易验证，季节单位根过程

$$y_t = \alpha + y_{t-4} + \varepsilon_t$$

无法通过简单差分来进行平稳化，必须进行季节差分，即环比变化还是非平稳的，只有同比变化才是平稳的。

另外，季节模型(6.1)中，如果 ϕ_s 和 β_s 同时等于 1，即同时存在季节单位根和普通单位根时，随机季节模型与确定性季节模型可能并无差异。考虑随机季节模型

$$y_t - y_{t-4} = \varepsilon_t - \varepsilon_{t-4}$$

和三个季度虚拟变量构成的确定性季节模型

$$y_t = \alpha + \beta_1 d1_t + \beta_2 d2_t + \beta_3 d3_t + \varepsilon_t$$

由于 $d1_t = d1_{t-4}$，对上述确定性季节模型进行季节差分，正好是 $y_t - y_{t-4} = \varepsilon_t - \varepsilon_{t-4}$。这个例子说明，确定性季节模型与随机季节模型之间有时并没有太大差别。有些数据过程，既可以用确定性季节模型，也可以用随机季节模型。

2. 随机季节模型的估计

前面提到，一般的 ARMA 模型估计中，条件最大似然估计（CMLE）的近似误差不大。但在随机季节模型(6.1)中，如果 ϕ_s 比较接近 1，CMLE 的误差就比较大，这时应该用精确最大似然估计（EMLE）。

比如 Tsay（2005）报告了一个例子，拟合了 1960 年 1 月到 2003 年 12 月 CRSP 1% 分位指数月度简单回报数据，如果用 CMLE，估计得：

$$(1-0.25L)(1-0.99L^{12})y_t = 0.0004 + (1-0.92L^{12})\varepsilon_t$$

而如果用 EMLE，估计得：

$$(1-0.264L)(1-0.996L^{12})y_t = 0.0002 + (1-0.9999L^{12})\varepsilon_t$$

两种估计结果有比较显著的差别。用 EMLE 估计出来的模型，季节 AR 部分和季节

MA 部分的系数都几乎等于 1。

这里 EMLE 估计结果中，ϕ_{12} 和 β_{12} 同时等于 1。按上述季节单位根部分的讨论，这等价于一个季度虚拟变量构成的确定性季节模型。这就是股票市场中著名的一月效应(January effect)。

6.2.3　带确定性因素的随机季节模型

第三种季节模型是带确定性因素的随机季节模型，正如一般的 ARMA 模型中可以加入外生变量一样。比如下列模型：

$$(1-\beta_1 L)(1-\beta_s L^s)(y_t-\mu)=\alpha_1 x_{1t}+\cdots+\alpha_k x_{kt}+(1-\phi_1 L)(1-\phi_s L^s)\varepsilon_t \quad (6.2)$$

这样的模型，结合了上述两种模型的优点。其中，确定性部分，能高效地捕捉一些季节特征。一旦确定性解释变量被选定，对这一部分的处理就会非常简单。而随机性部分，则更具广泛性和稳健性，可以用它来刻画无法用确定性解释变量捕捉的季节性因素。

6.3　季节调整

6.3.1　季节调整的意义

先看一篇报道：

1—2 月份房地产销售面积下降 3.6%，春节因素影响？

统计局数据显示，2019 年 1—2 月份商品房销售面积同比下降 3.6%，商品房销售额同比增长 2.8%。针对销售面积出现负增长的状况，国家统计局发言人毛盛勇在国新办发布会上表示，统计局对 70 个城市房价的监控显示，房价总体走势比较平稳。毛盛勇还指出，1—2 月份房地产数据是没有经过季节调整的，没有剔除春节因素。商品房销售面积下降 3.6%，主要有两方面的原因：

第一，春节影响因素大部分集中在 2 月份，给购房带来影响；

第二，房地产市场进入新的发展阶段。中央对房地产市场的定位是"房住不炒"，当前正在加快长效机制的建设,使老百姓和投资者能更加理性地对待购房行为。

资料来源:周潇枭. 1—2月份房地产销售面积下降 3.6%,春节因素影响?[EB/OL].(2019-03-14)[2024-10-21]. https://m. 21jingji. com/article/20190314/herald/c3a707ab9672e299ed169988d04e6182. html.

这是一个典型的季节数据问题。前面讨论的季节模型,能够很好地处理季节性数据,可以用来进行分析和预测。但有时,人们没有那么专业,无法理解这些模型。比如上述商品房销售报道问题中,春节年年有,但不是月月有。我们只是想知道,假如没有春节,房价到底是升了还是降了。也就是说,对一个有季节性问题的数据,假如没有季节性会怎样,这就是所谓的"季节调整"。

为什么要对季节性数据进行季节调整?首先,便于理解。比如商品房销售到底是涨还是跌?同比数据有翘尾因素,不是很直观。环比数据有季节性问题,也不是很直观。而对原始数据进行季节调整,然后再进行对数差分,得到调整后的环比增长率,就是"假如没有季节问题"时的增长率。其次,在做复杂模型时,季节调整也有好处。有些数据,除了季节性,还有其他的随机特征。这些其他的随机特征经常需要另外一个复杂模型来刻画,比如后面将要讨论的时变波动率模型(GARCH)或高维的 ARMA 模型。如果用一个模型去处理这样的有季节性问题的数据,那么模型会变得非常复杂,以至于无法很好地设置合理的模型,从而带来模型的不稳健问题,或者无法较好地估计模型。而如果分步走,先对数据进行季节调整,把季节部分去掉,再用其他复杂模型研究相应问题,就可以解决这个模型估计难或模型不稳健的问题。

季节调整有两种方法。第一种是基于参数模型的方法。参数模型指比较简洁的带有未知参数的模型,其中的未知参数在模型设置后用观察数据进行估计,比如上述确定性季节模型和随机季节模型。第二种是基于非参数模型的方法。非参数模型指没有简洁的方程式,不需要估计特定参数的模型。

6.3.2 用确定性季节模型的季节调整

前面介绍的确定性季节模型,可以用来进行季节调整。模型中解释变量有连续变量(如有效工作时间)和虚拟变量(如月度)两种,两者的季节调整方法有差别,下面分别介绍。

1. 确定性季节因素为连续变量

比如有效工作日回归模型

$$y_t = \alpha + \beta d_t + \varepsilon_t$$

刻画了 y_t 与有效工作时间 d_t 之间的关系。按照线性模型的经济学解释,β 表示工作天数对 y_t 的边际影响,即增加一天的工作时间对 y_t 的增加量。d_t 有季节变化,从而导致 y_t 呈现季节变化。对 y_t 的季节调整是假如没有 d_t 的季节变化时,计算 y_t 会是多少。或者说假如 d_t 一直保持在它的平均水平,计算 y_t 会是多少。因此,如果某一个观测值是二月份的,那个月比平均月的工作日少 2 天,则给这个月的数据 y_t 加上 2β 就是季节调整后的了。反之,如果某一个观测值是三月份的,那个月比平均月的工作日多了 0.5 天,则给这个月的数据 y_t 减去 0.5β 就是季节调整后的了。

下面介绍一种比较简单的计算方法。做季节调整时,我们对模型做一个变形:

$$y_t = \alpha + \beta(d_t - \mathrm{E}(d_t)) + \varepsilon_t$$

现在 $\alpha + \varepsilon_t$ 就是季节调整后的变量了,即假如那个月的工作日数量 d_t 等于平均工作日 $\mathrm{E}(d_t)$,它的 y_t 会是多少。

具体操作过程是,对样本数据中的有效工作时间 d_t 进行去均值处理,然后把 y_t 对处理过的 d_t 进行回归,截距项的估计值加上拟合误差就是季节调整后的 y_t。

对其他连续解释变量的确定性季节模型,季节调整方法类似。

2. 确定性季节因素为虚拟变量

比如季度虚拟变量回归模型为:

$$y_t = \alpha + \beta_1 d1_t + \beta_2 d2_t + \beta_3 d3_t + \varepsilon_t$$

这里的三个虚拟变量,分别对应第一、第二和第三季度,基数是第四季度,即 β_1 表示 y_t 在第一季度的平均值比第四季度的平均值差了 β_1。β_2 和 β_3 的经济含义与此类似。如果用 $\alpha + \varepsilon_t$ 作为季节调整后的变量的话,调整的基准是第四季度,即把数据调整到假如观察数据是第四季度的情况。而我们要的季节调整是要求调整到一个以全年平均为基准的情况,没有季度差别。

为了调整到以全年平均为基准,我们可以对回归模型进行变形,设定的虚拟变量个数要与季度数一样多,还要有常数项。而为了避免虚拟变量陷阱,要加上虚拟变量系数和为零的约束:

$$y_t = \alpha + \beta_1 d1_t + \beta_2 d2_t + \beta_3 d3_t + \beta_4 d4_t + \varepsilon_t, \text{ s. t. } \beta_1 + \beta_2 + \beta_3 + \beta_4 = 0$$

即

$$y_t = \alpha + \beta_1 (d1_t - d4_t) + \beta_2 (d2_t - d4_t) + \beta_3 (d3_t - d4_t) + \varepsilon_t$$

这样,季节调整后的变量为 $\alpha + \varepsilon_t$。

其他含虚拟变量的确定性季节模型,类似地用增加一个虚拟变量的方法进行季节调整。

3. 用确定性季节模型调整中国 GDP

下面用确定性季节模型对中国 GDP 数据进行季节调整。前面单位根检验部分讨论过数据对数化处理问题,那个结论在这里还成立。图 5.2 显示,我们应该先进行对数化处理,故下面对取 log 后的 GDP 数据进行季节调整。

我们先用季度虚拟变量建立模型,R 软件程序如下,调整结果报告在图 6.3 中。

R 软件代码及主要输出结果

```
> library (readxl)
> setwd ('D: /ywang/data')
> data = read_excel ('. /GDP.xlsx',sheet ='Sheet1')
> attach (data)
> lgdp=log (gdp)
> mth=substr (date,6,7)
> d1=d2=d3=d4=gdp* 0
> d1[mth=='03']=1
> d2[mth=='06']=1
> d3[mth=='09']=1
> d4[mth=='12']=1
> d14=d1-d4
> d24=d2-d4
> d34=d3-d4
> out1=lm(lgdp~d14+d24+d34)
> head(out1 $ coef [1])
> adj=out1 $ coef [1]+ residuals (out1)
```

```
> adj=exp (adj)
> gdp=ts (gdp, start=c (1995,4), frequency = 4)
> adj=ts (adj, start=c (1995,4), frequency = 4)
> plot (gdp, lty =3)
> lines (adj, lty =1)
```

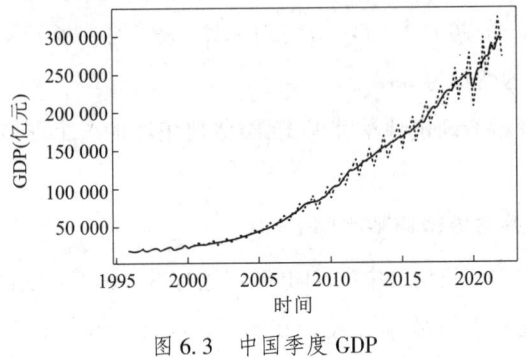

图 6.3 中国季度 GDP

图 6.3 中,虚线表示原始数据,实线表示用确定性季节模型调整后的 GDP,结果显示,季节调整过的 GDP 数据,季节性特征大幅降低。

但目视结果,可以看出还有一些季节性特征存在。这是由于简单的虚拟变量回归,不管在早期的年度还是晚期的年度,第一季度(或其他特定季度)的调整量是一样的,都是第一季度虚拟变量前面的系数。但实际上,随着时间的推移,可能 GDP 在增长,特定季度的调整量也在增长。因此可以考虑如下模型:

$$y_t = \alpha_0 + \alpha_1 t + \sum_{m=1}^{4} (\beta_m + \gamma_m t) D_{m,t} + \varepsilon_t$$

$$\text{s. t.} \sum_{m=1}^{4} \beta_m = 0, \sum_{m=1}^{4} \gamma_m = 0$$

这里 α_1 刻画总量随时间推移而变化的部分,β_m 表示第 m 个季度的固定调整部分,γ_m 表示第 m 个季度随时间推移而增加调整的部分。季节调整后的 GDP 为 $\alpha_0 + \alpha_1 t + \varepsilon_t$。

用这个新的模型进行季节调整,R 软件程序如下,结果报告在图 6.4 中,为了能看出差别,图中只画出 2010 年到 2022 年的数据。图中虚线表示上述仅用虚拟变量进行季节调整的结果,实线表示用上述虚拟变量加时间 t 变量进行季节调整的结果,可以看出,季节性现象进一步减弱了。

R 软件代码及主要输出结果

```
> library (readxl)
> setwd ('D:/ywang/data')
> data = read_excel ('./GDP.xlsx',sheet='Sheet1')
> attach (data)
> lgdp=log (gdp)
> mth=substr (date,6,7)
> d1=d2=d3=d4=rep (0, length (lgdp))
> d1[mth=='03']=1
> d2[mth=='06']=1
> d3[mth=='09']=1
> d4[mth=='12']=1
> d14=d1-d4
> d24=d2-d4
> d34=d3-d4
> out1=lm(lgdp~d14+d24+d34)
> adj=out1$coef[1]+residuals (out1)
> adj=exp (adj)
>
> t =1: length (lgdp)
> d14t=d14*t
> d24t=d24*t
> d34t=d34*t
> out2=lm(lgdp~t+d14+d24+d34+d14t+d24t+d34t)
> summary(out2)
> adj2=out2$coef[1]+ out2$coef[2]*t+residuals (out2)
> adj2=exp(adj2)
> adj=ts (adj[61:106], start=c (2010,4), frequency = 4)
> adj2=ts (adj2[61:106], start=c (2010,4), frequency = 4)
> plot (adj, lty =3)
> lines (adj2, lty =1)
```

上述例子也说明,确定性季节调整的回归模型中,可以再加上任何有规律的解释变量,只要能对数据有解释能力,就可以改善季节调整的效果。

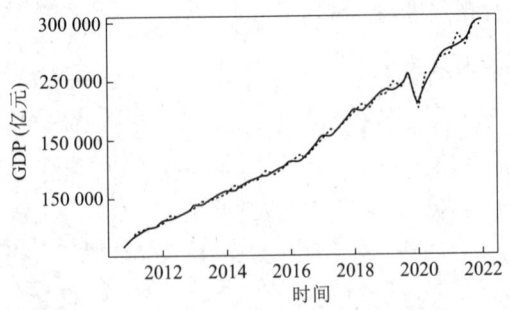

图 6.4　2010 年—2022 年中国季度 GDP

6.3.3　利用随机季节模型的季节调整

利用随机季节模型进行季节调整，比如模型

$$(1-\beta_1 L)(1-\beta_s L^s)(y_t-\mu)=(1-\phi_1 L)(1-\phi_s L^s)\varepsilon_t$$

首先要把模型估计出来，并将其转换成以频率为轴的模型形式，然后利用频谱分解进行季节调整。我们这里介绍的时间序列模型，是以时间为轴的框架。时间序列过程还有以频率为轴的理论框架模型，感兴趣的读者可以参考何书元（2003），这里不展开。

用随机季节模型进行季节调整的代表是 TRAMO/SEATS，包括 TRAMO（time series regression with ARIMA noise, missing observations and outliers）模型部分和 SEATS（signal extraction in ARIMA time series）季节调整部分，具体的可以参考 Pollock（2002）。这一模型主要被欧洲国家使用。R 软件部分将在后面介绍。

6.3.4　利用非参数模型的季节调整：X11

X11 是一种非参数的方法，即没有参数模型，更不需要估计模型。其基本思想是把一列数据分成几部分：

$$y_t = T_t + C_t + S_t + u_t$$

其中，T_t 是长期趋势，C_t 是长周期，S_t 是季节性部分，u_t 是白噪声。X11 不把 T_t 和

C_t 分开,而是合称长期趋势 TC_t。

X11 的核心是用移动平均(一定窗口内的平均数)的方法,分别求出 TC_t 和 S_t。季节调整后的数据是 $y_t - S_t$。下面用一个简单的例子说明这个移动平均的思路。比如对月度数据 $y_t, t = 1, 2, \cdots$,时间 t 时的 TC 等于

$$TC_t = \frac{1}{24}y_{t-6} + \frac{1}{12}y_{t-5} + \frac{1}{12}y_{t-4} + \cdots + \frac{1}{12}y_{t+5} + \frac{1}{24}y_{t+6}$$

时间为 2023 年 1 月的 S_t 部分用 3×3 的滤波器:

$(2021.1 + 2022.1 + 2023.1+$

$\quad 2022.1 + 2023.1 + 2024.1+$

$\quad\quad 2023.1 + 2024.1 + 2025.1)/9$

当然,实际上 X11 做得比这个计算过程复杂,并且会反复进行多次移动平均计算。

上述移动平均计算 TC_t 的过程中,对时间 t 时的调整用到了 $t+1, \cdots, t+6$ 时的观测值。对 2023 年的 S_t 部分进行计算时,用了 2024 年和 2025 年的观测值。但在对最新观测值进行调整时,还没有这些观测值。一种处理方法是用预测值(比如长期均值,或者一个 ARMA 模型的预测值)来替代。而随着时间的推移,这些观测值的真实值会出现。其后果是对刚过去几年的数据的调整,如去年做的季节调整与今年做的季节调整,结果会不一样。因此,每当新的数据出现时,我们就需要重新对过去的几个数据进行调整,尽管原始数据并没有变化。

X11 方法主要被美国、加拿大等国家官方机构使用,并且该模型已经发展成一个模型家族,被称为 X11 家族,包括如下几个部分:

X-11,最原始的 X11 模型;

X-11-ARIMA,用 ARIMA 模型预测补上缺失值及两端观测值;

X-12-ARIMA,进一步加上确定性季节因素回归,如节假日等;

X-13-ARIMA-SEATS,进一步加上可以用 SEATS 而不用 X11 的选择。

1. X-13-ARIMA-SEATS 程序包

R 软件有现成的命令做随机参数模型季节调整和非参数 X11 季节调整,是在

程序包"seasonal"中的"seas"命令。详细信息见 https://www.jstatsoft.org/article/view/v087i11。

下面用 X11 方法对中国季度 GDP 做季节调整。

R 软件代码及主要输出结果

```
> library (readxl)
> library (timeDate)
> library (timeSeries)
> library (seasonal)
>
> setwd ('D:/ywang/data')
> data = read_excel ('./gdp.xls',sheet='Sheet1')
> gdp=ts (data$gdp, start=c (1995,4), frequency = 4)
> adj = seas(gdp, x11="")
> summary(adj)


Coefficients :
Estimate   Std. Error  z value  Pr(>|z|)
AO2020.1           -0.114471   0.007345  -15.585  <2e-16 ***
AO2020.2           -0.032295   0.007345   -4.397  1.10e-05 ***
AR-Nonseasonal-01   0.413150   0.090444    4.568  4.92e-06 ***

X11 adj.  ARIMA: (1 1 0)(0 1 0)  Obs.:106  Transform: log
AICc:  1720, BIC:  1730  QS (no seasonality in final):0.1437
Box-Ljung (no autocorr.):36.24. Shapiro (normality):0.9864


> names(adj)
> plot (adj$series$d11, lty =1)
> lines (gdp, lty =3)
```

上述输出结果中，"Coefficients:"部分报告了三个参数的估计。前两个参数"AO2020.1"和"AO2020.2"是数据中的两个奇异值观测点，代表 2020 年第一季度和第二季度。新冠疫情导致这两个季度的 GDP 数据与其他季度呈现完全不同的特征，即所谓的奇异值。最新的 X11 模型包含了确定性的回归部分。而回归变量除前面提到的季度虚拟变量等通常用的变量外，还可以有奇异值虚拟变量。对每个奇异值,定义一个虚拟变量,它在那一特定时间点等于1,其他时间都等于0。这样,这些奇异值观测点将不会被用来进行回归模型的参数估计。而这些虚拟变量前面的系数估计将等于奇异值的观测值与用模型对该奇异值时间点的预测值之差。在 R 软件"seas"命令的缺省设置中,程序自动识别奇异值并进入回归方程。

"Coefficients:"部分的第三个参数"AR-Nonseasonal-01"是 ARIMA 模型中的。X13 模型会用 ARIMA 模型来预测还没有发生的情况以进行 X11 的移动平均计算。在 R 软件"seas"命令的缺省设置中,程序自动选择最合适的 ARIMA 模型。这里程序选择的是 ARIMA(1,1,0)(0,1,0)模型。

输出结果中还显示了"Transform:log",表明程序对数据进行了对数化处理。第5章提到,建立模型处理时间序列数据,都要先考虑是否对数化。R 软件"seas"命令的缺省设置中,程序会自动选择是否进行对数化处理,这个例子中,程序选择了进行对数化处理。

上述程序还把调整过的结果画了出来,见图 6.5,虚线表示原始数据,实线表示用 X11 方法进行季节调整后的 GDP。可以看出,调整后的数据,没有季节性现象。

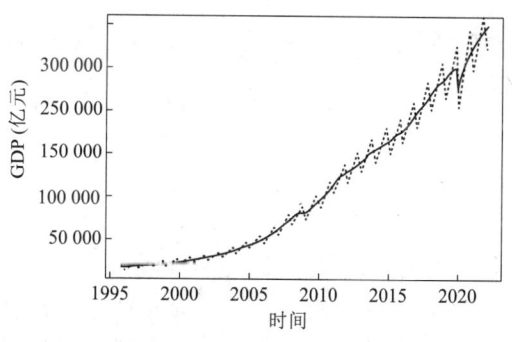

图 6.5　中国季度 GDP

还可以把季节调整的各种数据输出到列表中,以备他用。R 软件的"seas"命令还可以直接进行预测。

R 软件代码及主要输出结果

```
> adj = seas(gdp, x11="", forecast.maxlead = 2)
```

```
> agdp= seasonal::series(adj, c ('forecast.forecasts','d11',
'd10'))
> tail (agdp)
        d11       d10   fct.forecast  fct.lowerci  fct.upperci
[103,]  283216.6  0.9940377        NA           NA           NA
[104,]  288501.8  1.0049133        NA           NA           NA
[105,]  294504.5  1.1009593        NA           NA           NA
[106,]  300337.1  0.8995818        NA           NA           NA
[107,]        NA         NA    305875.6     297392.1     314601.2
[108,]        NA         NA    314633.0     299679.5     330332.7
```

上述输出数据文件中，$d11$ 为季节调整后的数据，$d10$ 为季节调整因子（也称季节因子）。因为数据经过对数化处理，季节调整是通过相乘而不是相加进行的，所以这里的调整因子都在 1 左右。上述程序给出了提前两步的预测值及其 95% 的置信区间。

2. X11 与 SEATS 的比较

下面的 R 软件程序先用 X11 做季节调整，再用 TRAMO/SEATS 进行季节调整，然后计算两种季节调整因子之差的绝对值。R 软件中的 SEATS 方法用的也是 "seas" 命令，并且缺省的就是 SEATS 方法，而 X11 方法要明确规定。

R 软件代码及主要输出结果

```
> #调整 X11
> adj = seas(gdp, x11="")
> summary(adj)

Coefficients :
               Estimate  Std. Error  z value  Pr(>|z|)
AO2020.1       -0.114471   0.007345  -15.585   < 2e-16 ***
AO2020.2       -0.032295   0.007345   -4.397   1.10e-05 ***
AR-Nonseasonal-01  0.413150   0.090444   4.568  4.92e-06 ***
—
X11 adj. ARIMA: (1 1 0)(0 1 0)  Obs.: 106  Transform: log
AICc: 1720, BIC: 1730  QS (no seasonality in final):0.1437
Box_Ljung (no autocorr.): 36.24. Shapiro (normality): 0.9864
> #提取季节调整后的观测值及季节因子
> adj_gdp= seasonal::series(adj, c ('d11','d10'))
```

```
> #调整 SEATS
> adjseats = seas(gdp)
> summary(adjseats)
Coefficients :
Estimate   Std. Error  z value  Pr(>|z|)
AO2020.1            -0.114471   0.007345  -15.585   < 2e-16 ***
AO2020.2            -0.032295   0.007345   -4.397   1.10e-05 ***
AR-Nonseasonal-01    0.413150   0.090444    4.568   4.92e-06 ***
SEATS adj. ARIMA: (1 1 0)(0 1 0) Obs.: 106 Transform: log
AICc: 1720, BIC: 1730 QS (no seasonality in final):0.09116
Box_Ljung (no autocorr.): 36.24 . Shapiro (normality): 0.9864
> #提取季节调整后的观测值及季节因子
> adj_gdpseats= seasonal::series(adjseats, c ('s11','s10'))
> #比较两种调整
> diff=adj_gdp[,2]-adj_gdpseats [,2]
> absdiff=abs (diff)
> summary(absdiff)
  Min.      1st Qu.    Median     Mean      3rd Qu.    Max.
1.724e-05  8.799e-04  2.248e-03  2.797e-03  4.004e-03  1.217e-02
```

由上述输出结果可见,用来预测填补数据的 ARIMA 模型(包括加入的确定性因素)在两种方法中是一样的。我们也比较了调整因子的差别(在用 X11 时,季节因子的变量名为 $d10$,而在用 SEATS 时,季节因子的变量名为 $s10$),发现其绝对值的中位数为 2.248‰,75% 分位数为 4‰,两者非常接近。但最大差别为 12.17‰,差别不小。

既然两种季节调整方法的结果有一些差别,那么哪一种方法更好?在前面的模型选择中,我们可以用拟合误差以及样本外预测误差来比较模型。但在这里的季节调整模型选择问题中,没有不存在季节性的实际观测值,也就没有所谓的误差可以供我们比较。也就是说,我们没有办法直接比较季节调整模型。

不过,我们可以比较哪个季节调整模型调整后的数据,能在后续的分析中提供更好的预测效果。哪个季节调整模型后续的预测效果好,我们就可以认为哪个模型好。当然,这种比较有一些局限性。第一,季节调整的目的可能不是预测,因此基于预测的指标不一定合理。第二,即使目的是预测,预测的好坏也不仅仅依赖于季节调整,还依赖于后续的预测模型。不同的预测模型可能有不同的结果。

6.3.5 预测季节调整因子

用季节调整后的数据建立模型,进行预测,这样预测出来的结果是没有季节性的。但实际上季节性总是存在。因此,我们需要在预测后把季节调整因子加回到预测值上,这就需要知道季节调整因子在将来的值,即预测季节调整因子。

如果使用确定性季节模型进行季节调整,调整因子的预测就非常简单,因为那些都是确定性的因子。比如季度虚拟变量调整模型中,每个季度虚拟变量前面的系数就是调整因子。

如果用 TRAMO/SEATS 或 X11 方法进行季节调整,调整因子的预测就不是那么直接,超出了本书的范围。SAS 软件中的季节调整模型可以直接报告季节调整因子的预测值。R 软件中的"seas"命令目前还不能给出季节调整因子的预测值,比如上面中国季度 GDP 季节调整 R 软件程序预测输出结果中,没有调整因子的预测值,只有原始数据过程的预测值。

R 软件中的"seas"命令可以在季节调整后给出数据过程本身的预测值,所以,一种预测季节调整因子的变通方法是,先进行季节调整并预测原数据过程,然后将原数据和预测值合并在一起再做一次季节调整,输出调整因子。比如对数据 $y_1, y_2, \cdots, y_T$,先进行季节调整,并直接预测 y_{T+1} 的值 $\hat{y}_{T+1}$,再对数据 $y_1, y_2, \cdots, y_T, \hat{y}_{T+1}$ 进行季节调整,输出调整因子 $d10_{T+1}$(X11 方法)或 $s10_{T+1}$(TRAMO/SEATS 方法),就得到季节调整因子的预测值。

R 软件代码及主要输出结果

```
> setwd ('D: /ywang/data')
> data = read_excel ('. /GDP.xlsx',sheet='Sheet1')
> rgdp=ts (data $ gdp, start=c (1995,4), frequency = 4)
>
> #季节调整并预测
> adj = seas(rgdp, x11="", forecast.maxlead = 1)
> f_gdp= seasonal::series(adj, c ('forecast. forecasts'))
>
> #合并原数据及预测值,构成新的数据
```

```
> gdp1=data.frame(gdp=data$gdp)
> gdp2=data.frame(gdp=f_gdp[1])
> t_gdp=rbind(gdp1,gdp2)
> t_gdp=ts(t_gdp,start=c(1995,4),frequency = 4)
>
> #对新数据进行季节调整,并提取季节调整因子
> adj = seas(t_gdp, x11="")
> adj_factor= seasonal::series(adj, c ('d10')) [ length (t-gdp)]
> adj_factor
[1] 0.9954059
```

6.4 应用范例: 预测中国 GDP

下面综合前面的讨论,通过预测中国季度 GDP 的例子,演示如何设定、分析及利用 ARMA 模型。尽管现在 R 软件中的"arima"命令和"seas"命令能够自动完成模型识别及预测,但我们有时需要做一些其他分析,从而需要分解每一步。下面的原始数据是中国 1995 年第四季度到 2022 年第一季度的 GDP。

1. 第一步:数据预处理

目测数据,看看是否要进行对数化处理,是否要进行季节调整。图 6.1 显示中国季度 GDP 数据有着明显的非线性和季节性,因此我们先对原始数据进行对数化处理及季节调整。

R 软件代码及主要输出结果

```
> library(readxl)
> library(timeDate)
> library(timeSeries)
> library(seasonal)
>
> setwd('D:/ywang/data')
> data = read_excel('./gdp.xls',sheet='Sheet1')
> gdp=ts(data$gdp,start=c(1995,4),frequency = 4)
> adj = seas(gdp, x11="")
```

```
#提取季节调整后的数据
> adj_gdp= seasonal::series(adj, c ('d11','d10'))
> log_adj_gdp=log (adj_gdp[,1])

#保留季节调整因子
> adj_factor=adj_gdp[,2]
```

2. 第二步:单位根检验

对季节调整过的数据进行单位根检验。

R 软件代码及主要输出结果

```
> library (urca)
> k= trunc ((length (log_adj_gdp)-1)^(1/ 3))
> df=ur.df (log_adj_gdp, type=c ("trend"),lags=k, selectlags=c
("AIC"))
> summary(df)

Coefficients :
Estimate Std. Error t value Pr(>|t|)
(Intercept)   0.0849994    0.1857278    0.458   0.648
z. lag.1     -0.0059436    0.0193673   -0.307   0.760
tt            0.0001152    0.0005892    0.196   0.845
z. diff. lag  0.1132213    0.1023528    1.106   0.271

Residual standard error : 0.01959 on 97 degrees of freedom
Multiple R-squared: 0.02393, Adjusted R-squared : -0.006262
F-statistic : 0. 7926 on 3 and 97 DF, p-value: 0.5009

Value of test-statistic is:-0.3069  17.4591  0. 5066

Critical  values  for  test  statistics:
1pct  5pct  10pct
tau3  -3.99  -3.43  -3.13
phi2   6.22   4.75   4.07
phi3   8.43   6.49   5.47
```

上述单位根检验的结果显示,DF 统计量为 -0.3069,大于 DF3 分布(tau3)的阈值,故不能拒绝是单位根,并且 ϕ_3 统计量为 0.5066,小于阈值 5.47,表明可以用不加时间趋势项的模型。为了简洁,接下来的步骤这里不再报告。检验的最后结果是,季节调整后的对数 GDP 过程不能拒绝是单位根,需要进行差分处理。

下面再对差分后的过程进行单位根检验。

R 软件代码及主要输出结果

```
> dlog_adj_gdp=diff (log_adj_gdp)
> df2=ur.df (dlog_adj_gdp, type=c ("trend"),lags=k, selectlags=c
("AIC"))
> summary(df2)

Coefficients:
Estimate   Std. Error t value Pr(>|t|)
(Intercept)   2.611e-02  5.940e-03   4.395  2.86e-05 ***
z.lag.1      -8.146e-01  1.355e-01  -6.011  3.32e.08 ***
tt           -6.732e-05  6.840e-05  -0.984  0.327
z.diff.lag   -8.936e-02  1.014e-01  -0.881  0.380
Residual standard error : 0.01958 on 96 degrees of freedom
Multiple R-squared: 0.4527, Adjusted R-squared: 0.4356
F-statistic: 26.47 on 3 and 96 DF, p-value : 1.455e-12

Value of test-statistic is:-6.0109   12.0578   18.0867

Critical values for test statistics:
      1pct  5pct  10pct
tau3  -3.99 -3.43 -3.13
phi2   6.22  4.75  4.07
phi3   8.43  6.49  5.47
```

可见 DF 统计量为 -6.0109,小于 DF3 分布(tau3)的阈值 -3.99,故可以拒绝是单位根,差分后的过程平稳。

下面对这个差分后的数据进行 ARMA 建模。

3. 第三步:ARMA 模型选择

首先看看偏自相关函数,得到关于模型选择的初步感觉。图 6.6 显示,所有的偏自相关函数都比较小,滞后四阶的偏自相关系数与一阶的差不多,并且三年后的偏自相关系数与一阶的依旧差不多，表明模型不会太大，但又不太可能是纯粹的 AR 模型。

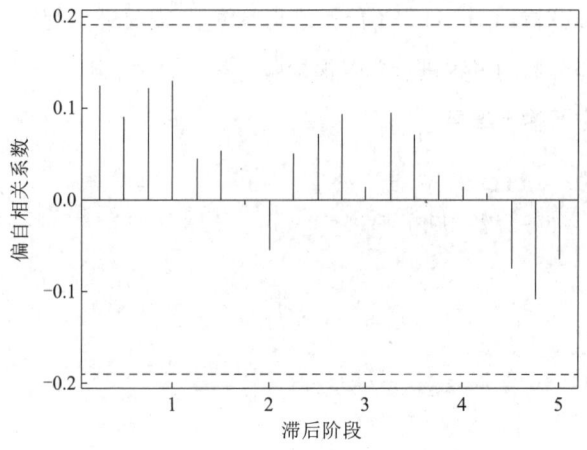

图 6.6 预测中国季度 GDP，偏自相关函数

由于样本量比较小，接下来用 AIC 进一步选择模型。数据中 2020 年第一、第二季度的 GDP 是异常值(前面做季节调整时报告过了)，导致对数差分的数据中 2020 年第一、第二和第三季度的数据都是异常值。为了避免这些异常值对模型选择的干扰，我们在 ARMA 模型中加入三个外生虚拟变量。比如对 AR(1)过程加变量 dm1，dm2，dm3，模型为：

$$y_t = \alpha_0 + \alpha_1 dm1_t + \alpha_2 dm2_t + \alpha_3 dm3_t + \beta_1 y_{t-1} + \varepsilon_t$$

这里 dm1 为对应 2020 年第一季度的虚拟变量，除在 2020 年第一季度取值为 1 外，其他时间全部为 0。dm2 和 dm3 取值类似。这样的带外生回归变量的 ARMA 模型，估计方法与标准的 ARMA 模型类似。也可以用 R 软件中的"arima"命令，代码如下：

R 软件代码及主要输出结果

```
> #模型选择
> k=length (dlog_adj_gdp)
> dm1=dm2=dm3=rep (0,k)
> dm1[97]=1
> dm2[98]=1
> dm3[99]=1
```

```
> dm=cbind (dm1, dm2, dm3)
>
> out1=arima (dlog_adj_gdp, order=c (1,0,0), xreg=dm)
> out1

Coefficients :
ar1      intercept    dm1        dm2        dm3
0.6375    0.0280     -0.1210    0.0750     0.0247
s.e.      0.0750      0.0026    0.0097     0.0108     0.0096

sigma^2 estimated as 9.571e-05: log likelihood=336.59,
aic=-661.19
```

从中可以看出,dm1 的系数为负数,dm2 和 dm3 的系数为正数,且三个虚拟变量的系数都很显著,反映了 2020 年第一季度新冠疫情导致经济大幅萎缩,而第二、第三季度经济大幅反弹的事实。

模型选择接下来的过程报告在表 6.1 中(由于上述三个虚拟变量的系数不影响模型选择过程,为了节约篇幅,这里没有报告虚拟变量的系数估计值)。首先是 AR(1)模型,作为模型选择的起点,这时滞后项系数为 0.6375,显著不等于零。AIC 为-661.19。然后估计 ARMA(1,1)过程,AR 系数显著而 MA 系数不显著,AIC 上升到 -659.33。再试试 AR(2)模型,第二阶 AR 系数不显著,AIC 上升到-659.32。AR(2) 模型是目前为止三个模型中最差的,不用考虑。最后再试试 MA(1)模型,AIC 等于 -642.74,高于 AR(1)过程和 ARMA(1,1)过程。所以,最好的模型是 AR(1)过程, 其次是 ARMA(1,1)过程。

表 6.1 模型选择过程

参数	AR(1)	ARMA(1,1)	AR(2)	MA(1)
AIC	-661.19	-659.33	-659.32	-642.74
β_1	0.6375	0.6753	0.6144	—
	(0.075)***	(0.121)***	(0.0978)***	—
β_2	—	—	0.0367	—
	—	—	(0.099)	—
ϕ_1	—	0.0635	—	0.4667
	—	(0.169)	—	(0.063)***

4. 第四步：样本外预测误差检查

下面用滚动窗口的方法比较 AR(1) 过程和 ARMA(1,1) 过程的样本外预测误差。由于样本量比较小，我们选择保留四年 16 个观测值，分别计算两个模型的样本外预测误差。

R 软件代码及主要输出结果

```
> T=length (dlog_adj_gdp)
> k=16
> #保留做样本外观测值的个数
>
> forecast_ar=rep (0,k)
> forecast_arma=rep (0,k)
>
> #滚动预测,预测值放在上述向量中
> for(i in 1:k){
+   start=i
+   end=T-k+i-1
+   estdata=dlog_adj_gdp[start:end]
+
+   out1<-arima(estdata, order=c (1,0,0))
+   forecast_ar[i]=forecast(out1, h=1)$mean[1]
+
+   out2<-arima(estdata, order=c (1,0,1))
+   forecast_arma[i]=forecast(out2, h=1)$mean[1]
+ }
>
> #还原数据
> rforecast_ar=rep(0,k)
> rforecast_arma=rep (0,k)
> for (i in 1:k){
+   end=T-k+i-1
+ #预测的是差分,差分数据加上基数变成非差分数据
+   temp=log_adj_gdp [ end+1]+forecast_ar [ i ]
+ #数据被对数化和季节调整过,预测值需要反向还原
+   rforecast_ar[i]=exp (temp)* adj_factor [ end+2]
```

```
+
+   temp=log_adj_gdp[end+1]+forecast_arma[i]
+ rforecast_arma[i]=exp(temp)* adj_factor[end+2]
+ }
>
> #与真实值比较
> tdx=2022-(c((k-1):0)/4)
> end=length(gdp)
> start=end-k+1
> plot(tdx, gdp[start:end],type='l',xlab='year', ylab='GDP')
> points(tdx, rforecast_ar, pch='*')
> points(tdx, rforecast_arma, pch='o', cex=0.7)
```

两个模型的预测值及真实值表示在图 6.7 中。真实值以线表示，AR(1)模型的预测值以"*"表示，ARMA(1,1)模型的预测值以"o"表示。显然，2020 年第一、第二季度的预测非常差，这是可以理解的。ARMA 模型是用历史预测未来，而新冠疫情对经济产生了前所未有的冲击，之前从未有过这样的历史，因此 ARMA 模型无法作出相应的预测。而 AR(1)和 ARMA(1,1)两个模型的预测值几乎重合，所以哪个预测更准确，目测不出来。

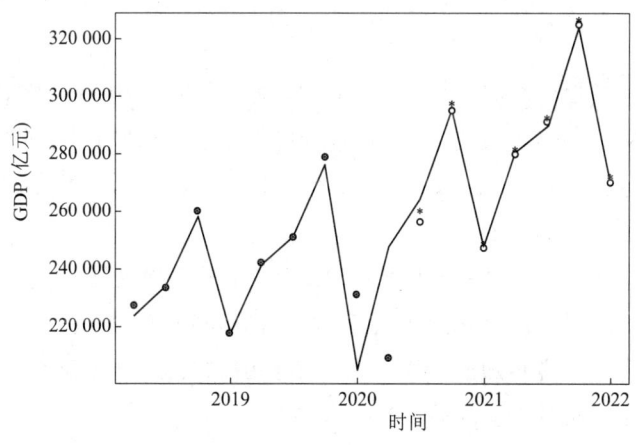

图 6.7 中国季度 GDP 样本外预测

下面计算两个预测误差，并用 Diebold-Mariano 方法进行检验。

R 软件代码及主要输出结果

```
> err_arma=rforecast_arma-gdp[start:end]
```

```
> err_ar=rforecast_ar-gdp[ start: end ]
> mean(abs (err_arma))
[1] 5587.433
> mean(abs (err_ar))
[1] 5717.826
>
> test1=dm.test(err_arma, err_ar, alternative="less", h=1)
> test1
    Diebold-Mariano Test

data: err-arma   err-ar
DM = -0.29595, Forecast horizon=1, Loss function power=2,
p-value = 0.3857
alternative hypothesis: less
```

AR(1)模型的平均绝对预测误差为 5 717.826，ARMA(1,1)模型的为 5 587.433。DW 值等于-0.29595，p 值为 0.3857，表明两者没有显著差别。这时一般选择小一些的模型，即 AR(1)过程。

练习题

1. 模拟一个季节单位根过程 $y_t = y_{t-4} + \varepsilon_t, \varepsilon_t \sim N(0, 0.01)$，500 个观测值。对这个模拟样本及其一阶差分过程进行单位根检验，有什么值得讨论的结论？

2. 把上述模拟样本拟合到一个确定性季节模型 $y_t = \alpha + \beta_1 D1_t + \beta_2 D2_t + \beta_3 D3_t + \mu_t$ 中，有什么值得讨论的结论？

3. 基于 ARMA 模型和中国 1990—2022 年第二产业季度增加值数据（第 3 章练习题 6 中的数据文件），分别用下列方法做 16 个滚动窗口的提前一步和提前两步的样本外预测（第二产业增加值本身），并比较这几种方法的预测精度。

    (1) 用同比增长率数据建立 ARMA 模型；

    (2) 用环比增长率数据建立 ARMA 模型；

    (3) 先对增加值数据本身进行季节调整，再用 ARMA 模型。

4. 分别用确定性季节模型和 X11 方法，对中国 1990—2022 年第二产业季度增加值数据（第 3 章练习题 6 中的数据文件）进行季节调整。请设法比较两种季节调整方法的精度。

第 7 章

向量自回归
模型

ARMA 模型是一类很好的预测模型,这一类模型用过程 x 本身的历史数据预测过程的未来。但人们发现,经常存在其他的先行指标 y,同时利用 x 和 y 能获得更好的预测效果。比如用一个城市本年度六年级学生数量的数据帮助预测初中课外培训市场下年度的规模,用本季度货币供应量 M2 帮助预测接下来几个季度的 GDP。另外,有时我们需要讨论几个动态系统的相互影响,比如货币政策的有效性评估问题,这时我们就需要同时考虑几个动态过程。而最简单的刻画多元动态系统的模型就是向量自回归(vector autoregressive, VAR)模型。

我们在这一章介绍 VAR 模型的性质、识别及预测,下一章用 VAR 模型研究多变量的动态关系。

7.1 多元时间序列的可预测性

我们在许多场合都需要同时模型化多个时间序列过程。比如中国金融行业的宏观研究时时关注的数据有:货币及价格数据,比如货币供应量、新增贷款、外汇占款(中国特有)、汇率、CPI(居民消费价格指数)、PPI(生产价格指数)等;实体数据,比如工业增加值、工业企业利润、固定资产投资、社会商品零售总额、发电量、铁路货运量等;国际相关数据,比如进出口总额(主要是出口)、国际主要大宗商品价格、美联储的货币政策数据等。

只有综合考虑这些指标,才能更好地预测宏观经济走势。而数据的可预测性是建立模型的前提。

可预测性检验,在线性的框架下,通过检验相关性是否为零来进行。在单变量时,有 Portmanteau 检验的改进方法,即 Ljung-Box 检验。在多变量情况下,不仅要考虑各变量各自的自协方差,还要考虑多变量之间的交叉协方差(不同变量在不同时间,比如变量 x_t 与变量 y_{t+s} 之间的协方差)。

Li and McLeod (1981) 改进了 Portmanteau 检验,得到多元 Q 检验。对 n 维数据从时间 1 到 T 的观测值为 $Y_1, Y_2, \cdots, Y_T$,统计量定义为:

$$Q_h = T \sum_{j=1}^{h} \operatorname{tr}(\hat{C}'_j \hat{C}_0^{-1} \hat{C}_j \hat{C}_0^{-1})$$

这里

$$\hat{C}_j = \frac{1}{T} \sum_{t=j+1}^{T} (Y_t - \bar{Y})(Y_{t-j} - \bar{Y})', \bar{Y} = \frac{1}{T} \sum_{t=1}^{T} Y_t$$

tr 为矩阵的迹,h 为需要考察的滞后阶数,$\hat{C}_j$ 为 j 阶样本交叉协方差矩阵。统计量 Q_h 本质上是交叉相关系数的加权平方和,近似服从 $\chi^2(hn^2)$ 分布。

R 软件"portes"程序包里的"LiMcLeod"命令可以进行一元和多元的 Q 检验。下面模拟产生独立同分布的二维正态分布随机数,检验其可预测性。

R 软件代码及主要输出结果

```
>模拟产生二维正态分布数据
> x <-cbind (rnorm(100),rnorm(100))
> h=trunc (log (dim(x)[1]))
> h
[1] 4
> LiMcLeod(x, lags=h)
 lags   statistic   df   p-value
  4     13.54297    16   0.63272
```

上述检验 Q 统计量等于 13.54297,p 值为 0.63272,不能拒绝全部交叉相关系数都等于零的假设,即没有可预测性。给定模拟数据是二维独立同分布的标准正态随机数,这个没有可预测性的结论合理。

7.2 VAR 模型及其性质

多元时间序列模型有很多,而最简单的多元时间序列模型就是 VAR 模型。一个 n 维 p 阶模型 VAR(p) 的一般形式为:

$$Y_t = A + B_1 Y_{t-1} + B_2 Y_{t-2} + \cdots + B_p Y_{t-p} + \varepsilon_t$$
$$t = 0, \pm 1, \pm 2, \cdots, \pm \infty, \mathrm{E}(\varepsilon_t \mid F_{t-1}) = 0 \tag{7.1}$$

这里

$$Y_t = \begin{pmatrix} y_{1,t} \\ y_{2,t} \\ \vdots \\ y_{n,t} \end{pmatrix}, A = \begin{pmatrix} \alpha_1 \\ \alpha_2 \\ \vdots \\ \alpha_n \end{pmatrix}, B_k = \begin{pmatrix} \beta_{k11} & \beta_{k12} & \cdots & \beta_{k1n} \\ \beta_{k21} & \beta_{k22} & \cdots & \beta_{k2n} \\ \vdots & \vdots & \vdots & \vdots \\ \beta_{kn1} & \beta_{kn2} & \cdots & \beta_{knn} \end{pmatrix}$$

$$\varepsilon_t = \begin{pmatrix} \varepsilon_{1,t} \\ \varepsilon_{2,t} \\ \vdots \\ \varepsilon_{n,t} \end{pmatrix} \sim N(0, \Sigma) = N\left(\begin{pmatrix} 0 \\ 0 \\ \vdots \\ 0 \end{pmatrix}, \begin{pmatrix} \sigma_1^2 & \sigma_{12} & \cdots & \sigma_{1n} \\ \sigma_{21} & \sigma_2^2 & \cdots & \sigma_{2n} \\ \vdots & \vdots & \vdots & \vdots \\ \sigma_{n1} & \sigma_{n2} & \cdots & \sigma_n^2 \end{pmatrix} \right)$$

扰动项 ε_t 在这里被设为多维正态分布,但它也可以是 t 分布,或其他合适的分布。F_{t-1} 表示在时间 $t-1$ 时所有的已知信息。

VAR 模型(7.1)与第 3 章的 AR 模型(3.11)看起来没有差别,除了这里的变量为向量,系数为向量或矩阵。

这些系数矩阵决定了多变量之间的相关性。系数 $B_k(k=1,2,\cdots,p)$ 非对角线元素决定了各变量之间的跨期相关(一个变量在这一期的变化对另一个变量另一期的影响)。在外生条件 $\mathrm{E}(\varepsilon_t \mid F_{t-1}) = 0$ 满足时,系数 B_k 进一步衡量了因果性。比如 β_{112} 表示在给定 F_{t-1} 中所有其他条件不变时,$y_{2,t-1}$ 变化一个单位,$y_{1,t}$ 将变化

β_{112} 单位。如果所有的 $B_k(k=1,2,\cdots,p)$ 系数都是对角阵,那么各变量之间就没有跨期相关性。

扰动项 ε 的方差-协方差矩阵 Σ 决定了多变量之间的同期相关性,比如 σ_{12} 表示 $y_{1,t}$ 与 $y_{2,t}$ 之间的相关性。如果方差-协方差矩阵 Σ 是对角阵,那么就没有同期相关性。

如果所有的 $B_k(k=1,2\cdots,p)$ 系数矩阵和方差-协方差矩阵 Σ 都是对角阵,那么各变量之间没有任何关系,这时的 VAR 模型等同于分别考虑各个变量的 AR 模型。

为了更清晰、直观地了解跨期相关性,VAR(p)模型也可以用单个变量方程的形式表示。比如二维 VAR(2)可以表示为:

$$y_{1,t}=\alpha_1+\beta_{111}y_{1,t-1}+\beta_{112}y_{2,t-1}+\beta_{211}y_{1,t-2}+\beta_{212}y_{2,t-2}+\varepsilon_{1,t}$$

$$y_{2,t}=\alpha_2+\beta_{121}y_{1,t-1}+\beta_{122}y_{2,t-1}+\beta_{221}y_{1,t-2}+\beta_{222}y_{2,t-2}+\varepsilon_{2,t}$$

7.2.1 平稳性

同单变量过程一样,我们只考虑弱平稳过程。

1. 多元时间序列平稳性的定义

第 2 章中关于弱平稳的定义,可以平移到这里:

定义 7.1 给定时间序列过程 $\{Y_t, t=0,\pm 1,\pm 2,\cdots,\pm\infty\}$,如果满足下列条件则称弱平稳:

(1) 在任意时间点的均值都有限且相等,即 $E(Y_t)=(\mu_1,\mu_2,\cdots,\mu_n)'$,$\mu_i<\infty$;

(2) 在任意两个时间点之间的交叉协方差都有限,且只依赖于两点间的时间间隔,不依赖于具体位置,即

$$\begin{aligned}\Gamma_k &= \mathrm{Cov}(Y_t, Y_{t+k}) \\ &= \begin{pmatrix} \mathrm{Cov}(y_{1,t}, y_{1,t-k}) & \mathrm{Cov}(y_{1,t}, y_{2,t-k}) & \cdots & \mathrm{Cov}(y_{1,t}, y_{n,t-k}) \\ \mathrm{Cov}(y_{2,t}, y_{1,t-k}) & \mathrm{Cov}(y_{2,t}, y_{2,t-k}) & \cdots & \mathrm{Cov}(y_{2,t}, y_{n,t-k}) \\ \vdots & \vdots & \vdots & \vdots \\ \mathrm{Cov}(y_{n,t}, y_{1,t-k}) & \mathrm{Cov}(y_{n,t}, y_{2,t-k}) & \cdots & \mathrm{Cov}(y_{n,t}, y_{n,t-k}) \end{pmatrix}\end{aligned}$$

$$\gamma_{i,j,k} = \text{Cov}(y_{i,t}, y_{j,t-k}) < \infty, \quad i,j=1,2,\cdots,n, k=1,2,\cdots$$

2. VAR 过程平稳性的判断方法

VAR 过程平稳性的判断方法,也可以平移 AR 过程的结论:VAR 过程对应的特征方程的根在单位圆内。一点小差别在于,现在的特征方程是以矩阵为系数的多项式方程。对 n 维 VAR(p) 过程,其特征方程为:

$$|Iz^p - B_1 z^{p-1} - B_2 z^{p-2} - \cdots - B_{p-1} z - B_p| = 0$$

I 为 n 维单位矩阵,$|E|$ 表示 E 的行列式值。

比如考虑一个二维的 VAR(1):

$$\begin{pmatrix} y_{1,t} \\ y_{2,t} \end{pmatrix} = \begin{pmatrix} \alpha_1 \\ \alpha_2 \end{pmatrix} = \begin{pmatrix} \beta_{11} & \beta_{12} \\ \beta_{21} & \beta_{22} \end{pmatrix} \begin{pmatrix} y_{1,t-1} \\ y_{2,t-1} \end{pmatrix} + \begin{pmatrix} \varepsilon_{1,t} \\ \varepsilon_{2,t} \end{pmatrix} \quad (7.2)$$

特征方程为:

$$\left| \begin{pmatrix} 1 & 0 \\ 0 & 1 \end{pmatrix} z - \begin{pmatrix} \beta_{11} & \beta_{12} \\ \beta_{21} & \beta_{22} \end{pmatrix} \right| = 0$$

即

$$\begin{vmatrix} z - \beta_{11} & -\beta_{12} \\ -\beta_{21} & z - \beta_{22} \end{vmatrix} = 0$$

当 $\beta_{12} = \beta_{21} = 0$ 时,特征方程有两个根 β_{11} 和 β_{22}。该 VAR(1) 平稳的要求是 $|\beta_{11}| < 1$,$|\beta_{22}| < 1$。这里可以用另一种方法来理解这种特殊情况下的平稳性。当 $\beta_{12} = \beta_{21} = 0$ 时,没有跨期相关性,除扰动项可能的相关性外,这个 VAR(1) 过程等同于两个独立的 AR(1) 过程。第 3 章的讨论告诉我们,这两个 AR(1) 过程平稳性的条件是自回归系数 β_{11} 和 β_{22} 的绝对值小于 1。可见,当没有跨期相关性时,用 VAR 模型和用 AR 模型判断过程的平稳性结论一样。

当 $\beta_{12} \neq 0, \beta_{21} \neq 0$ 时,特征方程也有两个根。这时如果两个根的绝对值都小于 1,则系统平稳;否则,系统不平稳。其中一种特殊情况是,如果只有一个根的绝对值小于 1,另一个根的绝对值等于 1,则系统为协整,这种情况将在第 9 章中讨论。

7.2.2 矩条件

如果 VAR(p) 过程(7.1)平稳,那么可以求出它的各种矩条件。

1. 均值

对 VAR(p) 过程(7.1)两边取均值,有:

$$\mu = \mathrm{E}(Y_t) = A + B_1\mu + B_2\mu + \cdots + B_p\mu$$

$$\mu = (I - A - B_1 - \cdots - B_p)^{-1}A$$

2. 交叉协方差

先把 VAR(p) 过程(7.1)写成均值回归形式,再求交叉协方差,有:

$$\Gamma_k = \mathrm{Cov}(Y_t, Y_{t+k}) = B_1\Gamma_{k-1} + B_2\Gamma_{k-2} + \cdots + B_p\Gamma_{k-p}$$

这两个矩条件都是从 AR(p) 的矩条件求解过程平移过来的,只需要把系数改成矩阵,除号改成矩阵求逆符号。

3. 同期方差、协方差

VAR 过程的同期方差、协方差的求解过程比较复杂,无法直接平移 AR 过程的求解过程。因为在标量的情况下,乘法交换律 $xa = ax$ 成立,而在矩阵的情况下,乘法交换律不成立。我们这里不做推导,直接给出 VAR(1) 的一个结论:

$$\mathrm{Var}(Y_t) = \sum_{i=0}^{\infty} B_1^i \sum (B_1^i)'$$

7.2.3 VARMA 模型

我们上面介绍了 VAR 模型,它是 AR 模型的多元化推广。而 AR 模型是 ARMA 模型的一部分,那么一个自然直观的想法是,我们也可以有向量移动平均过程(VMA)和向量自回归移动平均过程(VARMA)。

1. VARMA 模型形式

n 维 q 阶 VMA 过程,记作 VMA(q):

$$Y_t = \mu + \varepsilon_t + \Phi_1\varepsilon_{t-1} + \Phi_2\varepsilon_{t-2} + \cdots + \Phi_q\varepsilon_{t-q}$$

$$t=0,\ \pm1,\ \pm2,\cdots,\pm\infty,\ \mathrm{E}(\varepsilon_t|F_{t-1})=0 \tag{7.3}$$

n 维 (p,q) 阶 VARMA 过程，记作 VARMA(p,q)：

$$Y_t = A + B_1 Y_{t-1} + B_2 Y_{t-2} + \cdots + B_p Y_{t-p} + \varepsilon_t +$$

$$\Phi_1 \varepsilon_{t-1} + \Phi_2 \varepsilon_{t-2} + \cdots + \Phi_q \varepsilon_{t-q}$$

$$t=0,\ \pm1,\ \pm2,\cdots,\pm\infty,\ \mathrm{E}(\varepsilon_t|F_{t-1})=0 \tag{7.4}$$

这里的系数向量或矩阵定义如前。

2. VMA 与 VAR 的相互变换

同前面讨论的单变量 AR 模型形式与 MA 模型形式的相互变换一样，VAR 模型形式和 VMA 模型形式也可以相互变换。VMA 模型形式与 VAR 模型形式相互变换的最大好处之一是，可以充分利用 VMA 过程计算预测误差的便利性和其他性质。

变换方法是，先把模型写成滞后算子的形式，再用泰勒展开运算。比如下面把 VAR(p) 模型转换成 VMA(∞)：

$$Y_t = A + B_1 Y_{t-1} + B_2 Y_{t-2} + \cdots + B_p Y_{t-p} + \varepsilon_t$$

改写成：

$$(I - B_1 L - B_2 L^2 - \cdots - B_p L^p) y_t = A + \varepsilon_t$$

$$y_t = \mu + (I - B_1 L - B_2 L^2 - \cdots - B_p L^p)^{-1} \varepsilon_t$$

矩阵函数的泰勒展开对部分读者有难度，下面介绍待定系数法。

给定 VAR(p) 模型：

$$(I - B_1 L - B_2 L^2 - \cdots - B_p L^p) y_t = A + \varepsilon_t$$

假设其对应的 VMA(∞) 模型为：

$$y_t = \mu + (I + \Phi_1 L + \Phi_2 L^2 + \cdots) \varepsilon_t$$

把 VMA(∞) 模型中的 y_t 代入 VAR(p) 模型中，有：

$$(I - B_1 L - B_2 L^2 - \cdots - B_p L^p)(I + \Phi_1 L + \Phi_2 L^2 + \cdots) = I$$

那么方程左边 $L^k (k=1, 2, \cdots)$ 的系数都必须为 0，从而 Φ_i 就求出来了：

$$k=1: \quad -B_1 + \Phi_1 = 0 \quad\quad\quad \Rightarrow \Phi_1 = B_1$$

$k=2: -B_2+\Phi_2-B_1\Phi_1=0 \qquad \Rightarrow \Phi_2=B_2+B_1\Phi_1$

$k=3: -B_3+\Phi_3-B_1\Phi_2-B_2\Phi_1=0 \qquad \Rightarrow \Phi_3=B_3+B_1\Phi_2+B_2\Phi_1$

$\vdots$

这个待定系数法的变换方法,同样适用于前面的 AR 模型形式和 MA 模型形式之间的转换。特别是高阶的 AR(p)模型或者 MA(q)模型,待定系数法会比较简单、直接。

3. VARMA 模型的不唯一性

前面介绍的 VAR 过程的一些性质,都是直接平移了 AR 的相应性质。下面将要介绍的模型识别方法,也是平移了相应的 AR 模型识别方法。但 VARMA 模型比 ARMA 模型复杂的地方,除标量变成向量(或矩阵)带来的计算问题外,还存在"模型可识别"问题。

考虑下列 VARMA(1,1)模型:

$$\begin{pmatrix} y_{1,t} \\ y_{2,t} \end{pmatrix} = \begin{pmatrix} 0.8 & a-2 \\ 0 & b \end{pmatrix} \begin{pmatrix} y_{1,t-1} \\ y_{2,t-1} \end{pmatrix} + \begin{pmatrix} \varepsilon_{1,t} \\ \varepsilon_{2,t} \end{pmatrix} + \begin{pmatrix} 0.5 & -a \\ 0 & -b \end{pmatrix} \begin{pmatrix} \varepsilon_{1,t-1} \\ \varepsilon_{2,t-1} \end{pmatrix}$$

改写成标量形式可以发现,这个 VARMA 模型中的两个未知参数 a 和 b 取任何值,描述的过程都不会变化。因此,未知参数 a 和 b 是没有办法用观测值估计出来的。这意味着 VARMA 模型必须有一些结构限制,否则,模型不可识别。好消息是 VARMA 模型在金融中很少被应用,大多数情况下都只用 VAR 模型。

7.3　VAR 模型的识别

与 AR 模型的识别类似,这里的 VAR 模型的识别也包括模型参数估计及模型设置两部分,并且模型设置建立在模型估计的基础上,下面我们还是先介绍 VAR 模型估计,再介绍其模型设置方法。

7.3.1 VAR 模型估计

1. 单个方程估计法

直观来看,对 VAR 模型有两种估计思路。第一种是单个方程估计法,分开估计 VAR 模型中的每个方程,单个方程的估计可以用 OLS 或者 MLE 方法。但这种单个方程估计法只有在不存在同期相关性(误差的协方差矩阵为对角阵)的情况下,才严格成立。存在同期相关性时,各单个方程估计的优化(参数估计过程本质上是一个对损失函数的最小化过程)不一定是整个系统的最优,因此单个方程参数估计精度下降,不是最优。

另外,单个方程估计法无法直接估计出模型误差的协方差矩阵。而没有误差的协方差矩阵对预测没有直接影响,但对多变量的动态关系有重要影响。一种解决方法是,先用单个方程估计法估计各方程,得出各变量的拟合误差,再用这些拟合误差计算其样本协方差,作为模型误差的协方差矩阵的估计。

2. 联合估计法

第二种是联合估计法。这时没有办法直接使用 OLS,因为 OLS 是最小化拟合误差,而在 VAR 模型中有多个变量,如何加总各个方程的误差是一个问题。解决方法是通过赋予各个方程不同的权重来加总误差,即加权 OLS 是一种可行的方法。

MLE 方法可以直接用来估计 VAR 模型,但要求设定有扰动项的分布函数,一般是假设正态分布或 t 分布。VAR 的 MLE 估计方法可以平移 AR 的 MLE 估计方法,只需要把单变量的分布函数改成多元分布函数,比如正态分布:

$$f(Y|\mu, \Sigma) = \frac{1}{\sqrt{2\pi|\Sigma|}} \exp\left(-\frac{1}{2}(Y-\mu)'\Sigma^{-1}(Y-\mu)\right)$$

3. R 软件中的实现

R 软件"vars"程序包中的"VAR"命令可以估计 VAR 模型。下面把交通银行 A 股和 H 股 2007 年 6 月到 2011 年 12 月的日度回报数据(变量名:actc, hctc)拟合到二维 VAR(2)中。这里具体的命令是"VAR(et1, p=2, type='const')",其中"type

= ' const ' "是规定 VAR 模型中有截距项 A。

R 软件代码及主要输出结果

```
> library(vars)
> setwd('D:/ywang/data')
> ahdata=read.table("./ahdata.txt",header=T)

#只保留模型中的变量数据
> et1=ahdata[,c("actc","hctc")]
>
> outv=VAR(et1,p=2,type='const')
> summary(outv)

Endogenous variables: actc, hctc
Deterministic variables: const
Sample size:1083 Log Likelihood: 4873.895
Roots of the characteristic polynomial:
0.217  0.09447  0.07221  0.07221


actc=actc.l1 + hctc.l1 + actc.l2 + hctc.l2 + const
        Estimate   Std. Error  t value  Pr(>|t|)
actc.l1  -0.0738051  0.0355344  -2.077   0.0380 *
hctc.l1   0.0710275  0.0291925   2.433   0.0151 *
actc.l2  -0.0375591  0.0354618  -1.059   0.2898
hctc.l2   0.0290091  0.0292652   0.991   0.3218
const.   -0.0007925  0.0007617  -1.040   0.2984


hctc=actc.l1+hctc.l1+actc.l2+hctc.l2+const
        Estimate   Std. Error  t value  Pr(>|t|)
actc.l1   3.696e-03  4.321e-02   0.086   0.9319
hctc.l1  -1.651e-02  3.550e-02  -0.465   0.6419
actc.l2  -7.109e-02  4.312e-02  -1.649   0.0995
hctc.l2   5.775e-02  3.559e-02   1.623   0.1049
const    -6.678e-06  9.262e-04  -0.007   0.9942


Covariance matrix of residuals:
       actc       hctc
actc   0.0006267  0.0003927
hctc   0.0003927  0.0009268
```

这是一个二维 VAR(2)，按前面的定义，其特征方程为四阶多项式方程。上述 R 软件程序报告了特征方程的四个解：0.217、0.09447、0.07221、0.07221，它们都在单位圆内，故系统平稳。

上述模型参数估计结果是以单个方程的形式报告的，可以看出 actc 方程一阶滞后变量系数显著，而 hctc 方程中，所有参数都不显著。上述命令同时还报告了模型误差的方差-协方差矩阵的估计，可以看出，它不是对角阵，存在同期相关性。

R 软件的"VAR"命令估计 VAR 模型时还可以加外生变量，正如"arima"命令中可以加外生回归变量一样。比如在上述交通银行股票回报模型中，加入 A 股和 H 股的市场回报(amktctc, hmktctc)，主要结果如下：

R 软件代码及主要输出结果

```
> ahdata=read.table("./ahdata.txt", header=T)
> et1=ahdata[, c("actc","hctc")]
> et2=ahdata[, c("amktctc","hmktctc")]
> outv2=VAR(et1, p=2, type='const', exogen=et2)
> summary(outv2)

actc = actc.l1 + hctc.l1 + actc.l2 + hctc.l2 + const
       + amktctc + hmktctc

         Estimate   Std. Error  t value  Pr(>|t|)
actc.l1  -0.0684205  0.0208826  -3.276   0.00108 * *
hctc.l1   0.0453882  0.0171470   2.647   0.00824 * *
actc.l2  -0.0526739  0.0208546  -2.526   0.01169 *
hctc.l2   0.0440250  0.0172264   2.556   0.01074 *
const    -0.0005024  0.0004472  -1.123   0.26148
amktctc   0.8959200  0.0255203  35.106   < 2e-16 * * *
hmktctc   0.1549028  0.0240595   6.438   1.82e-10 * * *
...
```

上述估计结果显示，外生变量 amktctc 和 hmktctc 的系数都很显著。与前面不加市场指数回报的结果相比，这里的滞后项系数变得更显著了。这一结果也说明了模型设置中增加控制变量的重要性。

7.3.2 VAR 模型设置

给定模型的估计,我们可以讨论如何决定 VAR 的阶数了。

1. 参数显著性方法

第一种选择 VAR 模型滞后阶数的方法是分步 χ^2 检验,它对应 AR 模型选择中的偏自相关性检验。依次估计下列模型:

$$Y_t = A + B_1 Y_{t-1} + \varepsilon_t$$
$$Y_t = A + B_1 Y_{t-1} + B_2 Y_{t-2} + \varepsilon_t$$
$$\vdots$$
$$Y_t = A + B_1 Y_{t-1} + B_2 Y_{t-2} + \cdots + B_p Y_{t-p} + \varepsilon_t$$

这里第 p 阶滞后项的系数为矩阵,对它是否显著的判断不能用 t 检验。这里是多参数的联合检验,我们用 χ^2 检验:估计 VAR($p-1$) 和 VAR(p),计算拟合误差的样本方差-协方差矩阵 $\Sigma(p-1)$ 和 $\Sigma(p)$(如果使用 MLE 方法估计模型,估计过程直接给出这个方差-协方差矩阵),构造统计量:

$$M(p) = -(T - n - p - 1.5) \ln \frac{|\Sigma(p)|}{|\Sigma(p-1)|}$$

可以证明,这个统计量的渐近分布为 χ^2 分布,自由度为 p^2。

2. AIC/BIC 方法

第二种选择 VAR 模型滞后阶数的方法是用 AIC、BIC 或其他的信息准则。这些信息准则的定义,同前述 AR 模型部分,这里不再重复。R 软件中的"VARselect"命令能自动做这些信息准则的计算。下面对上述交通银行 A 股和 H 股日度回报(actc,hctc)进行模型选择。

R 软件代码及主要输出结果

```
> VARselect(et1, lag.max = 10, type ="const")
$ selection $
AIC(n)  HQ(n)  SC(n)  FPE(n)
1       1      1      1

$ criteria $
        1                  2                  3                  4
```

AIC(n)	-1.465407e+01	-1.464986e+01	-1.465188e+01	-1.464727e+01
HQ(n)	-1.464355e+01	-1.463231e+01	-1.462732e+01	-1.461569e+01
SC(n)	-1.462628e+01	-1.460353e+01	-1.458702e+01	-1.456388e+01
FPE(n)	4.323309e-07	4.341582e-07	4.332811e-07	4.352825e-07

上述程序给出 VAR(1) 到 VAR(10) 的四种信息准则(AIC、HQ、SC、FPE,为节约篇幅这里只报告前四个模型的),所有信息准则都选择 VAR(1)。

3. 模型检查

构建以预测为目的的模型后,进一步检查模型是否合适。首先看拟合误差是否还有可预测性。在 ARMA 模型中,对模型拟合误差的可预测性检验是 Ljung-Box 检验。这里 VAR 模型的拟合误差的可预测性检验是前面提过的多元 Q 检验(Li and McLeod, 1981)。

而在对 n 维 VAR(p) 模型的拟合误差进行多元 Q 检验时, χ^2 分布的自由度为 $(h-p)n^2$,而不是前面的 hn^2。其中, h 为计算交叉协方差函数的滞后阶数。因此,在用 $k\approx\log(T)$ (T 为数据长度)确定滞后阶数时,应考虑到它同时应该至少高于 VAR(p) 本身的滞后阶数 p。

R 软件中的命令"serial.test"可以直接用 VAR 的估计结果进行误差检验。下面把交通银行 A 股和 H 股日度回报数据(actc,hctc)拟合到选择的 VAR(1)模型中后,进行误差检验。

R 软件代码及主要输出结果

```
> outv=VAR(et1, p=1, type='const')
> k=trunc (log (dim(et1)[1]))
> k
[1]  6
> serial.test (outv, lags.pt=k)

Portmanteau Test (asymptotic)

data:  Residuals of VAR object outv
Chi-squared = 30.068, df = 20, p-value = 0.06876
```

程序报告 χ^2 统计量为 30.068，p 值为 0.06876，在 10% 的水平下显著。因此，尽管由信息准则选择了 VAR(1)，但拟合误差还有一定的可预测性，可以用样本外预测误差进行进一步的分析。

4. VAR 模型复杂度问题

由于结构简单、实现容易、精度高等优点，VAR 模型被广泛应用。但它有一个比较严重的缺点就是，模型参数太多。一个 n 维 p 阶 VAR 模型，参数包括 n 个截距项参数、pn^2 个自回归系数矩阵参数、$n(n+1)/2$ 个扰动项方差-协方差矩阵的参数，总数为 $n+pn^2+n(n+1)/2$。这样一来，如果是研究宏观经济月度数据的 10 维 12 阶模型，则将有 1 265 个未知参数需要估计。在机器学习领域，这可能不是一个问题，但在计量经济学领域，模型如果参数太多，就缺乏稳健性。在不够稳健的模型上进行因果分析，结果也不太可靠。

基于上述原因，在建立 VAR 模型前，我们一般先对数据进行预处理，比如做单变量的季节调整，去掉所有非必要的部分，这样 VAR 模型就可以简单很多。比如月度数据，如果不做季节调整，滞后阶数至少需要 12 阶以解释上年同期的相关性；季节调整后就可以大幅降低滞后阶数。

另外，VAR 模型的维数也不应太高。从未知参数构成看，维数 n 比阶数 p 的影响更大。因此，VAR 模型设置的一个重点，也是难点，就是变量的选择。这一点，与横截面多变量回归模型类似，这里不再赘述。

7.4 预测及模型比较

VAR 模型中的预测，可以完全平移 AR 模型中的结论，比如提前两步的预测问题。给定时间 T 的已知信息 $F_T=(Y_T, Y_{T-1}, \cdots)$，预测对象在时间 $T+2$ 时的真实值应该为：

$$Y_{T+2} = A + B_1 Y_{T+1} + B_2 Y_T + \cdots + B_p Y_{T-p+2} + \varepsilon_{T+2}$$

这时的预测值为：

$$\hat{Y}_{T+2} = \mathrm{E}(Y_{T+2} | F_T) = \hat{A} + \hat{B}_1 \mathrm{E}(Y_{T+1} | F_T) + \hat{B}_2 Y_T + \cdots + \hat{B}_p Y_{T-p+2}$$

其中, $\mathrm{E}(Y_{T+1} | F_T)$ 为提前一步预测 $\hat{Y}_{T+1}$。因此,提前多步预测,需要滚动进行。

R 软件中,在用"VAR"命令估计出模型后,直接用"predict"命令计算预测值。

R 软件代码及主要输出结果

```
> outv=VAR(et1, p=1, type='const')
> predict (outv, n.ahead =3, ci=0.95)
actc
fcst          lower         upper         CI
[1,] -0.0013203031  -0.05035274   0.04771213   0.04903244
[2,] -0.0006493904  -0.04982559   0.04852681   0.04917620
[3,] -0.0007063757  -0.04988369   0.04847093   0.04917731

hctc
fcst          lower         upper         CI
[1,] 1.794157e-04   -0.05950450   0.05986334   0.05968392
[2,] 3.273161e-05   -0.05966059   0.05972606   0.05969333
[3,] 4.351817e-05   -0.05964984   0.05973688   0.05969336
```

有了预测值,我们同样可以用滚动窗口的方式得到样本外预测误差,分析这些误差是否有系统性偏差、是否有可预测性,或者用 Granger-Newbold 检验进行模型比较。

7.5 应用范例:预测中国 GDP

上一章用 ARMA 模型预测了中国季度 GDP,这里再用 VAR 模型进行预测。我们选择季度国内生产总值(gdp)、货币供应量(m2)和总投资(invest)构成三维 VAR 模型,并与一维的 ARMA 模型进行比较,比较滚动窗口的样本外预测精度。为了避免新冠疫情期间数据的奇异性影响,我们将数据时间截至 2019 年第四季度。

1. 数据预处理及模型选择

首先目测数据,看看是否要做对数变换、是否要做季节调整。

R 软件代码及主要输出结果

```
> setwd ('D: /ywang/data')
> mydata = read_excel('. /GDP.xlsx',sheet='Sheet2')
```

```
> attach (mydata)
> gdp=ts (gdp, start=c (1995,4), frequency=4)
> m2=ts (m2, start=c (1995,4), frequency=4)
> invest=ts (invest, start=c (1995,4), frequency=4)
> ts.plot (gdp,m2,invest, gpars=list (col=c ("red","black",
"blue")))
```

为节约篇幅,此处不展现数据样本图。目测结果是三个变量都需要做季节调整,并需要进行对数化处理。

R 软件代码及主要输出结果

```
> #X11
> adj = seas (gdp, x11="")
> summary(adj)
> plot (adj)
> adj_gdp= seasonal::series(adj, c ('d11'))
> log_adj_gdp=log (adj_gdp)
>
> adj = seas (m2, x11="")
> summary(adj)
> plot (adj)
> log_adj_m2=log (seasonal:: series(adj, c ('d11')))
>
> adj=seas(invest, x11="")
> summary(adj)
> plot (adj)
> log_adj_invest=log (seasonal:: series(adj, c ('d11')))
```

下面进行单位根检验,如果发现是单位根,则进行差分处理,并进一步检验差分后的过程是否平稳。

R 软件代码及主要输出结果

```
> #单位根检验
> k= trunc ((length (log_adj_gdp)-1)^(1/3))
> df2=ur.df (log_adj_gdp, type=c ("trend"),lags=k, selectlags=c ("AIC"))
> summary(df2)
```

```
> df2=ur. df (log_adj_m2, type=c("trend"),lags=k, selectlags=c ("
AIC"))
> summary(df2)
>
> df2=ur. df (log_adj_invest, type=c ("trend"),lags=k, selectlags=c
("AIC"))
> summary(df2)

> #对数差分,单位根检验
> dlog_adj_gdp=diff (log_adj_gdp)
> k= trunc ((length (dlog_adj_gdp)-1)^(1/ 3))
> df2=ur. df (dlog_adj_gdp, type=c ("trend"),lags=k, selectlags=c ("
AIC"))
> summary(df2)

> dlog_adj_m2=diff (log_adj_m2)
> df2=ur. df (dlog_adj_m2, type=c ("trend"),lags=k, selectlags=c ("
AIC"))
> summary(df2)
>
> dlog_adj_invest=diff (log_adj_invest)
> df2=ur. df (dlog_adj_invest, type=c ("trend "),lags=k, selectlags=
c ("AIC"))
> summary(df2)
```

为节约篇幅,这里没有展现单位根检验 R 软件的输出结果。结论是三个变量都是单位根,需要做差分。发现差分后的对数 gdp、对数 m2、对数 invest 都是平稳的。

下面用信息准则设定 VAR 模型。

R 软件代码及主要输出结果

```
> et1=cbind (dlog_adj_gdp, dlog_adj_m2, dlog_adj_invest)
> VARselect (et1, lag.max = 10, type ="const")
$ selection
AIC(n)    HQ(n)    SC(n)    FPE(n)
  4         1        1         4

$ criteria
            1           2           3           4
```

AIC(n)	-2.529625e+01	-2.523030e+01	-2.524421e+01	-2.548069e+01
HQ(n)	-2.515843e+01	-2.498910e+01	-2.489965e+01	-2.503275e+01
SC(n)	-2.495379e+01	-2.463098e+01	-2.438805e+01	-2.436767e+01
FPE(n)	1.032914e-11	1.104308e-11	1.091325e-11	8.648088e-12

上述输出结果中,按照 AIC,最佳模型选择是 VAR(4),而按照 SC,应该选择 VAR(1)。下面折中一些,试试 VAR(2)。

2. 滚动窗口样本外预测

由于数据量比较少,只有 97 个观测值,因此我们只做 8 个滚动窗口的样本外预测,比较 VAR(2)模型和 ARMA 模型的预测精度。滚动窗口的样本外预测完全再现了实际预测时的数据条件,每次都是从原始数据出发,进行季节调整和对数差分等数据预处理,然后估计一个 VAR(2)模型并预测。ARMA 模型的预测,则直接用 "seas" 命令给出。程序如下:

R 软件代码及主要输出结果

```
> #定义向量用来存储提前一步和提前两步预测结果
> k=8
> forecast1_arma=rep(0,k)
> forecast1_var=rep(0,k)
> forecast2_arma=rep(0,k)
> forecast2_var=rep(0,k)
> T=length(gdp)
> s=T-k
> s1=T-k+1
> s2=T-k+2
>
> #开始循环,做滚动窗口的季节调整等数据处理及模型估计
>   for(i in 1:k) {
+    start=i
+    end=T-k-1+i
+    t_gdp=ts(gdp[ start: end ], start=c(1995,4), frequency=4)
+    t_m2=ts(m2[ start: end ], start=c(1995,4), frequency=4)
+    t_invest=ts(invest[ start: end ], start=c(1995,4), frequency=4)
+    #这里的开始时间没有做调整,不影响结果
+
```

```
+   adj=seas(t_m2, x11="")
+   summary(adj)
+   log_adj_m2=log (seasonal:: series(adj, c ('d11')))
+
+   adj = seas(t_invest, x11="")
+   summary(adj)
+   log_adj_invest=log (seasonal:: series(adj, c ('d11')))
+
+ #季节调整,并保留一元模型的预测结果
+   adj = seas(t_gdp, x11="",forecast.maxlead = 2)
+   summary(adj)
+   out=seasonal::series(adj, c ('forecast.forecasts', 'd11'))
+   log_adj_gdp=log (out [1: s,1])
+   forecast1_arma[i]= out[s1,2]
+   forecast2_arma[i]= out[s2,2]
+
+ #预测季节调整因子
+   gdp1=data. frame (gdp=gdp [start:end])
+   gdp2=data. frame (gdp=c (forecast1_arma[i],forecast2_arma[i]))
+   t_gdp=rbind (gdp1, gdp2)
+   t_gdp=ts (t_gdp, start=c (1995,4), frequency = 4)
+   adj=seas(t_gdp, x11="")
+   adj_factor= seasonal::series(adj, c ('d10'))[ s1 : s2 ]
+
+ #构造多元模型并预测
+   dlog_adj_gdp=diff (log_adj_gdp)
+   dlog_adj_m2=diff (log_adj_m2)
+   dlog_adj_invest=diff (log_adj_invest)
+   et1=cbind (dlog_adj_gdp, dlog_adj_m2,dlog_adj_invest)
+   out2=VAR(et1, p=2, type='const')
+   outf=predict (out2, n.ahead=2)
+   forecast1=outf$fcst$dlog_adj_gdp[1]
+   forecast2=outf$fcst$dlog_adj_gdp[2]
+
+ #预测的是差分,差分数据加上基数变成非差分数据
+   temp=log_adj_gdp[s]+forecast1
+
+ #数据被对数化和季节调整过,预测值需要反向还原
+   forecast1_var [i]=exp(temp)* adj_factor [1]
```

```
+       temp=log_adj_gdp[s]+forecast1+forecast2
+       forecast2_var[i]=exp(temp)* adj_factor[2]
+ }
> 
> #与真实值比较,提前一步
> tdx =2019.75.(c((k-1):0) / 4)
> end=length (gdp)
> start=end-k+1
> plot (tdx, gdp[ start : end ],type='l',ylim=c (200000,285000))
> points (tdx, forecast1_arma, pch='*')
> points (tdx, forecast1_var, pch='o', cex=0.7)
> 
> #与真实值比较,提前两步
> plot (tdx, gdp[ start : end ],type='l',ylim=c (200000,285000))
> points (tdx[2:k], forecast2_arma[1:(k-1)], pch='*')
> points (tdx[2:k], forecast2_var [1:(k-1)], pch='o', cex =0.7)
```

将两个模型的预测值及真实值表示在图 7.1 中。真实值以线表示,ARMA 模型的预测值以"*"表示,VAR 模型的预测值以"o"表示。图 7.1(a) 表示的是提前一步预测。从图中结果看,两个模型的预测值几乎相等,看不出差别。图 7.1(b) 表示的是提前两步预测,在大多数情况下,VAR 模型的预测结果要好于 ARMA 模型的预测结果。但这些差别在统计上是否显著,需要进一步检验。

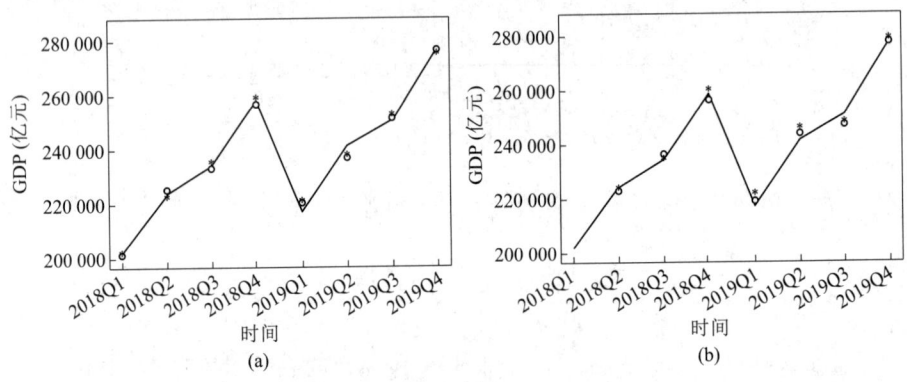

图 7.1　2018—2019 年中国季度 GDP 样本外预测

下面比较两个预测误差序列的绝对值，并用 Diebold-Mariano 方法进行检验。

R 软件代码及主要输出结果

```
> err_arma=forecast2_arma[1:(k.1)]-gdp[(start +1):end]
> err_var=forecast2_var[1:(k-1)]-gdp[(start +1):end]
> mean(abs(err_arma))
[1] 2621.341
> mean(abs(err_var))
[1]  2095.649
>
> test1=dm.test(err_var, err_arma, alternative ="less", h = 1)
> test1

Diebold-Mariano Test
data:  err_varerr_arma
DM = -1.3505, Forecast horizon = 1, Loss function power =
2, p-value = 0.1128
alternative hypothesis: less
```

从上述结果可以看出，ARMA 模型的平均绝对预测误差为 2 621.341，VAR 模型的平均绝对预测误差为 2 095.649，表明 VAR 模型好于 ARMA 模型。DM 值等于 -1.3505，p 值为 0.1128，接近在 10% 的水平下显著。但给定中国 2019 年 GDP 四个季度的均值在 250 000 亿元左右，VAR 模型平均绝对预测误差为 0.8%（$\approx 2\,098.649/250\,000$），说明模型还需要进一步改善，主要是需要找到更好的预测变量。

练习题

1. 判断下列 VAR(2) 过程的平稳性。

$$\begin{pmatrix} y_{1,t} \\ y_{2,t} \end{pmatrix} = \begin{pmatrix} 0.4 & 0.1 \\ 0.2 & 0.2 \end{pmatrix} \begin{pmatrix} y_{1,t-1} \\ y_{2,t-1} \end{pmatrix} + \begin{pmatrix} 0.2 & 0 \\ 0 & 0.1 \end{pmatrix} \begin{pmatrix} y_{1,t-2} \\ y_{2,t-2} \end{pmatrix} + \begin{pmatrix} \varepsilon_{1,t} \\ \varepsilon_{2,t} \end{pmatrix}$$

2. 把练习题 1 中的 VAR(2) 模型转化成 VMA 形式，保留四阶滞后。

3. 下载 2000—2022 年上证综合指数与恒生指数日度数据（上证综合指数数据在第 1 章练习题 2 中已经下载过），构建一个 VAR 模型来拟合它们的日度对数回报。请说明你是如何处理某一天只有一个市场有交易的情况的。

4. 对练习题 3 中选定的 VAR 模型，改用 OLS 方法对单个方程分别进行估计，并与练习题 2 中的模型参数估计结果进行比较。有什么差别？哪一个更合理？

5. 用 VAR 模型和中国 1990—2022 年第二产业增加值季度数据，做 10 个滚动窗口的提前一步和提前两步的样本外预测，并把结果与第 6 章练习题 3 中的结果进行比较。你需要自己去寻找合适的变量，尽可能提高预测精度。

第 8 章

时间序列之间的动态关系

几个变量之间的相互关系,是计量经济学的核心问题。比如职业培训是否可以帮助学员找到工作,提升收入? 能在多大程度上提升收入? 横截面回归分析中,我们会对收入变化量与是否参加培训的虚拟变量及其他控制变量进行回归分析。类似问题广泛存在于时间序列变量之间。比如一个国家为了应对经济下行问题,增加货币供应量,那么货币供应量的增加是否会带来就业率和GDP的上升? 会带来多大程度的上升? 这是货币政策效果的评估问题。

这个货币政策评估问题无法用横截面回归分析,即用就业率对货币供应量进行回归。解决问题的关键在于数据如何对齐。时间 t 期的就业率对时间 t 期的货币供应量进行回归,显然不行。因为货币政策产生效果需要一定的时间,有一定的时间滞后性,并且效果很有可能不仅仅只发生在将来的某一期,而是一段时间。因此,我们需要新的分析工具来刻画几个时间序列变量之间的动态关系。

这一章介绍三种常用的分析工具——格兰杰因果关系、脉冲反应函数和方差分解。这三种方法是用来分析时间序列过程的一般方法,适用于几乎所有的多元时间序列过程,无论是线性还是非线性。它们在VAR模型中非常简单,故被广泛使用。本章最后还会简要介绍结构性VAR模型,这是另一种研究时间序列变量动态关系的方法。

8.1 格兰杰因果关系

8.1.1 相关性、因果性及格兰杰因果

1. 相关性与因果性

这个世界上许多事件之间都存在某种关联,这些关联经常被划分为相关关系

和因果关系。相关关系指事件 A 的发生经常伴随着事件 B 的发生，而因果关系指事件 A 的发生经常导致事件 B 的发生。一般来说，A 和 B 之间有因果关系时，几乎一定存在相关关系，反之则不一定。比如一个研究团队发现，美国一个城市的警察数量越多，该城市的犯罪率越高，它们之间存在正相关关系。但一个城市的警察数量增多显然不是该城市的犯罪率提高的原因，应该是反过来，即反向因果关系。又如一项调查发现，一个家里的打火机数量越多，家庭成员得癌症的概率越高，两者之间存在正相关关系。家里的打火机显然也不是得癌症的诱因。两者之间的相关性是由家庭成员抽烟这一第三方因素建立的，打火机和癌症本身没有任何因果性。

因果关系是经济学的核心，那么如何判断谁因谁果？一般来说，有理论推导和受控实验两种方法。这两种方法经常被应用于自然科学和技术领域，比如探究药物疗效的小白鼠实验就是受控实验方法的例子。在社会经济问题中，一般情况下，我们无法做受控实验，只能用实际发生的数据，这时的因果判断就比较难。

2. 因果关系与先后关系

在很多情况下，因在前，果在后，所以看谁先谁后，以此作为因果关系的近似。但要特别注意，有些情况下，有可能结果在原因前面被观察到。比如一家公司高管知道了公司业绩非常糟糕的内部信息，决定辞职。他辞职后，公司公布了业绩。这时，市场先观察到高管辞职的结果，后观察到高管辞职的原因（业绩差）。如果按照简单的先后出现顺序判断因果的话，就会得出"高管辞职导致公司业绩下降"的错误因果判断。

即使忽略这种先后关系与因果关系的差别，如何判断"谁在先谁在后"也不是那么简单的。如果各因素都只变动一次，那么情况非常简单，可以直接比较先后，这类似于横截面回归问题。但如果各因素都在不断的变动中，那么该如何判断谁先谁后？比如小麦期货市场价格与相应的现货市场价格，谁是因，谁是果？谁先动，谁后动？问题就不是那么直接明了了。

3. 格兰杰因果

一种判断动态中"谁先谁后"的方法是用预测能力。有 x 和 y 两个时间序列过程,如果 x 能够帮助预测 y,我们就说 x 先动。因为是先观察到 x 的某种变动,然后预测到 y 的变动。但这里的要求是 x 能够帮助预测 y,而不是 x 能够预测 y。这里的帮助预测,是指在控制 y 的历史信息的情况下,x 的历史信息还能够帮助预测 y。对这种基于帮助预测而判断先后的关系,人们称之为"格兰杰因果关系"。

定义 8.1 格兰杰因果关系:给定时间序列过程 (x_t, y_t),如果在控制了 y 本身的历史后,x 对 y 有额外的预测能力,则称 x 是 y 的格兰杰原因,x 和 y 之间存在格兰杰因果关系。

显然,格兰杰因果关系并不是真正的因果关系,而是一个领先滞后的预测关系,在某些情况下,可以用作真正因果关系的一种近似。

4. VAR 模型中的格兰杰因果

在 VAR 模型中,领先滞后关系完全由滞后项系数矩阵决定。比如下列模型:

$$\begin{pmatrix} x_t \\ y_t \end{pmatrix} = \begin{pmatrix} 0.4 & 0.2 \\ 0 & 0.5 \end{pmatrix} \begin{pmatrix} x_{t-1} \\ y_{t-1} \end{pmatrix} + \begin{pmatrix} 0.1 & 0.1 \\ 0 & 0.2 \end{pmatrix} \begin{pmatrix} x_{t-2} \\ y_{t-2} \end{pmatrix} + \begin{pmatrix} \varepsilon_{1,t} \\ \varepsilon_{2,t} \end{pmatrix}$$

显然,x_{t-1} 和 x_{t-2} 对 y_t 都没有影响,也就是说,在给定 y 的历史信息时,x 不能帮助预测 y,因此,x 不是 y 的格兰杰原因。用同样的思路观察该模型可以发现,y 能够帮助预测 x,y 是 x 的格兰杰原因。

如果上述 VAR 过程中一阶滞后项系数矩阵左下角的元素不是 0,而是 0.1,那么 x 也能够帮助预测 y,x 也是 y 的格兰杰原因。也就是说,很有可能会出现 x 能够帮助预测 y,同时 y 也能够帮助预测 x 的情况,即存在双向的格兰杰因果关系,正如会有真正的双向因果关系一样。

8.1.2 格兰杰因果关系检验

上述例子说明,检验 x 是不是 y 的格兰杰原因,在 VAR 模型的框架下非常简单。可以先建立一个 VAR 模型,然后检验方程右边 x 的那些滞后项的系数是否同时为零。

1. 用来检验的 VAR 模型的设置

n 维 p 阶 $\text{VAR}(p)$ 的一般形式[模型(7.1)]通常的设定是,方程右边 x 的滞后阶数与 y 的滞后阶数相同。但事实上,在 VAR 模型设置中,有些不显著的变量可以不出现,这样就可以提高模型参数估计精度和模型预测精度。这一思路同样适用于格兰杰因果关系检验的模型设置。为此,给定观察值数量为 T 的数据样本,格兰杰因果关系检验的模型设置及检验分以下三步:

第一步,对 y 设置合适的单变量 AR 模型,这里可以用 t 统计量或者 AIC、BIC 进行模型选择。记该模型中的参数数量为 m。模型选定后,估计该模型并计算拟合误差平方和——SSE_1。

第二步,在上面选定的关于 y 的 AR 模型中加入 x 的滞后项,从低阶开始逐个增加,用 t 统计量或者 AIC、BIC 选择合适的 x 的滞后项。在此过程中,保持 y 的滞后项不变。记新增加的 x 的滞后项的个数为 k。选定新模型后,估计该模型并计算拟合误差平方和——SSE_2。

第三步,构造统计量:

$$F = \frac{(\text{SSE}_1 - \text{SSE}_2)/k}{\text{SSE}_2/(T-m-k)}$$

显然 F 服从自由度为 $(k, T-m-k)$ 的 F 分布。该检验方法就是多元回归模型中通常使用的 F 检验。

2. 常用的近似设置

在实际工作中,人们偏好用近似从而简单一些的模型选择方法,即直接用 AIC、BIC 选择合适的 $\text{VAR}(p)$ 模型,然后用 F 检验。

这种近似方法在 R 软件中非常容易实现。下面检验交通银行 A 股和 H 股 2007—2011 年日度收盘价回报的格兰杰因果关系。

R 软件代码及主要输出结果

```
> library(vars)
> setwd('D:/ywang/data')
> ahdata=read.table("./ahdata.txt",header=T)
> et1=ahdata[,c("actc","hctc")]
```

```
> 
> #选定模型
> VARselect(et1, lag.max = 10, type ="const")
$selection
AIC(n)    HQ(n)    SC(n)    FPE(n)
  1         1        1        1

$criteria
              1              2              3              4
AIC(n)  -1.465407e+01  -1.464986e+01  -1.465188e+01  -1.464727e+01
HQ(n)   -1.464355e+01  -1.463231e+01  -1.462732e+01  -1.461569e+01
SC(n)   -1.462628e+01  -1.460353e+01  -1.458702e+01  -1.456388e+01
FPE(n)   4.323309e-07   4.3415821e-07  4.33281e-07    4.352825e-07
> 
> outv=VAR(et1, p=1, type='const')
> 
> #格兰杰因果检验
> causality(outv, cause="actc")

Granger causality H0: actc do not Granger-cause hctc
F-Test = 0.072185, df1 = 1, df2 = 2162, p-value = 0.7882
> 
> causality(outv, cause="hctc")

Granger causality H0: hctc do not Granger-cause actc
F-Test = 5.61, df1 = 1, df2 = 2162, p-value = 0.01795
```

上述程序先识别一个 VAR 模型,然后进行格兰杰因果关系检验。第一个检验命令"causality(outv, cause="actc")"是看 A 股回报是不是 H 股回报的格兰杰原因。结果叫见 F 分布等于 0.072185,p 值等于 0.7882,A 股回报不是 H 股回报的格兰杰原因。第二个检验命令发现 H 股回报是 A 股回报的格兰杰原因,p 值等于 0.01795。

3. A 股和 H 股回报的格兰杰因果

上述检验发现,交通银行 H 股回报能够帮助预测 A 股回报,而 A 股回报不能帮助预测 H 股回报。这个结果是否合理?毕竟交通银行的业务运营绝大多数在中国境内,A 股的投资者也主要是中国内地投资者,合格境外机构投资者(QFII)及人民币合格境外机构投资者(RQFII)可在一定额度内投资 A 股市场,而 H 股的投资者主要是香港本地投资者和海外投资者，随着港股通的开通，越来越多的内地投资者能够方便地投资 H 股，分享香港市场的投资机会。一方面，从信息的角度看，A 股投资者应该有优势，会更早获得更新的信息，所以直观上看，应该是 A 股回报变动先于 H 股回报变动。另一方面，在数据时间的 2007—2011 年，A 股投资者以散户为主，H 股投资者以机构投资者为主，机构投资者比散户更有收集信息的能力，所以从这个角度看，H 股回报变动也有可能先于 A 股回报变动。

在实证检验上，影响 A 股和 H 股回报的格兰杰因果关系的，还有一个重要因素：H 股市场每天下午四点收市，而 A 股市场每天下午三点收市。假如某一天下午三点半交通银行发布一条重要信息，H 股当天的收盘价就会有反应，而 A 股要等到第二天才有反应。因此，这种交易机制设置也导致通常计算的日度回报（昨日收盘价到今日收盘价）中 H 股的变动领先于 A 股。而 A 股和 H 股市场的开盘时间基本一致，因此我们可以考察用开盘价计算的回报，即昨日开盘价到今日开盘价之间的回报。这种日度回报并不那么常见，但作为连续时间过程的日度回报，以开盘价计算，在理论上没有任何问题。下面看看交通银行 2007—2011 年上一个交易日开盘价到下一个交易日开盘价的日度回报的格兰杰因果关系。

R 软件代码及主要输出结果

```
> et1=ahdata[, c ("aoto","hoto")]
> VARselect(et1, lag.max = 12, type ="const")
 $ selection
AIC(n)   HQ(n)   SC(n)   FPE(n)
 11       1       1       11
 $ criteria
              1               2               3               4
AIC(n)   -1.439818e+01   -1.439718e+01   -1.439615e+01   -1.440534e+01
HQ(n)    -1.438764e+01   -1.437960e+01   -1.437155e+01   -1.437371e+01
SC(n)    -1.437035e+01   -1.435078e+01   -1.433120e+01   -1.432183e+01
FPE(n)    5.584031e-07    5.589671e-07    5.595385e-07    5.544231e-07

> outv=VAR(et1, p=11, type='const')
> causality (outv, cause="aoto")
Granger causality H0: aoto do not Granger-cause hoto
```

```
F-Test = 2.1862, df1 = 11, df2 = 2102, p-value = 0.01289
>
> causality (outv, cause="hoto")

Granger causality H0: hoto do not Granger-cause aoto
F-Test = 3.3423, df1 = 11, df2 = 2102, p-value =0.0001384
>
> outv=VAR(et1, p=1, type='const')
> causality (outv, cause="aoto")

Granger causality H0: aoto do not Granger-cause hoto
F-Test = 4.5346, df1 = 1, df2 = 2162, p-value = 0.03333
>
> causality (outv, cause="hoto")

Granger causality H0: hoto do not Granger-cause aoto
F-Test = 2.8948, df1 = 1, df2 = 2162, p-value = 0.08901
```

上述模型选择过程中,AIC推荐了VAR(11)模型,而SC推荐了VAR(1)模型,差别非常大。这里我们用VAR(11)和VAR(1)两种模型进行格兰杰因果关系的检验。用VAR(11)模型时,在5%的显著性水平下,不能拒绝双向格兰杰因果关系的假说。用VAR(1)模型时,在10%的显著性水平下,不能拒绝双向格兰杰因果关系的假说。而在5%的显著性水平下,可以拒绝H股回报不是A股回报的格兰杰原因的假说。总体来看,以开盘价计算的日度回报,A股和H股是双向影响的。

尽管格兰杰因果关系并不是真正的因果关系,但能说明信息流向。而金融资产定价问题的核心就是信息问题,因此格兰杰因果关系在金融中有广泛应用,比如研究股市与债市的关系、期货价格与现货价格的关系等。

格兰杰因果关系不仅被用在金融领域,还可用于神经科学领域,如Ding et al. (2006)就用格兰杰因果关系分析神经网络中神经元的相互影响。

8.2 脉冲反应函数

格兰杰因果关系是一种定性讨论时间序列变量之间关系的方法,除此之外,有时我们还需要进行定量分析。我们在这一节介绍脉冲反应函数,在下一节介绍方差分解。

8.2.1 脉冲反应函数的概念及性质

考虑这样一个问题,中国人民银行预计经济将萎缩,决定增加1 000亿元的货币投放量。这项宏观经济政策将会产生多大的效果?在横截面多元回归中,对影响效果的衡量就是解释变量前面的系数。而在时间序列情况下,问题有些复杂,作为解释变量的货币投放量,对经济活动的影响可能发生在同期,也可能发生在滞后几期,还有可能在货币投放后一段时间内都有影响。为了解决这个多期问题,我们引入脉冲反应函数。

定义8.2 脉冲反应函数:给定多维时间序列过程 $Y_t = (y_{1,t}, y_{2,t}, \cdots, y_{n,t})'$,如果在时间 t 期,变量 $y_{i,t}$ 比预期的高 c_i 个单位,或者说在时间 t 期变量 $y_{i,t}$ 受到了 c_i 个单位的冲击(脉冲),在时间 $t+s$ 期平均来看,$y_{j,t+s}$ 会比原来的预测变化 $D_{j,i,s}$ 个单位(反应量)。这些脉冲反应量 $D_{j,i,s}$ 作为时间间隔 s 的函数,被称作 y_j 对 y_i 脉冲的反应函数。

其实,当变量 $y_{i,t}$ 在时间 t 期受到了冲击(脉冲)后,不仅其他时间序列变量 $y_{j,t+s}$ 会有反应,$y_{i,t+s}$ 变量本身也可能会有后续变化,这也是脉冲反应函数的一种,因此上述定义中,i 可以等于 j。

上述定义用数学语言表示时,可以写成:

$$D_{j,i,s} = c_i \frac{\partial E(y_{j,t+s} \mid F_t)}{\partial y_{i,t}} \quad i,j=1,2,\cdots,n \quad s=0,1,\cdots$$

这里 F_t 表示在时间 t 期所有的已知信息。

写成矩阵形式为:

$$D_s = \frac{\partial \mathrm{E}(Y_{t+s}|F_t)}{\partial Y_t'}\mathrm{Diag}\{c_1,c_2,\cdots,c_n\} \tag{8.1}$$

$$= \begin{pmatrix} \dfrac{\partial \mathrm{E}(y_{1,t+s}|F_t)}{\partial y_{1,t}} & \dfrac{\partial \mathrm{E}(y_{1,t+s}|F_t)}{\partial y_{2,t}} & \cdots & \dfrac{\partial \mathrm{E}(y_{1,t+s}|F_t)}{\partial y_{n,t}} \\ \dfrac{\partial \mathrm{E}(y_{2,t+s}|F_t)}{\partial y_{1,t}} & \dfrac{\partial \mathrm{E}(y_{2,t+s}|F_t)}{\partial y_{2,t}} & \cdots & \dfrac{\partial \mathrm{E}(y_{2,t+s}|F_t)}{\partial y_{n,t}} \\ \vdots & \vdots & \vdots & \vdots \\ \dfrac{\partial \mathrm{E}(y_{n,t+s}|F_t)}{\partial y_{1,t}} & \dfrac{\partial \mathrm{E}(y_{n,t+s}|F_t)}{\partial y_{2,t}} & \cdots & \dfrac{\partial \mathrm{E}(y_{n,t+s}|F_t)}{\partial y_{n,t}} \end{pmatrix} \begin{pmatrix} c_1 & 0 & \cdots & 0 \\ 0 & c_2 & \cdots & 0 \\ \vdots & \vdots & \vdots & \vdots \\ 0 & 0 & \cdots & c_n \end{pmatrix}$$

$$\tag{8.2}$$

这是一个函数矩阵,表示了 $n\times n$ 个脉冲反应函数,第 (i,j) 个元素 $D_{i,j,s}$ 为 y_i 对 y_j 脉冲的反应函数。

显然,脉冲反应函数也适用于单变量过程,这时可以简单地让开始的脉冲量 c 等于 1,并写成:

$$d_s = \frac{\partial \mathrm{E}(y_{t+s}|F_t)}{\partial y_t}$$

这个脉冲反应函数刻画的是预测问题还是因果问题?目前为止,我们讨论的大部分问题,包括前面提到的格兰杰因果关系问题,本质上都是预测问题。但这里的"增加 1 000 亿元的货币投放量,实体经济将会有多大反应量"的问题,本质上是一个因果关系问题,货币流通量决定了经济活动的活跃程度,货币流通量是原因,GDP(和就业等)是结果。只有涉及因果关系,我们才可以通过改变原因,达到改变结果的效果。如果只是相关关系,那么改变一个变量,不一定会导致另一个变量发生变化。

如何保证数据分析过程中得到的是因果关系而不是相关关系?在多元回归分析中,因果关系的保证是模型满足外生条件。在用 ARMA 模型或 VAR 模型研究时

间序列过程时,因果关系的保证同样是外生性假设 $E(\varepsilon_t | F_{t-1}) = 0$。比如在 AR(1) 模型 $y_t = \alpha + \beta y_{t-1} + \varepsilon_t$ 中,

$$d_1 = \frac{\partial E(y_{t+1} | F_t)}{\partial y_t}$$

$$= \frac{\partial E(\alpha + \beta y_{t-1} + \varepsilon_t | F_t)}{\partial y_t}$$

$$= \beta + \frac{\partial E(\varepsilon_t | F_t)}{\partial y_t}$$

$$= \beta$$

如果这里没有外生条件 $E(\varepsilon_t | F_{t-1}) = 0$,就没有上述最后一个等式,也就无法计算出 y_t 变化对 y_{t+1} 的边际影响(脉冲反应)。这是我们前面在设定 ARMA 模型和 VAR 模型时,把假设 $E(\varepsilon_t | F_{t-1}) = 0$ 称作外生条件的另一个更重要的原因。

如何保证模型满足这个外生条件,如同多元回归分析,主要是靠经济学原理来判断。这给我们的模型设置带来另一个需要考虑的方面。如果建立模型的主要目的是预测,那么我们选择模型的关键点就是模型的预测能力,比如需要比较 AIC/BIC,以及样本外预测误差。而如果建立模型的主要目的是因果分析,比如这里的脉冲反应,那么选择模型的关键点就是外生性。在不影响外生条件的情况下,再考虑模型对数据的拟合能力。

在横截面多元回归分析中,如果外生条件不满足,变量系数的估计值就不是边际影响的度量,而是相关性大小的度量。这里的时间序列模型也一样,如果外生条件 $E(\varepsilon_t | F_{t-1}) = 0$ 实际上并不满足,那么脉冲反应函数度量的将不是严格的因果关系,而是相关性。这时脉冲反应函数可以用来做预测,但用作政策的依据可能并不那么严谨。

8.2.2 脉冲反应函数的计算

1. AR 模型的脉冲反应函数

先看单变量时间序列问题,即时间序列变量对它本身过去某一时期的冲击的

反应，$d_s = \dfrac{\partial \mathrm{E}(y_{t+s}|F_t)}{\partial y_t}$。

如果是 AR(p) 过程，问题就非常简单，因为条件期望值非常容易计算。比如 AR(2) $y_t = \alpha + \beta_1 y_{t-1} + \beta_2 y_{t-2} + \varepsilon_t$，我们可以用迭代的方法：

$$d_0 = \dfrac{\partial \mathrm{E}(y_t|F_t)}{\partial y_t} = \dfrac{\partial y_t}{\partial y_t} = 1$$

$$d_1 = \dfrac{\partial \mathrm{E}(y_{t+1}|F_t)}{\partial y_t} = \dfrac{\partial(\alpha + \beta_1 y_t + \beta_2 y_{t-1})}{\partial y_t} = \beta_1$$

$$d_2 = \dfrac{\partial \mathrm{E}(y_{t+2}|F_t)}{\partial y_t} = \dfrac{\partial(\alpha + \beta_1 \mathrm{E}(y_{t+1}|F_t) + \beta_2 y_t)}{\partial y_t} = \beta_1 d_1 + \beta_2$$

$$d_3 = \dfrac{\partial \mathrm{E}(y_{t+3}|F_t)}{\partial y_t} = \dfrac{\partial(\alpha + \beta_1 \mathrm{E}(y_{t+2}|F_t) + \beta_2 \mathrm{E}(y_{t+1}|F_t))}{\partial y_t}$$

$$= \beta_1 d_1 + \beta_2 d_1$$

$$\vdots$$

$$d_s = \dfrac{\partial \mathrm{E}(y_{t+s}|F_t)}{\partial y_t} = \beta_1 d_{s-1} + \beta_2 d_{s-2}$$

这正好是原 AR(2) 过程的自相关函数过程，也就是 AR 过程对应的齐次差分方程。用第 3 章的知识，我们可以直接求解出这个脉冲反应函数。

如果时间序列过程是高阶的 AR 过程，类似地，它的脉冲反应函数可以表示为其对应的差分方程：

$$d_s = \begin{cases} 1, & s = 0 \\ \beta_1, & s = 1 \\ \beta_1 d_1 + \beta_2, & s = 2 \\ \vdots \\ \beta_1 d_{p-1} + \beta_2 d_{p-2} + \cdots + \beta_p, & s = p \\ \beta_1 d_{s-1} + \beta_2 d_{s-2} + \cdots + \beta_p d_{s-p}, & s > p \end{cases}$$

2. VAR 模型的脉冲反应函数

在多元的情况下，脉冲反应函数按其定义为：

$$D_{i,j,s}=c_j\frac{\partial\mathrm{E}(y_{i,t+s}|F_t)}{\partial y_{j,t}}$$

即 y_i 对 y_j 的反应，表示在时间 t 时 y_j 受到 c_j 个单位的外生冲击，平均来看，在时间 $t+s$ 时 $y_{i,t+s}$ 将变化多少。

比如二维 VAR(1) 过程：

$$\begin{pmatrix}y_{1,t}\\y_{2,t}\end{pmatrix}=\begin{pmatrix}\alpha_1\\\alpha_2\end{pmatrix}+\begin{pmatrix}\beta_{11}&\beta_{12}\\\beta_{21}&\beta_{22}\end{pmatrix}\begin{pmatrix}y_{1,t-1}\\y_{2,t-1}\end{pmatrix}+\begin{pmatrix}\varepsilon_{1,t}\\\varepsilon_{2,t}\end{pmatrix} \quad (8.3)$$

我们把它写成标量形式的方程：

$$y_{1,t}=\alpha_1+\beta_{11}y_{1,t-1}+\beta_{12}y_{2,t-1}+\varepsilon_{1,t}$$

$$y_{2,t}=\alpha_2+\beta_{21}y_{1,t-1}+\beta_{22}y_{2,t-1}+\varepsilon_{2,t}$$

在外生条件 $\mathrm{E}(\varepsilon_t|F_{t-1})=0$ 满足的前提下，可以直接计算脉冲反应函数：

$$D_{1,1,1}=c_1\frac{\partial\mathrm{E}_t(y_{1,t+1})}{\partial y_{1,t}}=c_1\frac{\partial(\alpha_1+\beta_{11}y_{1,t}+\beta_{12}y_{2,t})}{\partial y_{1,t}}=c_1\beta_{11}$$

$$D_{1,2,1}=c_2\frac{\partial\mathrm{E}_t(y_{1,t+1})}{\partial y_{2,t}}=c_2\frac{\partial(\alpha_1+\beta_{11}y_{1,t}+\beta_{12}y_{2,t})}{\partial y_{2,t}}=c_2\beta_{12}$$

$$D_{2,1,1}=c_1\frac{\partial\mathrm{E}_t(y_{2,t+1})}{\partial y_{1,t}}=c_1\frac{\partial(\alpha_2+\beta_{21}y_{1,t}+\beta_{22}y_{2,t})}{\partial y_{1,t}}=c_1\beta_{21}$$

$$D_{2,2,1}=c_2\frac{\partial\mathrm{E}_t(y_{2,t+1})}{\partial y_{2,t}}=c_2\frac{\partial(\alpha_2+\beta_{21}y_{1,t}+\beta_{22}y_{2,t})}{\partial y_{2,t}}=c_2\beta_{22} \quad (8.4)$$

写成矩阵形式，有脉冲反应函数：

$$D_1=\begin{pmatrix}c_1\dfrac{\partial\mathrm{E}_t(y_{1,t+1})}{\partial y_{1,t}}&c_2\dfrac{\partial\mathrm{E}_t(y_{1,t+1})}{\partial y_{2,t}}\\c_1\dfrac{\partial\mathrm{E}_t(y_{2,t+1})}{\partial y_{1,t}}&c_2\dfrac{\partial\mathrm{E}_t(y_{2,t+1})}{\partial y_{2,t}}\end{pmatrix}=\begin{pmatrix}\beta_{11}&\beta_{12}\\\beta_{21}&\beta_{22}\end{pmatrix}\mathrm{Diag}\{c_1,c_2\}$$

得到高维高阶 VAR(p) 模型的脉冲反应函数的方法，与前面 AR(p) 模型的迭代方法类似，只是改成矩阵运算。令 C 等于 $\mathrm{Diag}\{c_1,c_2,\cdots,c_n\}$，最终得到与交叉协方差一样的差分方程：

$$D_s = \begin{cases} C, & s=0 \\ B_1 C, & s=1 \\ (B_1 D_1 + B_2)C, & s=2 \\ \vdots \\ (B_1 D_{p-1} + B_2 D_{p-2} + \cdots + B_p)C, & s=p \\ (B_1 D_{s-1} + B_2 D_{s-2} + \cdots + B_p D_{s-p})C, & s>p \end{cases} \quad (8.5)$$

3. 用 VMA 模型计算脉冲反应函数

上述高阶高维的脉冲反应，如果用迭代方法计算，看起来比较烦琐。一种比较简洁的方法是利用 VAR 模型与 VMA 模型之间的互换，用 VMA 模型来计算。

单变量情形：为了用 MA 的形式，我们先重新看看脉冲反应函数的定义。在时间 t 时，y_t 的值会比预期的高一个单位，或者说在时间 t 时，y_t 会受到一个单位的正向冲击，那么 y_{t+s} 与原来的预期的差别为 $d_s = \dfrac{\partial \mathrm{E}(y_{t+s} \mid F_t)}{\partial y_t}$。如果 y 是 AR(p) 过程，$y_t = \alpha + \beta_1 y_{t-1} + \cdots + \beta_p y_{t-p} + \varepsilon_t$，那么 y_t 的值比预期的高一个单位，本质上就是扰动项 ε_t 比预期的高一个单位，因为这时 y_t 的滞后项都已经给定了，不会有变化。因此有：

$$d_s = \frac{\partial \mathrm{E}(y_{t+s} \mid F_t)}{\partial y_t} = \frac{\partial \mathrm{E}(y_{t+s} \mid F_t)}{\partial \varepsilon_t}$$

而给定 MA 过程

$$y_t = \mu + \varepsilon_t + \phi_1 \varepsilon_{t-1} + \cdots + \phi_s \varepsilon_{t-s} + \cdots$$

有：

$$y_{t+s} = \mu + \varepsilon_{t+s} + \phi_1 \varepsilon_{t+s-1} + \cdots + \phi_s \varepsilon_t + \phi_{s+1} \varepsilon_{t-1} + \cdots$$

$$\mathrm{E}(y_{t+s} \mid F_t) = \mu + \phi_s \varepsilon_t + \phi_{s+1} \varepsilon_{t-1} + \cdots$$

从这里我们可以直接看出脉冲反应为：

$$d_s = \frac{\partial \mathrm{E}(y_{t+s} \mid F_t)}{\partial \varepsilon_t} = \phi_s$$

正好是 MA 过程中的第 s 个系数！

例如对 AR(1) $y_t = \alpha + \beta y_{t-1} + \varepsilon_t$，前面通过迭代求解，我们已经知道 $d_s = \beta^s$。另外我们也知道，AR(1) 可以变成 MA(∞) 过程 $y_t = \dfrac{\alpha}{1-\beta} + \varepsilon_t + \beta \varepsilon_{t-1} + \beta^2 \varepsilon_{t-2} + \cdots$，从这个

MA 过程,我们可以直接看出 $d_s = \beta^s$。两者完全一致。

多变量情形:对一般的 VAR(p) 过程,

$$Y_t = A + B_1 Y_{t-1} + B_2 Y_{t-2} + \cdots + B_p Y_{t-p} + \varepsilon_t$$

我们同样可以得到 VMA(∞) 过程:

$$Y_t = \mu + \varepsilon_t + \Phi_1 \varepsilon_{t-1} + \Phi_2 \varepsilon_{t-2} + \cdots$$

然后直接得到:

$$D_s = \frac{\partial E(Y_{t+s} | F_t)}{\partial \varepsilon_t'} C = \begin{cases} C, & s=0 \\ \Phi_s C, & s>0 \end{cases} \tag{8.6}$$

一般情况下,开始的脉冲量都设定为 1,即 $C = \text{Diag}\{c_1, c_2, \cdots, c_n\}$ 为单位矩阵 I。而后面考虑同期相关性问题时,开始的脉冲量矩阵 C 将用另外的方法设定。

4. R 软件程序演示

在 R 软件中,估计出的 VAR 模型结果可以直接代入"irf"命令计算脉冲反应函数。下面看看交通银行 A 股和 H 股日度回报的脉冲反应函数。

R 软件代码及主要输出结果

```
> library (readxl)
> library (vars)
> setwd ('D:/ywang/data')
> ahdata=read.table (". /ahdata.txt", header=T)
> et1=ahdata [, c ("aoto", "hoto")]
> #模型选择
> VARselect(et1, lag.max = 12, type ="const")
$selection
AIC(n)   HQ(n)   SC(n)   FPE(n)
  11       1       1      11
> #估计模型
> outv=VAR(et1, p=5, type='const')
> #计算脉冲反应函数,脉冲变量为 aoto
> outirf=irf(outv, impulse ="aoto", response = c ("aoto", "hoto"),
+ n.ahead = 10, ortho = FALSE, cumulative = FALSE, ci = 0.95)
> outirf

Impulse response coefficients
```

```
$ aoto
            aoto              hoto
[1,]   1.0000000000      0.0000000000
[2,]  -0.0910507816      0.0916410057
[3,]  -0.0812084752     -0.0748363911

Lower Band, CI = 0.95
 $ aoto
            aoto              hoto
[1,]   1.000000000       0.000000000
[2,]  -0.183202469      -0.021187023
[3,]  -0.164375054      -0.166530700
Upper Band, CI = 0.95
 $ aoto
            aoto              hoto
[1,]   1.000000000       0.000000000
[2,]  -0.019723672       0.157394048
[3,]  -0.018619229       0.010882540
>
> plot (outirf)
>
> #计算脉冲反应函数,脉冲变量为 hoto
> outirf=irf(outv, impulse = "hoto", response = c ("aoto", "hoto"),
+ n.ahead = 10, ortho = FALSE, cumulative = FALSE, ci = 0.95)
> outirf

Impulse response coefficients
 $ hoto
            aoto              hoto
[1,]   0.000000000       1.0000000000
[2,]   0.048028394      -0.1353911705
[3,]   0.030862982       0.0324595019
>
> plot (outirf)
```

由于 AIC 和 SC 给出的模型选择差异非常大,我们简单地选用 VAR(5)模型,然后估计该模型并让"irf"命令计算出直到十阶的脉冲反应函数。先计算脉冲来自 A 股回报 aoto 的反应函数。程序给出的反应函数结果中,第一行表示滞后阶数 $s=0$ 时(同期)的结果,根据定义,反应函数这时要么是 0,要么是 1。

上述程序还给出了脉冲反应 95% 的置信区间的上下界。这是由于脉冲反应函数本质上是模型参数的组合,而模型参数的估计是有误差的,因此可以计算出脉冲反应函数的置信区间。这个置信区间的一个最大应用是判断脉冲反应函数的显著性。一个 s 点位的脉冲反应函数值的置信区间的上界大于 0,而下界小于 0,意味着该点位的脉冲反应函数值不显著地不等于 0,即这时它对脉冲没有反应,或者说,没有影响。

画图看结果更清楚直观。从脉冲反应函数在 $s=0$ 时取值等于 1 就可以判断出,图 8.1(a) 上半部分是 aoto 对 aoto 脉冲的反应。显然,在滞后一期和两期时,这个脉冲反应函数都显著为负。这意味着交通银行 A 股回报有一个明显的反转现象。如果 A 股今天的回报被拉高一单位,平均来看明天将下降 0.0910 单位,后天将下降 0.0812 单位。三期及以后,再也没有显著的影响。

图 8.1(a) 下半部分是 hoto 对 aoto 脉冲的反应。在滞后一期时,这个脉冲反应函数显著为正,在滞后两期时,显著为负。这意味着如果交通银行 A 股今天的回报被拉高一单位,明天 H 股将会跟着上涨 0.0916 单位,后天将会回调 0.0748 单位。但之后就再也没有显著的影响。

程序还计算了脉冲来自 H 股回报 hoto 的脉冲反应函数,图 8.1(b) 是 aoto 和 hoto 对 hoto 脉冲的反应。与图 8.1(a) 中的规律差不多相同,即与 hoto 和 aoto 对 aoto 脉冲的反应差不多。在这个例子中,aoto 和 hoto 差不多是对称的,从前面的格兰杰因果关系检验中可以看出,它们是互为因果的,具有对称性。

在读文献时,我们有时会不清楚脉冲来自哪个变量,反应是哪个变量作出的,特别是当只以图的形式报告脉冲反应函数时更是这样。这时如果有 $s=0$ 的数据,就可以非常容易地判断出来,因为这时它要么是 0,要么是 1。如果没有 $s=0$ 的数据,那么可以根据估计系数判断,因为在 VAR 模型中,一阶脉冲反应函数等于一阶

自回归系数 $D_1 = B_1$。

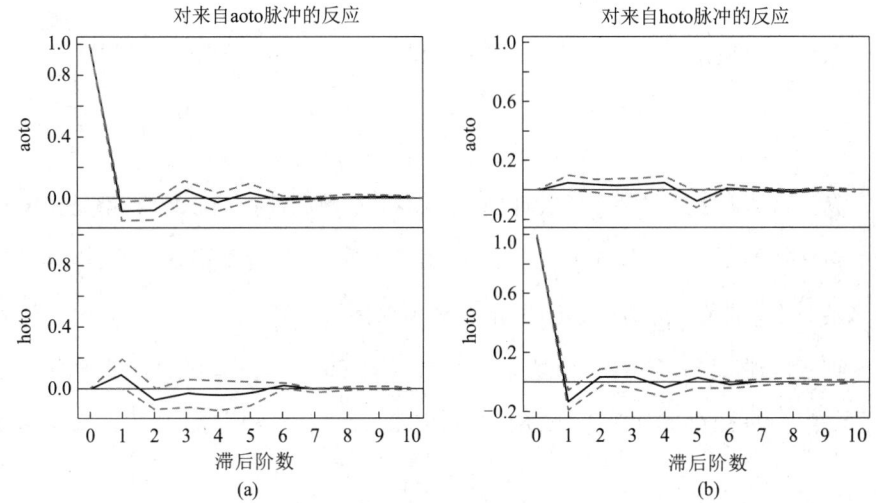

图 8.1　A 股和 H 股回报的脉冲反应函数

注：实线表示脉冲反应函数，虚线表示 95% 的置信区间。

5. 用 AR 模型与用 VAR 模型研究脉冲反应的差别

对同一个数据过程，可以用 AR 模型计算变量 y_t 对自身的脉冲反应函数，也可以用 VAR 模型计算。有时这两个模型计算出来的脉冲反应函数可能差别非常大。

Cochrane（1994）用 AR 模型计算美国 GNP（国民生产总值）增长率的脉冲反应函数，同时用 VAR 模型（另一个变量为社会消费总额增长率）计算。该研究发现，在用单变量 AR 模型计算的脉冲反应函数中，GNP 增长率在有一个单位的冲击后，会持续上升 3 期，然后轻微反转一些，然后维持在第 4 期比较高的那个水平左右。而对于 VAR 模型中的脉冲反应函数，GNP 增长率在有一个单位的冲击后，会持续上升 3 期，然后开始反转，直到回到最初第 0 期的原始水平。这两者有非常大的差别。

宏观经济学理论认为，一个国家的 GNP 增长过程如果受到一个外生冲击，就会很快反转恢复到其潜在的增长率本身。上述 VAR 模型的结果符合宏观经济学理论的判断。这个例子也表明了同时考虑多个时间序列过程的重要性。

8.2.3 正交分解下的脉冲反应

我们再回到脉冲反应的计算过程(8.4)和(8.6)，在那里我们分别利用了

$$\frac{\partial y_{1,t}}{\partial y_{2,t}} = \frac{\partial y_{2,t}}{\partial y_{1,t}} = 0, \quad \frac{\partial \varepsilon_{i,t}}{\partial \varepsilon_{j,t}} = 0$$

初看这两个表述式没有什么问题，因为多变量函数计算偏导数时，都是假定其他变量保持不变。但这里如果 $y_{1,t}$ 与 $y_{2,t}$ 存在某种关系，比如极端一些，$y_{1,t} = y_{2,t}^2$，那么这时不可能在 $y_{1,t}$ 有一单位冲击时，还能保持 $y_{2,t}$ 不变。

回到上述二维一阶 VAR 模型 (8.3) 中，两个变量 $y_{1,t}$ 和 $y_{2,t}$ 之间除跨期相关性（系数矩阵 B 的非对角元素）外，还存在同期相关性（扰动项方差-协方差矩阵的非对角元素），因此这时就不能假设 $\frac{\partial y_{1,t}}{\partial y_{2,t}} = \frac{\partial y_{2,t}}{\partial y_{1,t}} = 0$。

1. 考虑同期相关性时的脉冲反应函数

在考虑到存在同期相关性时，前述脉冲反应函数计算过程(8.4)应该为：

$$D_{1,1,1} = c_1 \frac{\partial E_t(y_{1,t+1})}{\partial y_{1,t}} = c_1 \frac{\partial (\alpha_1 + \beta_{11} y_{1,t} + \beta_{12} y_{2,t})}{\partial y_{1,t}}$$

$$= c_1 \left(\beta_{11} + \beta_{12} \frac{\partial y_{2,t}}{\partial y_{1,t}} \right)$$

即脉冲反应函数应该加上同期反应部分。其他几个脉冲反应函数的计算类似，分别应该加上相应的部分：

$$D_{1,2,1} = c_2 \frac{\partial (\alpha_1 + \beta_{11} y_{1,t} + \beta_{12} y_{2,t})}{\partial y_{2,t}} = c_2 \left(\beta_{12} + \beta_{11} \frac{\partial y_{1,t}}{\partial y_{2,t}} \right)$$

$$D_{2,1,1} = c_1 \frac{\partial (\alpha_1 + \beta_{21} y_{1,t} + \beta_{22} y_{2,t})}{\partial y_{1,t}} = c_1 \left(\beta_{21} + \beta_{22} \frac{\partial y_{2,t}}{\partial y_{1,t}} \right)$$

$$D_{2,2,1} = c_2 \frac{\partial (\alpha_1 + \beta_{21} y_{1,t} + \beta_{22} y_{2,t})}{\partial y_{2,t}} = c_2 \left(\beta_{22} + \beta_{21} \frac{\partial y_{1,t}}{\partial y_{2,t}} \right)$$

写成矩阵的形式，有：

$$D_0 = \begin{pmatrix} 1 & \dfrac{\partial y_{1,t}}{\partial y_{2,t}} \\ \dfrac{\partial y_{2,t}}{\partial y_{1,t}} & 1 \end{pmatrix} C, \quad D_1 = \begin{pmatrix} \beta_{11} & \beta_{12} \\ \beta_{21} & \beta_{22} \end{pmatrix} \begin{pmatrix} 1 & \dfrac{\partial y_{1,t}}{\partial y_{2,t}} \\ \dfrac{\partial y_{2,t}}{\partial y_{1,t}} & 1 \end{pmatrix} C$$

一般地，VAR(p)模型的脉冲反应函数，以 VMA(∞)表示的计算过程(8.6)，在考虑到同期相关性时，应该为：

$$Y_t = \mu + \varepsilon_t + \Phi_1 \varepsilon_{t-1} + \Phi_2 \varepsilon_{t-2} + \cdots$$

直接得到：

$$\dfrac{\partial \varepsilon_t}{\partial \varepsilon_t'} = \begin{pmatrix} 1 & \dfrac{\partial \varepsilon_{1,t}}{\partial \varepsilon_{2,t}} & \cdots & \dfrac{\partial \varepsilon_{1,t}}{\partial \varepsilon_{n,t}} \\ \dfrac{\partial \varepsilon_{2,t}}{\partial \varepsilon_{1,t}} & 1 & \cdots & \dfrac{\partial \varepsilon_{2,t}}{\partial \varepsilon_{n,t}} \\ \vdots & \vdots & \vdots & \vdots \\ \dfrac{\partial \varepsilon_{n,t}}{\partial \varepsilon_{1,t}} & \dfrac{\partial \varepsilon_{n,t}}{\partial \varepsilon_{2,t}} & \cdots & 1 \end{pmatrix} \tag{8.7}$$

$$D_0 = \dfrac{\partial \varepsilon_t}{\partial \varepsilon_t'} C \tag{8.8}$$

$$D_s = \dfrac{\partial \mathrm{E}(Y_{t+s} \mid F_t)}{\partial \varepsilon_t'} C = \dfrac{\partial (\Phi_s \varepsilon_t + \Phi_{s+1} \varepsilon_{t-1} + \cdots)}{\partial \varepsilon_t'} C = \Phi_s \dfrac{\partial \varepsilon_t}{\partial \varepsilon_t'} C \tag{8.9}$$

$C = \mathrm{Diag}\{c_1, c_2, \cdots, c_n\}$ 为初始脉冲量，$\dfrac{\partial \varepsilon_t}{\partial \varepsilon_t'}$ 表示同期反应。

比较(8.6)和(8.9)，不考虑同期相关性时的脉冲反应函数，等于假设同期反应矩阵$\dfrac{\partial \varepsilon_t}{\partial \varepsilon_t'}$为单位阵时考虑同期相关性的脉冲反应函数。

从 VAR 模型中可知，同期相关性完全由扰动项的方差-协方差矩阵刻画。如何从这个方差-协方差矩阵得到同期反应矩阵$\dfrac{\partial \varepsilon_t}{\partial \varepsilon_t'}$？有许多文献讨论过这个问题，其中用得最多的是下面的正交分解法。

2. 二维 Cholesky 正交分解

考虑一个简单例子,二维问题:$\varepsilon = (\varepsilon_1, \varepsilon_2)'$,方差都是 1,而协方差为 0.5。它们之间存在某一未知的因果关系。在线性框架下,不妨进一步假设它们都由外生随机变量 η_1, η_2 决定:

$$\varepsilon_1 = a_1\eta_1 + b_1\eta_2, \varepsilon_2 = a_2\eta_1 + b_2\eta_2 \qquad \eta_1, \eta_2 \sim N(0, 1)$$

这样不同的 a_1, a_2, b_1, b_2 组合对应着不同的因果关系。比如,当 $a_2 = b_1 = 0$ 时,$\varepsilon_1, \varepsilon_2$ 之间独立;当 $a_2 = 0$ 而其他系数都不等于 0 时,ε_1 是因,ε_2 是果;当所有系数都不等于 0 时,$\varepsilon_1, \varepsilon_2$ 之间互为因果。

从方差、协方差信息看,我们有:

$$\begin{cases} \text{Var}(\varepsilon_1) = 1 = a_1^2 + b_1^2 \\ \text{Var}(\varepsilon_2) = 1 = a_2^2 + b_2^2 \\ \text{Cov}(\varepsilon_1, \varepsilon_2) = 0.5 = a_1 a_2 + b_1 b_2 \end{cases} \qquad (8.10)$$

这个方程组有无穷多个解,比如 $a_1 = 1, b_1 = 0, a_2 = 0.5, b_2 = \sqrt{0.75}$ 和 $a_2 = 1, b_2 = 0, a_1 = 0.5, b_1 = \sqrt{0.75}$ 就是其中的两组解。

不同的解,对问题"ε_2 变化一单位时,ε_1 将变化多少"有不同的回答。现假设现在的外生冲击 $\eta_1 = 2, \eta_2 = 0$。

第一组解:$\varepsilon_2 = 0.5\eta_1 + \sqrt{0.75}\eta_2 = 1$,变化了 1 个单位,这时 $\varepsilon_1 = \eta_1 = 2$,变化了 2 个单位,即 ε_2 变化 1 个单位时,ε_1 变化了 2 个单位。

第二组解:$\varepsilon_2 = \eta_1$,变化了 2 个单位,这时 $\varepsilon_1 = 0.5\eta_1 + \sqrt{0.75}\eta_2 = 1$,变化了 1 个单位,即 ε_2 变化 1 个单位时,ε_1 变化了 0.5 个单位。

可见,仅仅从方差-协方差矩阵出发,ε_1 和 ε_2 的因果关系并不是唯一的。这正是前面讨论的相关性与因果性的差别。一个相关关系可以由不同的因果关系导致。

那么在这个例子中,如何从一个给定的相关关系(方差-协方差矩阵)中确定未知的因果关系?

如果我们进一步假设 $b_1 = 0$,这时方程组(8.10)就有唯一解,$b_1 = 0, a_1 = 1, a_2 = 0.5, b_2 = \sqrt{0.75}$,并且

$$\begin{cases} \varepsilon_1 = \eta_1 \\ \varepsilon_2 = \dfrac{a_2}{a_1}\varepsilon_1 + b_2\eta_2 \end{cases}$$

这样,ε_1 变化一定会导致 ε_2 变化,而 ε_2 变化却不会导致 ε_1 变化,即 ε_1 是外生的原因,ε_2 是内生的结果。

一般地,对二维变量 $\varepsilon = (\varepsilon_1, \varepsilon_2)'$,其方差-协方差矩阵为:

$$\mathrm{Cov}(\varepsilon) = \begin{pmatrix} \sigma_{11}^2 & \sigma_{12} \\ \sigma_{12} & \sigma_{22}^2 \end{pmatrix}$$

我们可以假设

$$\varepsilon = \begin{pmatrix} \varepsilon_1 \\ \varepsilon_2 \end{pmatrix} = \begin{pmatrix} a_1 & 0 \\ a_2 & b_2 \end{pmatrix}\begin{pmatrix} \eta_1 \\ \eta_2 \end{pmatrix} = K\begin{pmatrix} \eta_1 \\ \eta_2 \end{pmatrix} \tag{8.11}$$

这里 η_1, η_2 为单位方差的独立随机变量,a_1, a_2, b_2 可以由 $\mathrm{Cov}(\varepsilon)$ 唯一确定。我们假定所有的外生变化都是由 η_1 或 η_2 产生的。如果这时 η_2 变化 $\dfrac{1}{b_2}$ 单位,η_1 固定,那么 ε_1 不变,而 ε_2 变化一单位,因此:

$$\frac{\partial \varepsilon_{1,t}}{\partial \varepsilon_{2,t}} = 0, \frac{\partial \varepsilon_{2,t}}{\partial \varepsilon_{2,t}} = 1$$

如果这时 η_1 变化 $\dfrac{1}{a_1}$ 单位,η_2 不变,那么 ε_1 变化一单位,而 ε_2 变化 $\dfrac{a_2}{a_1}$ 单位,因此:

$$\frac{\partial \varepsilon_{1,t}}{\partial \varepsilon_{1,t}} = 1, \frac{\partial \varepsilon_{2,t}}{\partial \varepsilon_{1,t}} = \frac{a_2}{a_1}$$

这样得到二维变量 ε 的同期反应矩阵:

$$\frac{\partial \varepsilon_t}{\partial \varepsilon_t'} = \begin{pmatrix} 1 & 0 \\ a_2/a_1 & 1 \end{pmatrix}$$

并且可以进一步计算出：

$$\frac{\partial \varepsilon_t}{\partial \varepsilon_t'} = \begin{pmatrix} a_1 & 0 \\ a_2 & b_2 \end{pmatrix} \begin{pmatrix} 1/a_1 & 0 \\ 0 & 1/b_2 \end{pmatrix}$$

$$= \begin{pmatrix} a_1 & 0 \\ a_2 & b_2 \end{pmatrix} \begin{pmatrix} a_1 & 0 \\ 0 & b_2 \end{pmatrix}^{-1} = K(\text{Diag}(K))^{-1}$$

这里的矩阵 K 是前面公式(8.11)定义的变换矩阵，$\text{Diag}(K)$ 为矩阵 K 的对角线元素组成的对角阵。在公式(8.11)的推导中提到过，K 完全由 ε 的方差-协方差矩阵 $\text{Cov}(\varepsilon_t)$ 确定，事实上，它是方差-协方差矩阵 $\text{Cov}(\varepsilon_t)$ 的 Cholesky 分解矩阵，即 $\text{Cov}(\varepsilon_t) = K'K$。

利用这个 Cholesky 分解矩阵进行变量变换，规定了单向因果关系，从相关关系中确定了唯一的因果关系，把状态变量 ε 的外生冲击一对一转换成了独立的外生变量 η 的冲击。

到这里，我们找到了同期反应函数矩阵。代入前面的公式(8.9)，就可以计算出考虑同期相关性时的脉冲反应函数：

$$D_s = \frac{\partial \text{E}(Y_{t+s}|F_t)}{\partial \varepsilon_t'} C = \Phi_s \frac{\partial \varepsilon_t}{\partial \varepsilon_t'} C = \Phi_s K(\text{Diag}(K))^{-1} C$$

$$D_0 = \frac{\partial \varepsilon_t}{\partial \varepsilon_t'} C = K(\text{Diag}(K))^{-1} C$$

如果规定初始脉冲量 $C = \text{Diag}(K)$，那么考虑同期相关性时的脉冲反应函数为：

$$D_s = \Phi_s K \tag{8.12}$$

$$D_0 = K \tag{8.13}$$

前面不考虑同期相关性的脉冲反应矩阵 D_s，一般假设初始脉冲量为一单位，$C = I$ 是单位矩阵，衡量了在时间 t 时一单位的脉冲在时间 $t+s$ 时产生多少单位的反应。这里考虑同期相关性时的脉冲反应函数，初始脉冲量为 K_{ii} 单位，$C = \text{Diag}(K)$，衡量了在时间 t 时 K_{ii} 单位的脉冲在时间 $t+s$ 时产生多少单位的反应。从数值上看，考虑同期相关性时的脉冲反应函数，等于不考虑同期相关性时的脉冲反应函数矩阵右乘 Cholesky 分解矩阵 K。

3. 多维 Cholesky 正交分解

先回到变量变换(8.11): $\varepsilon = K\eta$，显然 $\dfrac{\partial \varepsilon_i}{\partial \eta_i} = K_{ii}$，初始脉冲量为 K_{ii} 单位的脉冲反应函数为：

$$D_{j,i,s} = \frac{\partial \mathrm{E}(y_{j,t+s}|F_t)}{\partial \varepsilon_{i,t}} K_{ii} = \frac{\partial \mathrm{E}(y_{j,t+s}|F_t)}{\partial \varepsilon_{i,t}} \cdot \frac{\partial \varepsilon_i}{\partial \eta_i} = \frac{\partial \mathrm{E}(y_{j,t+s}|F_t)}{\partial \eta_{i,t}} \quad (8.14)$$

公式(8.14)的最后一个等式显示，也可以将 D_s 理解为在时间 t 时 η 一单位的冲击，在时间 $t+s$ 时 Y_{t+s} 有多大的反应。

下面利用脉冲反应函数的新定义(8.14)，讨论多维高阶 VAR 模型考虑同期相关性时的脉冲反应函数。对

$$Y_t = \mu + \varepsilon_t + \Phi_1 \varepsilon_{t-1} + \Phi_2 \varepsilon_{t-2} + \cdots$$

如果扰动项 ε 的方差-协方差矩阵为 Σ，其 Cholesky 分解为 $\Sigma = K'K$，K 为下三角矩阵。令 $\eta_t = K^{-1}\varepsilon_t$，显然

$$\mathrm{Cov}(\eta_t) = \mathrm{Cov}(K^{-1}\varepsilon_t) = K^{-1}\mathrm{Cov}(\varepsilon_t)K^{-1\prime} = K^{-1}KK'K^{-1\prime} = I$$

因此 η_t 的方差-协方差矩阵为单位矩阵，各分量之间没有相关性。从而有：

$$Y_t = \mu + KK^{-1}\varepsilon_t + \Phi_1 KK^{-1}\varepsilon_{t-1} + \Phi_2 KK^{-1}\varepsilon_{t-2} + \cdots$$
$$= \mu + K\eta_t + \Phi_1 K\eta_{t-1} + \cdots + \Phi_q K\eta_{t-q} + \cdots$$

利用脉冲反应函数的再定义(8.14)，得到：

$$D_s = \frac{\partial \mathrm{E}(Y_{t+s}|F_t)}{\partial \eta_t'} = \Phi_s K$$

我们把不考虑同期相关性的脉冲反应函数称作(简单)脉冲反应函数，而把用 Cholesky 正交分解计算的，考虑同期相关性的脉冲反应函数称作正交脉冲反应函数。

4. 一个正交脉冲反应函数的例子

R 软件中计算正交脉冲反应函数的命令还是"irf"，其实"irf"命令中缺省的设置就是计算正交脉冲反应函数，前面计算简单脉冲反应函数时，命令中显式地规定

了 "ortho = FALSE"。

R 软件代码及主要输出结果

```
> outirf=irf(outv, impulse ="aoto", response = c ("aoto", "hoto"),
+ n.ahead = 10, ortho = TRUE, cumulative = FALSE, ci = 0.95)
> outirf
Impulse response coefficients
$aoto
     aoto              hoto
[1,]  2.542759e-02     1.540530e-02
[2,] -1.575310e-03     2.444686e-04
[3,] -1.589482e-03    -1.402861e-03
>
> plot (outirf)
>
> outirf=irf(outv, impulse = "hoto", response = c ("aoto", "hoto"),
+ n.ahead = 10, ortho = TRUE, cumulative = FALSE, ci = 0.95)
> outirf
Impulse response coefficients
$hoto
     aoto              hoto
[1,] 0.0000000000      2.890475e-02
[2,] 0.0013882488     -3.913448e-03
[3,] 0.0008920868      9.382338e-04
>
> plot (outirf)
```

由上述结果可见,现在对 aoto 脉冲的反应函数的第一行($s=0$ 时的反应)不再是 (1, 0) 形式,而是 (0.0254, 0.0154),表明 aoto 的脉冲量为 0.0254,hoto 对 aoto 脉冲,存在同期反应。而对 hoto 脉冲的反应函数的第一行($s=0$ 时的反应)还是 (0, 1) 形式,为 (0.0000, 0.0289),没有同期反应。这是因为在 Cholesky 正交变换时,aoto 为因,hoto 为果,hoto 对 aoto 没有同期影响。

比较正交脉冲反应函数图 8.2 与前面的简单脉冲反应函数图 8.1,两者的图 (a) 差别很大。图 8.1(a) 是对 aoto 脉冲的反应函数。从图 8.1 看,hoto 在 aoto 脉冲后一期时,反应显著为正,在滞后两期时,反应显著为负。这意味着如果交通银行 A

股今天的回报被拉高,明天 H 股就会跟着上涨,后天将会回调。而从图 8.2 看,hoto 在 aoto 脉冲后($s>0$)没有显著反应。这意味着如果交通银行 A 股今天的回报被拉高,H 股在后几天都不会跟着变化。其实,从图 8.2 中可以看出,hoto 对 aoto 的正交脉冲反应函数在 $s=0$ 时显著为正,意味着如果交通银行 A 股今天的回报被拉高,H 股在当天就已经同步上涨了。而 hoto 对 aoto 的简单脉冲反应函数在 $s=0$ 时被强制假设为零,因此模型把这些本应同步上涨的变化挪到了之后的几天。

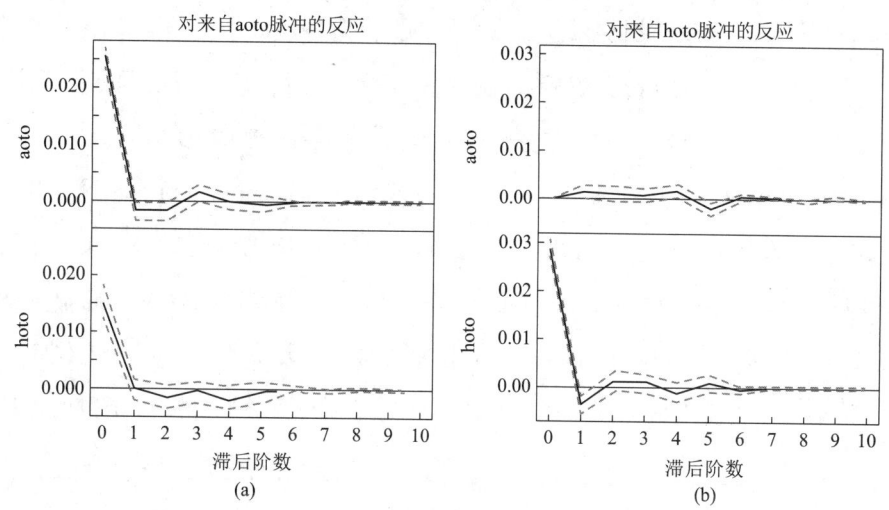

图 8.2　A 股和 H 股回报的正交脉冲反应函数
注:实线表示脉冲反应函数,虚线表示 95% 的置信区间。

同时可以看出,图 8.1 和图 8.2 的图(b)变化不大,即不管是否正交化,对 hoto 脉冲的反应函数都没有什么大的变化。这是由于在 Cholesky 正交变换时,aoto 为因,hoto 为果,hoto 对 aoto 没有同期影响,而在简单脉冲反应函数中,hoto 对 aoto 也没有同期影响,因此两者差不多。

这个例子也说明,相对来说,正交脉冲反应函数比简单反应函数更合理一些。这可能也是 R 软件中"irf"命令会把正交脉冲反应函数作为缺省设置的原因。

5. 正交分解的变量顺序问题

前面简单脉冲反应函数与正交脉冲反应函数的比较告诉我们,计算正交反应函数时,模型中变量的顺序有重要影响。给定 VAR(p) 模型,或其 VMA 模型形式 $Y_t = \mu + \varepsilon_t + \Phi_1 \varepsilon_{t-1} + \Phi_2 \varepsilon_{t-2} + \cdots$,简单的脉冲反应函数等于 $D_s = \Phi_s$,唯一确定,且不管 Y_t 中 n 个元素的顺序如何,因为如果把 y_1 与 y_2 交换位置,系数矩阵 Φ_j 将全部相应地变化,从而使各自的脉冲反应函数保持不变。

而 Cholesky 分解正交脉冲反应函数等于 $D_s = \Phi_s K$,K 依赖于 Y_t 中 n 个元素的顺序,不同的顺序会给出不同的 Cholesky 分解矩阵 K,并且其中的变化不与系数矩阵 Φ_j 中元素位置的变化同步,从而有不同的正交脉冲反应函数。直观上看,如果 y_1 在前,y_2 在后,Cholesky 分解后,y_1 是因,y_2 是果,y_1 对 y_2 脉冲没有同期的反应。而如果 y_2 在前,y_1 在后,Cholesky 分解后,y_1 对 y_2 脉冲有同期的反应。

图 8.3 给出了上面交通银行 A 股和 H 股例子中 aoto 和 hoto 对 aoto 脉冲的反应函数,图 8.3(a) 是按 aoto 在前、hoto 在后的顺序[所以与图 8.2(a) 一样],图 8.3(b) 是按 hoto 在前、aoto 在后的顺序。比较这两种情况,aoto 对 aoto 脉冲的反应函数几乎没有差别,而 hoto 对 aoto 脉冲的反应函数差别很大,一个有同期反应,一个被强制去掉同期反应。正交脉冲反应函数与简单脉冲反应函数的差别

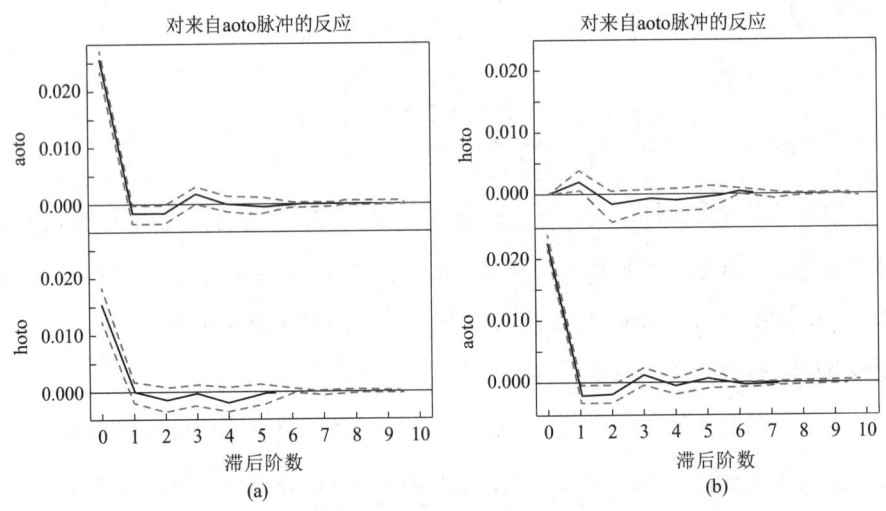

图 8.3 不同变量顺序的正交脉冲反应函数

注:实线表示脉冲反应函数,虚线表示 95% 的置信区间。

也是这样,即自己对自己的脉冲反应函数对是否进行正交变换以及变换的变量顺序不敏感,而交叉脉冲反应函数对是否正交变换以及变换的变量顺序非常敏感。

因此,在计算Cholesky分解正交脉冲反应函数时,对模型变量Y_t向量的元素顺序要特别小心。一般来说,Cholesky分解是从相关关系中人为地假设一个单向因果关系,向量中前面的是原因变量,后面的是结果变量。因此,设置模型时,应该首先从经济学原理出发,把原因变量放在前面,把结果变量放在后面。如果经济学原理不能告诉我们谁是因、谁是果,可以看格兰杰因果关系。但要注意,格兰杰因果关系看的是跨期的相关性,而这里Cholesky分解变换考虑的是同期因果关系,二者有所不同。但在没有其他办法的情况下,权作近似。

8.3 方差分解

1. 方差分解的基本概念

脉冲反应函数告诉我们,现在x_t一单位的变化会在多大程度上影响将来的y_{t+s}的变化。另一种刻画两个时间序列动态关系的定量方式是,y_{t+s}的变动在多大程度上依赖于现在的x_t的变动。而随机变量的变动程度一般用方差来衡量,y_{t+s}的方差用对y_{t+s}的预测的方差代替,那么这就是所谓的方差分解。

2. VAR模型中方差分解的计算

方差分解这个指标,在VAR模型中将变得非常简单。为简洁起见,下面讨论一个二维问题,多维问题与之类似。给定VAR模型,先计算其预测误差,为了方便计算,我们这里用VMA形式:

$$\begin{pmatrix} x_t \\ y_t \end{pmatrix} = \begin{pmatrix} \mu_1 \\ \mu_2 \end{pmatrix} + \begin{pmatrix} \varepsilon_{x,t} \\ \varepsilon_{y,t} \end{pmatrix} + \sum_{i=1}^{\infty} \Phi(i) \begin{pmatrix} \varepsilon_{x,t-i} \\ \varepsilon_{y,t-i} \end{pmatrix} \quad (8.15)$$

这里$\Phi(i)$是第i阶滞后的系数,为2×2的系数矩阵。系统可以改写为:

$$\begin{pmatrix} x_t \\ y_t \end{pmatrix} = \begin{pmatrix} \mu_1 \\ \mu_2 \end{pmatrix} + \sum_{i=0}^{\infty} \Phi(i) \begin{pmatrix} \varepsilon_{x,t-i} \\ \varepsilon_{y,t-i} \end{pmatrix}.$$

$\Phi(0)$ 为单位阵。提前 n 步预测误差,经过类似(4.8)的计算,有:

$$\begin{pmatrix} x_{t+n} \\ y_{t+n} \end{pmatrix} - E_t \begin{pmatrix} x_{t+n} \\ y_{t+n} \end{pmatrix} = \sum_{i=0}^{n-1} \Phi(i) \begin{pmatrix} \varepsilon_{x,t+n-i} \\ \varepsilon_{y,t+n-i} \end{pmatrix}$$

写成标量方程的形式,y 的提前 n 步预测误差为:

$$y_{t+n} - E_t(y_{t+n}) = \Phi_{11}(0)\varepsilon_{x,t+n} + \Phi_{11}(1)\varepsilon_{x,t+n-1} + \cdots + \Phi_{11}(n-1)\varepsilon_{x,t+1} +$$
$$\Phi_{12}(0)\varepsilon_{y,t+n} + \Phi_{12}(1)\varepsilon_{y,t+n-1} + \cdots + \Phi_{12}(n-1)\varepsilon_{y,t+1}$$

如果 ε_x 与 ε_y 无关,并且它们各自的方差为 $\sigma_{\varepsilon x}^2$ 和 $\sigma_{\varepsilon y}^2$,那么上面 y_t 的提前 n 步预测误差的方差为:

$$\sigma_y^2(n) = [\Phi_{11}^2(0) + \Phi_{11}^2(1) + \cdots + \Phi_{11}^2(n-1)]\sigma_{\varepsilon x}^2$$
$$= [\Phi_{12}^2(0) + \Phi_{12}^2(1) + \cdots + \Phi_{12}^2(n-1)]\sigma_{\varepsilon y}^2$$

显然,y_t 的预测误差的方差可以分解为两部分:来自 ε_x 的部分和来自 ε_y 的部分。这两部分的占比分别为:

$$vd_{y,x,s} = \frac{[\Phi_{11}^2(0) + \Phi_{11}^2(1) + \cdots + \Phi_{11}^2(n-1)]\sigma_{\varepsilon x}^2}{\sigma_y^2(n)}$$

$$vd_{y,y,s} = \frac{[\Phi_{12}^2(0) + \Phi_{12}^2(1) + \cdots + \Phi_{12}^2(n-1)]\sigma_{\varepsilon x}^2}{\sigma_y^2(n)}$$

类似地,可以计算出 x_t 的预测误差的方差来自 ε_x 的部分和来自 ε_y 的部分的占比。显然,同脉冲反应函数一样,这里也是关于时间间隔 s 的 2×2 的函数矩阵。

在这个计算过程中,一个重要假设是"ε_x 与 ε_y 无关"。事实上,对 VAR 模型,扰动项不太可能是不相关的。但我们这里可以利用上面介绍过的 Cholesky 分解,把相关的 ε 转化成不相关的 μ。也就是说,上述 VMA 模型(8.15)应该是先经过 Cholesky 分解变换过的。

3. R 软件中的实现

R 软件中,把"VAR"命令给出的估计结果代入"fevd"命令就可以计算上述方差分解。这里用前一小节用过的交通银行 A 股和 H 股回报数据进行计算演示。

R 软件代码及主要输出结果

```
> et1=ahdata[, c("aoto", "hoto")]
> outv=VAR(et1, p=5, type='const')
> outvdc=fevd(outv, n.ahead=10)
> outvdc
$aoto
         aoto         hoto
[1,]  1.0000000   0.000000000
[2,]  0.9970394   0.002960553
[3,]  0.9958382   0.004161824
...
[9,]  0.9842086   0.015791429
[10,] 0.9841341   0.015865913


$hoto
         aoto         hoto
[1,]  0.2212169   0.7787831
[2,]  0.2181462   0.7818538
[3,]  0.2193805   0.7806195
...
[9,]  0.2211907   0.7788093
[10,] 0.2211906   0.7788094
```

上述程序计算了十步以内的方差分解。在模型设置中,变量 aoto 在前,所以程序在做 Cholesky 分解变换时,把 aoto 设为原因变量而把 hoto 设为结果变量。这一点充分反映在提前一步的方差分解上。aoto 的提前一步的方差 100% 来自 aoto,而 hoto 的提前一步的方差 22.1% 来自 aoto,77.9% 来自 hoto。到提前十步,aoto 的方差 98.4% 来自 aoto,1.6% 来自 hoto;而 hoto 的提前十步的方差还是 22.1% 来自 aoto,77.9% 来自 hoto。这说明 aoto 的波动主要来自其本身的冲击,而 hoto 的波动有近四分之一的部分来自 aoto 的冲击。

由于方差分解需要先做 Cholesky 分解变换,这与变量顺序有关,因此我们把上面的顺序倒过来,即把 hoto 放在 aoto 前面,看看结论有什么变化。

R 软件代码及主要输出结果

```
> et1=ahdata [, c ("hoto", "aoto")]
> outv=VAR(et1, p=5, type='const')
> outvdc=fevd(outv, n.ahead=10)
> outvdc
$hoto
         hoto        aoto
[1,]  1.0000000   0.000000000
[2,]  0.9961140   0.003886018
[3,]  0.9935394   0.006460605
...
[9,]  0.9915122   0.008487784
[10,] 0.9915117   0.008488308


$aoto
         hoto        aoto
[1,]  0.2212169   0.7787831
[2,]  0.2200788   0.7799212
[3,]  0.2189637   0.7810363
...
[9,]  0.2281698   0.7718302
[10,] 0.2282390   0.7717610
```

计算结果显示,到提前十步,aoto 的方差 77.2% 来自 aoto,22.8% 来自 hoto;而 hoto 的提前十步的方差有 0.8% 来自 aoto,99.2% 来自 hoto。这说明 hoto 的波动主要来自其本身的冲击,而 aoto 的波动有近四分之一的部分来自 hoto 的冲击。与上面把 aoto 放在 hoto 前面的计算分析结果正好相反。

这说明,在 VAR 模型的方差分解中,模型中变量的顺序非常重要,如果设置错误,结论就可能完全错误。

8.4 结构性 VAR 模型简介

1. 结构性模型

前面用 Cholesky 分解变换计算脉冲反应函数和方差分解,是因为模型误差存在相关性,即 VAR 模型中各变量之间的同期相关性。经济学中考察各变量同期相关影响问题的模型一般是结构性模型,比如研究经济增长(x)与金融发展(y)相互影响的经济学模型:

$$\begin{cases} x = \alpha_{10} - \alpha_{11} y + \alpha_{12} z_1 + \alpha_{13} z_2 + \varepsilon_1 \\ y = \alpha_{20} - \alpha_{21} x + \alpha_{22} z_1 + \alpha_{23} z_2 + \varepsilon_2 \end{cases} \qquad (8.16)$$

这里 z_1, z_2 为影响经济和金融的其他因素,$\varepsilon_1, \varepsilon_2$ 相互独立。这是一个方程组,一个方程中的因变量同时会成为另一个方程的自变量,它们相互决定、互为因果。这里的互为因果关系直接在模型中显式地表示出来,而不是隐含在误差项的相关性中。

类似的模型结构也存在于动态系统中。比如下面的结构性 VAR(SVAR)模型:

$$\begin{cases} \phi_{11} y_{1,t} = \mu_1 - \phi_{12} y_{2,t} + \gamma_{11} y_{1,t-1} + \gamma_{12} y_{2,t-1} + \eta_{1,t} \\ \phi_{22} y_{2,t} = \mu_2 - \phi_{21} y_{1,t} + \gamma_{21} y_{1,t-1} + \gamma_{22} y_{2,t-1} + \eta_{2,t} \end{cases} \qquad (8.17)$$

这里 $\eta_{1,t}$ 和 $\eta_{2,t}$ 为方差都等于 1 的独立的随机变量。显然,$\phi_{11}, \phi_{12}, \phi_{21}, \phi_{22}$ 非常清晰地刻画了同期因果关系,而不仅仅是相关性。

结构性模型对因果关系的刻画如此清晰,以至于可以直接计算脉冲反应函数和方差分解。这里的脉冲变量不能是 $y_{1,t}$ 或 $y_{2,t}$,而是 $\eta_{1,t}$ 或 $\eta_{2,t}$。因为 $y_{1,t}$ 和 $y_{2,t}$ 是相互关联的,无法保持一个不变而另一个有变化;而 $\eta_{1,t}$ 和 $\eta_{2,t}$ 相互之间独立,不存在这个问题。

上面结构性 VAR 模型(8.17)可以写成:

$$\begin{cases} \phi_{11} y_{1,t} + \phi_{12} y_{2,t} = \mu_1 + \gamma_{11} y_{1,t-1} + \gamma_{12} y_{2,t-1} + \eta_{1,t} \\ \phi_{22} y_{2,t} + \phi_{21} y_{1,t} = \mu_2 + \gamma_{21} y_{1,t-1} + \gamma_{22} y_{2,t-1} + \eta_{2,t} \end{cases}$$

改成矩阵形式为:

$$\begin{pmatrix}\phi_{11} & \phi_{12} \\ \phi_{21} & \phi_{22}\end{pmatrix}\begin{pmatrix}y_{1,t} \\ y_{2,t}\end{pmatrix}=\begin{pmatrix}\mu_1 \\ \mu_2\end{pmatrix}+\begin{pmatrix}\gamma_{11} & \gamma_{12} \\ \gamma_{21} & \gamma_{22}\end{pmatrix}\begin{pmatrix}y_{1,t-1} \\ y_{2,t-1}\end{pmatrix}+\begin{pmatrix}\eta_{1,t} \\ \eta_{2,t}\end{pmatrix} \qquad (8.18)$$

一般地，我们有 n 维结构性 VAR(p) 模型：

$$\Phi Y_t = A + B_1 Y_{t-1} + B_2 Y_{t-2} + \cdots + B_p Y_{t-p} + \eta_t \qquad (8.19)$$

这里 η_t 为相互独立的噪声，方差-协方差矩阵为单位矩阵。模型可以转化为：

$$Y_t = \Phi^{-1} A + \Phi^{-1} B_1 Y_{t-1} + \Phi^{-1} B_2 Y_{t-2} + \cdots + \Phi^{-1} B_p Y_{t-p} + \Phi^{-1} \eta_t$$

即 n 维结构性 VAR(p) 模型可以有另一种表示方式：

$$Y_t = A + B_1 Y_{t-1} + B_2 Y_{t-2} + \cdots + B_p Y_{t-p} + \Psi \eta_t \qquad (8.20)$$

上述模型(8.19)中的矩阵 Φ 或模型(8.20)中的矩阵 Ψ 被称作结构矩阵。如何用数据估计这样的结构性模型，仍是一个难题。下面介绍用简约式 VAR 模型估计结构性 VAR 模型的方法。

2. 结构性 VAR 模型的估计

结构性 VAR 模型(8.20)中，如果 η_t 是 n 维标准正态分布随机变量，$\Psi \eta_t = \varepsilon_t$，将为 n 维正态分布随机变量，方差-协方差矩阵为 $\Psi \Psi'$。模型(8.20)可以改写成：

$$Y_t = A + B_1 Y_{t-1} + B_2 Y_{t-2} + \cdots + B_p Y_{t-p} + \varepsilon_t,\ \mathrm{Var}(\varepsilon_t) = \Psi \Psi' \qquad (8.21)$$

这看起来就是通常的 VAR(p) 模型(为了与结构性 VAR 模型相对照，通常的 VAR 模型又可称简约式 VAR 模型)，好像可以直接用 MLE 方法进行模型估计。但模型(8.21)的模型误差 ε_t 的方差-协方差矩阵中有 n^2 个未知参数(由于 Ψ 中有 n^2 个未知参数)需要估计，而简约 VAR 模型中模型误差的方差-协方差矩阵只有 $n(n+1)/2$ 个未知参数需要估计，因此直接对模型(8.21)套用 MLE，参数估计不出来。

但如果矩阵 Ψ 中有些元素已知，使得矩阵 Ψ 中未知元素的个数小于等于 $n(n+1)/2$，那么直接对模型(8.21)套用 MLE，参数就可以估计出来。也就是说，有些结构性 VAR 模型(8.20)转换成简约式模型(8.21)后，可以用 MLE 估计出模型的未知参数。因此，给定一个结构性 VAR 模型[模型(8.19)或者模型(8.20)]，我们需要对系数矩阵 Φ(或者 Ψ)中的元素施加至少 $n(n-1)/2$ 个约束，使得矩阵中的未知元素的个数小于等于 $n(n+1)/2$，然后才可以用 MLE 进行估计。

对 Φ(或者 Ψ)中的元素添加约束条件的方法,主要来自经济学理论和经济学直觉,比如上述二元模型(8.17),假如 $y_{1,t}$ 为经济(GDP)增长率,$y_{2,t}$ 为货币供应量(M2)增长率,一般可以认为,货币供应量会影响到经济增长,反过来则不一定。因此,模型(8.17)中未知参数 ϕ_{21} 可以设为 0,从而达到 Φ 矩阵中的未知元素个数小于等于 $n(n+1)/2$ 的要求。

对 Φ(或者 Ψ)中的元素添加约束条件,要基于具体的模型问题选择具体的解决方案,没有统一的方法。文献中有许多有效的模型,比如 Sims and Bernanke 方法(Sims, 1980; Bernanke, 1986; Kim and Roubini, 2000)和 Blanchard and Quah 方法(Blanchard and Quah, 1989)等。

3. Cholesky 分解变换的再解释

对模型(8.20)中矩阵 Ψ 的部分元素施加约束条件,一种最简单的方法就是让它为下三角矩阵,从而矩阵 Ψ 中的未知元素个数正好等于 $n(n+1)/2$。这时,模型(8.21)中模型误差的方差-协方差矩阵 $\mathrm{Var}(\varepsilon_t)=\Psi\Psi'$ 表示为 Cholesky 分解形式,Ψ 是 $\mathrm{Var}(\varepsilon_t)$ 的 Cholesky 分解矩阵,随机向量 η_t 是随机向量 ε_t 的 Cholesky 变换。而这正好是前面讨论脉冲反应函数和方差分解时做的正交变换。计算正交脉冲反应函数和方差分解,本质上是利用 Cholesky 分解变换中的单向因果约束[上半三角矩阵元素全为零,共 $n(n-1)/2$ 个],把估计出来的简约式模型变成结构性 VAR 模型。只是在那里,没有显式地写成结构性 VAR 模型,而是直接给出了脉冲反应函数。因此,也有人把 Cholesky 分解变换计算的正交脉冲反应函数称作用了结构性 VAR 模型的脉冲反应函数。这也说明,在计算正交脉冲反应函数时,VAR 模型变量顺序的设定非常重要,需要利用经济学理论和经济学直觉。

4. R 软件估计 SVAR 模型

对比较简单的结构性 VAR 模型,R 软件"vars"程序包中的"SVAR"命令可以进行一个简化版的参数估计。比如对结构性 VAR 模型

$$\Phi Y_t = A + B_1 Y_{t-1} + B_2 Y_{t-2} + \cdots + B_p Y_{t-p} + \eta_t$$

我们先估计一个通常的简约式 VAR 模型:

$$Y_t = A + B_1 Y_{t-1} + B_2 Y_{t-2} + \cdots + B_p Y_{t-p} + \varepsilon_t$$

然后把估计结果代入"SVAR"命令中估计系数矩阵 Φ，即在最大化对数似然函数时，只改变 Φ 的数值，而保持系数矩阵 $(A, B_i, i = 1, 2, \cdots, p)$ 不变。这就是"简化版"估计方法的含义，部分参数估计不是在对整个模型似然函数的优化中得出来的。

在使用这个命令时，需要给矩阵 Φ 添加至少 $K(K-1)/2$ 个已知值的约束，即定义一个矩阵"Amat"，其中需要估计的参数赋值为"NA"，约束部分赋值为已知数。下面把交通银行 A 股和 H 股日度回报和 A 股上证综合指数日度回报拟合到一个 SVAR 模型中。

R 软件代码及主要输出结果

```
> library (readxl)
> library (vars)
> setwd ('D:/ywang/data')
> ahdata=read.table ("./ahdata.txt", header=T)
> et1=ahdata [, c ("amktoto","aoto","hoto")]
>
> #先估计一个简约式 VAR
> varout = VAR(et1, p = 2, type ="const")
>
> #对参数矩阵施加约束,需要估计的参数赋值为 NA
> amat = diag (3)
> amat[1, 2] =0.5
> diag (amat) = NA
> amat[2, 1] = NA
> amat[3, 1] = NA
> amat
     [,1] [,2] [,3]
[1,]   NA  0.5    0
[2,]   NA   NA    0
[3,]   NA  0.0   NA
>
> #估计结构性矩阵参数
> svarout=SVAR(x = varout, estmethod ="direct", Amat = amat)
> summary(svarout)
```

```
Estimated A matrix:
             amktoto   aoto    hoto
amktoto      16.088    0.50    0.00
aoto          9.072   52.19    0.00
hoto         -6.445    0.00   39.69
...
Covariance matrix of reduced form residuals (* 100):
             amktoto      aoto       hoto
amktoto      0.39059   -0.06904    0.06342
aoto        -0.06904    0.04891   -0.01121
hoto         0.06342   -0.01121    0.07376
```

上述例子给结构矩阵 Φ（R 软件用矩阵 A 表示）中的 4 个元素提前规定了数值。按照前面的讨论，需要给该矩阵至少添加 3 个 $[=K(K-1)/2=3\times2/2]$ 约束，这里多约束了 1 个，符合规定。上述程序估计出了矩阵 Φ 中的其他 5 个未知参数。

8.5 应用范例：中国货币政策有效性评估

货币政策是宏观调控的重要手段之一，中国人民银行希望通过调节货币供应量来调节经济增长速度，调节就业率。宏观经济学理论对货币政策的成效有许多讨论，而实证评估货币政策是一件比较困难的事情。使用基于 VAR 模型的脉冲反应函数是被广泛使用的一种方法。下面我们分析 M2、GDP 和 CPI 之间的动态关系。

数据期间为 1995 年第四季度到 2022 年第一季度。我们首先对 M2、GDP 和 CPI 的原始数据进行季节调整以方便构建更简洁的 VAR 模型，然后对数差分并进行单位根检验，发现这三个变量的对数差分都是平稳过程，最后再建立 VAR 模型。由于这三个变量中，M2 是政策变量，最有外生性质，因此把它放在变量向量的第一个。CPI 和 GDP 变量没有明确的因果关系，我们简单地把 CPI 放在第二位，把 GDP 放在最后。AIC 准则选择 VAR(1)模型，估计出模型后，计算脉冲反应函数，结果报告在图 8.4 中。

R 软件代码及主要输出结果

```r
> library(readxl)
> library(seasonal)
> library(urca)
> library(vars)
> #读入、合并数据
> setwd('D:/ywang/data')
> mydata1=read_excel('./GDP.xlsx',sheet='Sheet1')
> mydata2=read_excel('./CPI.xlsx',sheet='Sheet2')
> mydata=merge(mydata1,mydata2,by=c("date"))
> head(mydata)
> attach(mydata)
> gdp=ts(gdp,start=c(1995,4),frequency=4)
> m2=ts(m2,start=c(1995,4),frequency=4)
> cpi=ts(cpi,start=c(1995,4),frequency=4)
>
> #季节调整
> adj=seas(gdp,x11="")
> summary(adj)
> plot(adj)
> agdp=seasonal::series(adj,c('d11'))
>
> adj=seas(m2,x11="")
> summary(adj)
> plot(adj)
> am2=seasonal::series(adj,c('d11'))
>
> adj=seas(cpi,x11="")
> summary(adj)
> plot(adj)
> acpi=seasonal::series(adj,
>
> #差分,单位根检验
> dlgdp=diff(log(agdp))
> dlm2=diff(log(am2))
> dlcpi=diff(log(acpi))
> k=trunc((length(dlgdp)-1)-(1/3))
```

```
> df=ur.df(dlgdp,type=c("trend"),lags=k,selectlags=c("AIC"))
> summary(df)
Value of test-statistic is : -6.0109  12.0578  18.0867
Critical values for test statistics:
     1pct   5pct   10pct
tau3 -3.99  -3.43  -3.13
phi2  6.22   4.75   4.07
phi3  8.43   6.49   5.47
>
> df=ur.df(dlm2,type=c("trend"),lags=k,selectlags=c("AIC"))
> summary(df)
Value of test-statistic is:-4.8048  7.7479  11.5615
Critical values for test statistics:
     1pct   5pct   10pct
tau3 -3.99  -3.43  -3.13
phi2  6.22   4.75   4.07
phi3  8.43   6.49   5.47
>
> df=ur.df(dlcpi,type=c("trend"),lags=k,selectlags=c("AIC"))
> summary(df)
Value of test-statistic is:-4.1827  5.8339  8.7494
Critical values for test statistics :
     1pct   5pct   10pct
tau3 -3.99  -3.43  -3.13
phi2  6.22   4.75   4.07
phi3  8.43   6.49   5.47
>
> #选择模型
> vdat=cbind(dlm2, dlcpi, dlgdp)
> VARselect(vdat, lag.max = 5, type ="const ")
$selection
AIC(n)  HQ(n)  SC(n)  FPE(n)
  1       1      1       1
>
> #估计模型
> outv=VAR(vdat, p=1, type='const')
> summary(outv)
```

```
> 
> #计算脉冲反应函数
> outirf=irf (outv, impulse="dlm2", response=c ("dlm2", "dlcpi", "dl-
gdp"),
+ n.ahead = 10, ortho = TRUE, cumulative = FALSE, ci = 0.95)
> plot (outirf)
> outirf
Impulse response coefficients
$dlm2
        dlm2           dlcpi          dlgdp
[1,]  9.778389e-03  -3.930683e-04   3.250687e-04
[2,]  5.304540e-03   1.889897e-04   2.298769e-03
[3,]  2.739838e-03   4.223811e-04   1.476398e-03
[4,]  1.361261e-03   3.686371e-04   9.380586e-04
[5,]  6.474395e-04   2.615034e-04   5.522932e-04
[6,]  2.924504e-04   1.665293e-04   3.094445e-04
[7,]  1.233891e-04   9.892800e-05   1.660490e-04
> 
> outirf=irf (outv, impulse="dlgdp", response=c ("dlm2","dlcpi","dl-
gdp"),
+ n.ahead = 10, ortho = TRUE, cumulative = FALSE, ci = 0.95)
> plot (outirf)
```

图 8.4 是 dlm2、dlcpi 和 dlgdp 对 dlm2 脉冲的反应。可以看出,中国人民银行增加 M2 的供应量后,由于市场的货币创造等过程,市场中流通的 M2 会持续保持增长,直到四个季度后,滞后反应趋近于零。GDP 的反应图显示,中国人民银行增加 M2 的供应量后,当期 GDP 并没有显著反应,但滞后一期后,GDP 增速显著上升,然后增速慢慢下降,但仍保持显著水平直到第六个季度。看程序给出的脉冲反应函数值可以发现,在第 1 期,M2 增加 0.9778%(因为数据经过对数差分处理,9.778389e-03 代表 0.9778%的增长,下同),接下来 GDP 在第 2 期增加 0.2299%,在第 3 期增加 0.1476%,直到第 6 期都有显著的 0.0309%。可见,调节货币供应量 M2 确实可以调节经济增长速度。

按照宏观经济学理论,货币供应量的增加会导致通货膨胀,这是货币政策工具

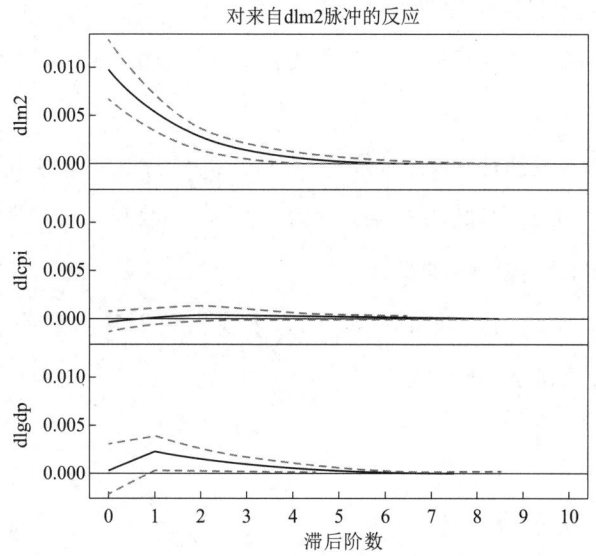

图 8.4　中国货币政策评估：各变量对货币供应量增长率脉冲的反应函数
注：实线表示脉冲反应函数值，虚线表示 95% 的置信区间。

的副作用。图 8.4 中的 dlcpi 对 dlm2 脉冲的反应一直都不显著，表明中国人民银行增加货币供应量并没有显著推高物价水平。如果推论正确，这可能是所有宏观经济管理机构最乐意看到的。在中国，为什么观测不到货币政策的这个副作用？有文献提出，中国货币供应量增加，通货膨胀的压力被房地产价格承担了，而没有进入居民消费价格指数。如果有时间跨度足够长且质量高的房地产价格数据，并将其加到这里的 VAR 模型中，或许可以直接验证这一猜想。

练习题

1. 推导出过程 $(1-0.4L-0.3L^2-0.1L^3)(y_t-1)=\varepsilon_t$ 的简单脉冲反应函数（到向前四步）。

2. 假设第 7 章练习题 1 中 VAR 模型误差的方差-协方差矩阵为 $\begin{pmatrix} 0.9 & 0.1 \\ 0.2 & 0.4 \end{pmatrix}$，

请给出该模型过程的正交脉冲反应函数(到向前四步)。

3. 在对 VAR 模型计算脉冲反应时,为什么一般先做 Cholesky 分解？是否必须要做？

4. 在对 VAR 模型计算方差分解时,是否必须要先做 Cholesky 分解？为什么？

5. 利用第 7 章练习题 3 中的数据,检验 2000—2022 年上证综合指数与恒生指数日度回报之间的格兰杰因果关系。

6. 利用第 7 章练习题 5 中的数据,建立 VAR 模型,计算脉冲反应函数和方差分解,并对结果进行解读。

第 9 章

协 整

协整过程是一个特殊的多元非平稳时间序列过程。许多经济学、金融学理论的检验都可以转化成协整过程的检验。协整模型还有重要的预测功能。我们在这一章将介绍协整的数学定义及经济含义、协整关系的检验、协整误差修正模型及其应用。

9.1 长期均衡与协整

1. 非平稳过程间的长期均衡现象

线性回归模型是建立在平稳变量基础上的,对于非平稳变量,一般来说,不能使用线性回归模型,否则可能出现伪回归等诸多问题。如果变量是单位根过程,就要先对非平稳数据进行差分处理。但这样处理有许多局限性,一个例子是,当两个单位根过程之间确实存在某种因果关系时,比如招商银行 A 股的价格,按基本面定价原理来说,就应该等于经人民币-港币汇率调整后的 H 股价格,由于股价是对数单位根过程,因此先进行差分处理,"招商银行 A 股和 H 股价格经汇率调整后是否相等"的假说就没有办法进行检验,对数差分后的变量是回报,而不是股价本身。

经济学理论告诉我们,许多非平稳变量,比如金融资产的期货价格与现货价格之间可能有着长期的均衡关系,又如汇率中的购买力平价理论认为,商品的国内价格等于经汇率调整后的国外价格,等等。这种均衡关系意味着经济系统不存在破坏均衡的内在机制,如果变量在某时期受到干扰后偏离其长期均衡点,则均衡机制将会在下一期进行调整以使其重新回到均衡状态。既然这种均衡关系只是从长期平均来看成立,而在具体的一个时间点存在偏离,那么该如何检验均衡关系是否成立?

2. 协整的定义

把上面的现象写成模型的形式,比如 x_t 为招商银行 A 股的对数价格,y_t 为经人民币-港币汇率调整后的 H 股对数价格,x_t,y_t 都不平稳,但 $y_t = x_t + \varepsilon_t$ 正确地提示了 x_t 和 y_t 之间长期稳定的"均衡关系",x_t 和 y_t 对其均衡点的偏离 ε_t 从本质上说是"临时性"的。因此,随机扰动项 ε_t 必须是平稳的(甚至是均值回归的)。如果 ε_t 有随机性趋势(上升或下降),则会导致 y_t 对其均衡点的任何偏离都会被长期累积下来而无法被消除,那就不可能有长期均衡关系。因此,招商银行 A 股和 H 股对数股价时间序列非平稳的线性组合 $(y_t - x_t)$ 也可能是平稳的。这种现象也被称作协整。

下面给出更一般一些的协整定义:

定义 9.1 如果序列 $Y_t = (y_{1,t}, y_{2,t}, \cdots, y_{n,t})'$ 的每个分量 $y_{i,t}$ 都是 d 阶单位根过程,并且存在向量 $\alpha = (\alpha_1, \alpha_2, \cdots, \alpha_n)$,使得 $\mu_t = \alpha Y_t$ 为 b 阶单位根过程,$d > b$,那么 Y_t 被称为 (d, b) 阶协整,α 为协整向量。特别地,如果 $d = 1, b = 0$,Y_t 被简称为协整。

最常见的协整过程是 $(1, 0)$ 阶协整,即 $(y_{1,t}, y_{2,t}, \cdots, y_{n,t})$ 都是一阶单位根过程,而它们的一个线性组合是平稳的。上述招商银行 A 股和 H 股对数股价现象,就是 $Y_t = (y_t, x_t), \alpha = (1, -1)$ 的特殊情形。

上述协整的定义表面上看纯粹是一个数学公式,但其经济含义是,几个经济变量之间存在均衡关系。

另外,按照定义 9.1,对多元序列过程 $Y_t = (y_{1,t}, y_{2,t}, \cdots, y_{n,t})'$,有可能存在多个不同的向量 α,使得不同的 $\mu_t = \alpha Y_t$ 都是平稳过程,即存在多个协整向量。从数学上看,这没有问题。在经济学直觉上,这意味着这些经济变量之间存在多重均衡关系。多重均衡问题是经济学中一个有意思的话题。

关于协整,有另一个稍微有些差别的定义(Stock and Watson,1988):

定义 9.2 n 个单位根过程 $y_{1,t}, y_{2,t}, \cdots, y_{n,t}$,如果它们都是由 $d(d < n-1)$ 个共同的单位根过程的线性组合构成的,那么 $y_{1,t}, y_{2,t}, \cdots, y_n$ 构成协整。

这个定义有时可以帮助我们更容易地理解协整,比如在二维的情况下,协整意味着两个单位根过程其实有一个共同的趋势成分。这个定义也方便我们用计算机模拟一个协整过程,在第9.3节将会用到。

9.2 协整的检验

9.2.1 Engle-Granger 检验方法

为了检验一组时间序列过程 $\{y_{1,t}, y_{2,t}, \cdots, y_{n,t}\}$ 是否为协整,可以直接用协整的定义9.1进行分步检验。这一方法首先由 Engle and Granger(1987)提出,故也被称为 EG 检验。

1. EG 检验的基本步骤

第一步,分别检验 $(y_{1,t}, y_{2,t}, \cdots, y_{n,t})$ 中每个过程是不是一阶单位根过程。如果不是,不符合定义,不是协整,停止。如果都是,进入下一步。

第二步,把其中一个过程,比如 $y_{n,t}$,对其他的过程进行 OLS 回归,即用 OLS 方法估计模型

$$y_{n,t} = \alpha_0 + \alpha_1 y_{1,t} + \alpha_2 y_{2,t} + \cdots + \alpha_{n-1} y_{n-1,t} + \varepsilon_t$$

并计算拟合误差 $\hat{\varepsilon}_t$。这个回归也被称作协整回归。

第三步,检验拟合误差序列 $\{\hat{\varepsilon}_t\}$ 的平稳性。如果平稳,则原序列为协整。如果不平稳,则原序列不是协整。

在上述第二步的协整回归中,所有变量都是非平稳的,一般情况下,非平稳过程之间的回归分析有可能是伪回归,参数估计不一定一致。但 Stock(1987)证明了,如果解释变量和被解释变量构成协整,那么参数的 OLS 估计是一致的,并且收敛速度更快。这时协整回归系数 $(\alpha_1, \alpha_2, \cdots, \alpha_{n-1}, -1)$ 就构成了协整向量。

2. 协整单位根检验

我们把第三步的单位根检验称作协整单位根检验,因为第三步的单位根检验

与第一步的单位根检验有些差别。第一步的单位根检验的方法就是第 5 章中介绍的通常的单位根检验,而第三步对拟合误差序列的平稳性的检验步骤还是 DF 检验的步骤,但计算出的"t 统计量"不再是 τ 分布。由于这里的 DF 检验是针对协整回归计算出的拟合误差项 $\{\hat{\varepsilon}_t\}$,而非真正的非均衡误差 ε_t 进行的,因此检验回归变量的"t 统计量"将进一步向下偏倚,即判断显著性的阈值比通常的 DF 分布阈值还要小(绝对值更大)。

MacKinnon(1991)通过模拟方法给出了这时单位根检验的"t 统计量"分布的阈值,比如表 9.1 中左半部分是双变量(协整问题中只有两个时间序列过程$\{y_{1,t},y_{2,t}\}$)情形下不同样本容量的阈值。为了直接比较,表 9.1 右半部分报告了前面讨论的通常的 DF 分布(DF2 分布部分)的阈值。

表 9.1 双变量协整单位根检验分布阈值

样本规模	协整 DF 检验			DF 检验		
	1%	5%	10%	1%	5%	10%
50	-4.12	-3.46	-3.13	-3.58	-2.93	-2.60
100	-4.01	-3.40	-3.09	-3.51	-2.89	-2.58
200	-3.95	-3.37	-3.07	-3.47	-2.88	-2.57
500	-3.92	-3.35	-3.05	-3.44	-2.87	-2.57

通常的 DF 检验有三种回归模型:既没有截距项也没有时间趋势项、只有截距项没有时间趋势项、既有截距项又有时间趋势项。协整单位根检验也有这三种情形,表 9.1 是回归模型中加了截距项的。但如果在上述 EG 检验第二步协整回归的回归模型中加入截距项和时间趋势项,那么模型误差就不会再有非零的均值或时间趋势项,从而 EG 检验第三步的协整单位根检验中就不需要再考虑这两项。也就是说,要么在协整回归时考虑是否加入截距项和时间趋势项,要么在协整单位根检验时考虑,不需要两边都考虑。比较方便的做法是在协整回归时考虑。

使问题变得更复杂的是,这个协整单位根检验"t 统计量"分布还依赖于协整过

程的维数 n，即检验的时间序列过程 $\{y_{1,t}, y_{2,t}, \cdots, y_{n,t}\}$ 的维数。不同的维数将会有不同的分布。MacKinnon(1991)通过模拟方法给出了各种维数时三种协整回归情况下的协整单位根检验的"t 统计量"分布的阈值，表 9.2 和表 9.3 是根据 MacKinnon(2010)的结果编制的。

表 9.2　协整单位根检验分布阈值表：只有截距项

变量数	显著性/样本数	50	100	250	500	10 000
2	0.01	−4.12	−4.01	−3.94	−3.92	−3.90
2	0.05	−3.46	−3.40	−3.36	−3.35	−3.34
2	0.10	−3.13	−3.09	−3.06	−3.05	−3.04
3	0.01	−4.60	−4.44	−4.35	−4.32	−4.30
3	0.05	−3.92	−3.83	−3.78	−3.76	−3.74
3	0.10	−3.58	−3.51	−3.48	−3.46	−3.45
4	0.01	−5.02	−4.83	−4.72	−4.68	−4.65
4	0.05	−4.33	−4.21	−4.14	−4.12	−4.10
4	0.10	−3.98	−3.89	−3.84	−3.83	−3.81
5	0.01	−5.41	−5.18	−5.05	−5.00	−4.96
5	0.05	−4.70	−4.56	−4.47	−4.44	−4.42
5	0.10	−4.35	−4.24	−4.17	−4.15	−4.13
6	0.01	−5.78	−5.51	−5.35	−5.30	−5.25
6	0.05	−5.05	−4.88	−4.77	−4.74	−4.71
6	0.10	−4.69	−4.56	−4.48	−4.45	−4.43
7	0.01	−6.13	−5.81	−5.63	−5.57	−5.52
7	0.05	−5.38	−5.18	−5.06	−5.02	−4.98
7	0.10	−5.01	−4.85	−4.76	−4.73	−4.70
8	0.01	−6.46	−6.11	−5.90	−5.83	−5.77
8	0.05	−5.70	−5.46	−5.32	−5.28	−5.23
8	0.10	−5.32	−5.13	−5.02	−4.99	−4.95

表 9.3　协整单位根检验分布阈值表：有截距项和时间趋势项

变量数	显著性/样本数	50	100	250	500	10 000
2	0.01	−4.65	−4.49	−4.39	−4.36	−4.33
2	0.05	−3.98	−3.88	−3.82	−3.80	−3.78
2	0.10	−3.64	−3.57	−3.52	−3.51	−3.50
3	0.01	−5.06	−4.86	−4.74	−4.70	−4.66
3	0.05	−4.36	−4.24	−4.17	−4.14	−4.12
3	0.10	−4.02	−3.93	−3.87	−3.85	−3.84
4	0.01	−5.44	−5.20	−5.06	−5.01	−4.97
4	0.05	−4.73	−4.58	−4.49	−4.46	−4.43
4	0.10	−4.37	−4.26	−4.19	−4.17	−4.15
5	0.01	−5.80	−5.52	−5.36	−5.31	−5.26
5	0.05	−5.07	−4.89	−4.79	−4.75	−4.72
5	0.10	−4.71	−4.57	−4.49	−4.46	−4.44
6	0.01	−6.15	−5.82	−5.64	−5.58	−5.52
6	0.05	−5.40	−5.19	−5.06	−5.02	−4.98
6	0.10	−5.03	−4.86	−4.77	−4.73	−4.70
7	0.01	−6.48	−6.11	−5.90	−5.83	−5.77
7	0.05	−5.71	−5.47	−5.33	−5.28	−5.24
7	0.10	−5.33	−5.14	−5.03	−4.99	−4.96
8	0.01	−6.79	−6.39	−6.15	−6.08	−6.00
8	0.05	−6.01	−5.74	−5.58	−5.52	−5.47
8	0.10	−5.62	−5.41	−5.28	−5.23	−5.19

3. EG 检验在 R 软件中的实施

下面检验招商银行 2006—2022 年 A 股和 H 股对数价格及汇率之间是否存在协整关系。

第一步，读入数据并做预处理，然后对 A 股和 H 股对数价格和对数汇率过程进行单位根检验。

R 软件代码及主要输出结果

```
> #读入数据、合并数据
> library(readxl)
> setwd('D:/ywang/data')
> hdata=read_excel('./zhaoshang.xlsx',sheet='Sheet3')
> hdata1=hdata[,c("Trddt","ClosePrice")]
> adata=read_excel('./zhaoshang.xlsx',sheet='Sheet4')
> adata1=adata[,c("Trddt","Clsprc")]
> exdata=read_excel('./zhaoshang.xlsx',sheet='Sheet2')
> exdata1=exdata[,c("Trddt","Hkdrmb")]
> mydata=merge(adata1,hdata1,by=c("Trddt"))
> mydata=merge(mydata,exdata1,by=c("Trddt"))
> mydata$laprc=log(mydata$Clsprc)
> mydata$lhprc=log(mydata$ClosePrice)
> mydata$lex=log(mydata$Hkdrmb)
>
> #单位根检验
> library(urca)
> k=trunc((length(mydata$laprc)-1)^(1/3))
> df1=ur.df(mydata$laprc,type=c("trend"),lags=k,selectlags=c("AIC"))
> summary(df1)


Coefficients:
             Estimate    Std. Error   t value   Pr(>|t|)
(Intercept)  8.733e-03   4.004e-03    2.181     0.0293 *
z.lag.1     -2.603e.03   1.319e-03   -1.973     0.0485 *
tt           3.903e-07   4.685e-07    0.833     0.4048
z.diff.lag  -6.373e-03   1.778e-02   -0.358     0.7201

Value of test-statistic is: -1.9735  2.4748  3.003

Critical values for test statistics:
      1pct   5pct   10pct
tau3  -3.96  -3.41  -3.12
phi2   6.09   4.68   4.03
phi3   8.27   6.25   5.34

> df2=ur.df(mydata$laprc, type=c("drift"),lags=1)
```

```
> summary(df2)

Coefficients :
Estimate     Std. Error  t value  Pr(>|t|)
(Intercept)  0.006173    0.002566  2.405   0.0162 *
z.lag.1     -0.001690    0.000733 -2.305   0.0212 *
z.diff.lag  -0.007062    0.017763 -0.398   0.6910

Value of test-statistic is : -2.3049 3.3655

Critical values for test statistics :
      1pct   5pct   10pct
tau2 -3.43  -2.86  -2.57
phi1  6.43   4.59   3.78

> df3=ur.df(mydata$laprc, type=c("none"),lags=1)
> summary(df3)

Coefficients :
Estimate     Std. Error  t value  Pr(>|t|)
z.lag.1      6.608e-05   6.803e-05  0.971   0.331
z.diff.lag  -6.997e-03   1.778e-02 -0.394   0.694

Value of test-statistic is : 0.9713

Critical values for test statistics :
      1pct   5pct   10pct
tau1 -2.58  -1.95  -1.62
```

上述 R 软件程序为对 A 股对数价格的单位根检验过程。先用带时间趋势项的回归模型得到 DF 统计量为 -1.9735，不能拒绝是单位根，ϕ_3 统计量为 3.003，表明可以用不加时间趋势项的回归模型。这时的 DF 统计量为 -2.3049，不能拒绝是单位根，ϕ_1 统计量为 3.3655，表明可以进一步用不加截距项的回归模型。此时的 DF 统计量为 0.9713，不能拒绝是单位根。因此最终结果是，不能拒绝 A 股对数价格是单位根的假说。类似地，检验 H 股对数价格和对数汇率过程，为了节约篇幅，没有报告检验过程，检验结果是，不能拒绝它们是单位根过程。

第二步,协整回归,保留拟合误差。

R 软件代码及主要输出结果

```
> #协整回归
> ols1=lm(laprc~lhprc+lex,data=mydata)
> summary(ols1)

Coefficients:
Estimate     Std. Error  t value   Pr(>|t|)
(Intercept)  0.479574    0.007417  64.66     <2e-16 ***
lhprc        0.857979    0.002167  395.96    <2e-16 ***
lex         -0.488228    0.020467  -23.85    <2e-16 ***
> res=residuals(ols1)
```

第三步,对拟合误差进行协整单位根检验。

R 软件代码及主要输出结果

```
> df6=ur.df(res,type=c("none"),lags=k,selectlags=c("AIC"))
> summary(df6)

Coefficients:
Estimate    Std. Error  t value  Pr(>|t|)
z.lag.1       -0.0179787   0.0049429  -3.637   0.000280 ***
z.diff.lag1    0.0032108   0.0181005   0.177   0.859215
z.diff.lag2   -0.4083638   0.0180977  -22.564  <2e-16 ***
z.diff.lag3   -0.0003531   0.0194213  -0.018   0.985494
...
z.diff.lag13  -0.0016655   0.0177199  -0.094   0.925124
z.diff.lag14  -0.0720815   0.0177157  -4.069   4.84e-05 ***
Value of test-statistic is : -3.6373

Critical values for test statistics :

       1pct   5pct   10pct
tau1  -2.58  -1.95  -1.62
```

上述单位根检验过程显示,滞后项的"t 统计量"为-3.6373,但它现在不是 DF 分布,而是协整单位根检验的分布。

第四步,查协整单位根检验阈值表(表9.2)。这里的"t 统计量"为 -3.6373,表9.2中三个变量对应的阈值为 -3.45。可知,误差过程在10%的显著性水平下平稳。因此,招商银行 A 股和 H 股对数股价及对数汇率构成协整。

4. EG 检验的问题

EG 协整检验需要做协整回归,那么多元时间序列中哪个变量应该作为被解释变量?不同的选择,检验结果可能会不一样。另外,一旦选定回归模型形式,OLS 回归将给出唯一的参数估计,从而得到唯一的协整向量。但我们知道,按定义,事实上有可能有多个协整向量的情况。因此,EG 协整检验只能检验只有一个协整向量的情况。

Phillips and Ouliaris(1990)提出 Phillips-Ouliaris 协整检验方法(PO 方法),可以解决协整回归时被解释变量的选择问题。R 软件程序包"urca"中的"ca.po"命令可以用来进行 PO 检验。但 PO 检验无法解决可能存在多个协整向量情况的问题。后面将要介绍的 Johansen 协整检验方法可以同时解决被解释变量选择及多个协整向量这两个问题。

尽管如此,最简单直观的检验方法还是 EG 检验。

9.2.2 协整检验的应用

经济学一些理论的检验可以直接转化成协整检验。比如按照基本面定价,长期来看招商银行 A 股价格(Pa)应该等于经过汇率(E)调整的 H 股价格(Ph):

$$Pa = Ph \cdot E$$

等式两边取对数,有:

$$\ln Pa = \ln Ph + \ln E$$

令 $pa = \ln Pa, ph = \ln Ph, e = \ln E$,那么短期来看,有:

$$pa_t = ph_t + e_t + \varepsilon_t$$

即这里基本面定价理论的检验,就是 A 股对数价格、H 股对数价格和对数汇率的协整检验,并且协整回归向量应该是$(1, -1, -1)$。类似地,外汇市场理论中购买力平价理论的检验,也是国内对数价格、国外对数价格和对数汇率的协整检验,并且协整回归向量也应该是(1,-1,-1)。

期货无套利定价理论认为,标的物价格为 S_t、到期时间为 T 的期货价格为 $P_t = S_t e^{d(T-t)}$(这里 d 为便利收益率),可以转化为:

$$\ln P_t = \alpha + \beta t + \ln S_t + \varepsilon_t$$

因此,期货无套利定价理论的检验,可以转化为带时间趋势项的协整关系检验。

前面招商银行 A 股和 H 股股价协整关系检验的例子,其实就是招商银行 A 股和 H 股基本面定价理论的检验。前面协整关系检验的结果是不能拒绝协整关系,一定程度上验证了基本面定价理论。但其中第二步的协整回归中得到的协整向量为(1,-0.858,0.488),不是理论上的(1,-1,-1),因此尽管协整关系成立,但基本面定价原理在这里并未得到完全验证。

9.3 误差修正模型

对非平稳时间序列,先差分处理再建立经典回归分析模型的做法对协整过程会产生两个问题。第一,如上述所讨论的,差分处理后,无法检验过程本身是否存在均衡关系。第二,如果采用差分形式进行估计,则关于变量水平值的重要信息将被忽略,这时模型只有短期关系。从长期均衡的观点看,y_t 在第 t 期的变化不仅取决于 x_t 本身的变化,还取决于它们在 $t-1$ 期的不均衡程度。而简单的差分模型,并没有利用这个上期不均衡程度的信息。

因此,我们有必要引入新的模型方法。

9.3.1 误差修正模型的定义

为了说明问题,先考虑一个简单的二维过程 VAR(1)过程:

$$\begin{pmatrix} x_t \\ y_t \end{pmatrix} = \begin{pmatrix} \alpha_1 \\ \alpha_2 \end{pmatrix} + \begin{pmatrix} \beta_{11} & \beta_{12} \\ \beta_{21} & \beta_{22} \end{pmatrix} \begin{pmatrix} x_{t-1} \\ y_{t-1} \end{pmatrix} + \begin{pmatrix} \varepsilon_{1t} \\ \varepsilon_{2t} \end{pmatrix} \quad (9.1)$$

进行差分,从而有:

$$\begin{pmatrix} \Delta x_t \\ \Delta y_t \end{pmatrix} = \begin{pmatrix} \alpha_1 \\ \alpha_2 \end{pmatrix} + \begin{pmatrix} \beta_{11}-1 & \beta_{12} \\ \beta_{21} & \beta_{22}-1 \end{pmatrix} \begin{pmatrix} x_{t-1} \\ y_{t-1} \end{pmatrix} + \begin{pmatrix} \varepsilon_{1t} \\ \varepsilon_{2t} \end{pmatrix} \quad (9.2)$$

记 $\pi = \begin{pmatrix} \beta_{11}-1 & \beta_{12} \\ \beta_{21} & \beta_{22}-1 \end{pmatrix}$，按照矩阵 π 的秩，分三种情况。

1. 二维单位根过程

情况 Ⅰ：π 的秩 $=0$。

即 $\beta_{11}=\beta_{22}=1$，$\beta_{12}=\beta_{21}=0$，从而模型(9.2)变成：

$$\begin{pmatrix} \Delta x_t \\ \Delta y_t \end{pmatrix} = \begin{pmatrix} \alpha_1 \\ \alpha_2 \end{pmatrix} + \begin{pmatrix} \varepsilon_{1t} \\ \varepsilon_{2t} \end{pmatrix}$$

即 x_t 和 y_t 是二维的单位根过程，它们不构成协整。如果扰动项 ε_{1t}，ε_{2t} 独立，则 x_t 和 y_t 是两个独立的单位根，更容易看出它们不可能是协整。既然是二维的单位根过程，也就可以直接考察它们的差分，即前面介绍的 VAR 过程。

事实上，我们也可以直接考察模型(9.1)的平稳性，其特征方程为 $|Iz-B|=0$，即

$$z^2 - (\beta_{11}+\beta_{22})z + \beta_{11}\beta_{22} - \beta_{12}\beta_{21} = 0 \quad (9.3)$$

当 $\beta_{11}=\beta_{22}=1$，$\beta_{12}=\beta_{21}=0$ 时，方程(9.3)有两个解：$z_1=z_2=1$，即两个单位根，而按照协整定义(9.2)，协整意味着系统中只有一个单位根。

2. 二维平稳过程

情况 Ⅱ：π 的秩 $=2$。

即

$$(\beta_{11}-1)(\beta_{22}-1) - \beta_{12}\beta_{21} \neq 0$$

因此，这时模型(9.1)的特征方程(9.3)的根不可能为 1，即没有单位根。如果进一步地，特征根都在单位圆内，那么 x_t 和 y_t 都是平稳的，可以直接估计模型(9.1)。

3. 二维协整过程

情况 Ⅲ：π 的秩 $=1$。

即存在 $k<\infty$，使得 $\dfrac{\beta_{11}-1}{\beta_{21}} = \dfrac{\beta_{12}}{\beta_{22}-1} = k$，不妨设 $\beta_{21} \neq 0$，这时模型(9.2)可以改写为：

$$\begin{pmatrix}\Delta x_t \\ \Delta y_t\end{pmatrix} = \begin{pmatrix}\alpha_1 \\ \alpha_2\end{pmatrix} + \begin{pmatrix}k\beta_{21} & k(\beta_{22}-1) \\ \beta_{21} & \beta_{22}-1\end{pmatrix}\begin{pmatrix}x_{t-1} \\ y_{t-1}\end{pmatrix} + \begin{pmatrix}\varepsilon_{1t} \\ \varepsilon_{2t}\end{pmatrix}$$

$$= \begin{pmatrix}\alpha_1 \\ \alpha_2\end{pmatrix} + \begin{pmatrix}k\beta_{21} \\ \beta_{21}\end{pmatrix}\left(1, \frac{\beta_{22}-1}{\beta_{21}}\right)\begin{pmatrix}x_{t-1} \\ y_{t-1}\end{pmatrix} + \begin{pmatrix}\varepsilon_{1t} \\ \varepsilon_{2t}\end{pmatrix}$$

令 $\beta = \dfrac{\beta_{22}-1}{\beta_{21}}$，$\mu_{t-1} = x_{t-1} + \beta y_{t-1}$，上式可写成：

$$\begin{pmatrix}\Delta x_t \\ \Delta y_t\end{pmatrix} = \begin{pmatrix}\alpha_1 \\ \alpha_2\end{pmatrix} + \begin{pmatrix}k\beta_{21} \\ \beta_{21}\end{pmatrix}\mu_{t-1} + \begin{pmatrix}\varepsilon_{1t} \\ \varepsilon_{2t}\end{pmatrix} \tag{9.4}$$

如果 μ_t 过程平稳，从方程(9.4)可知，Δx_t 和 Δy_t 都平稳，从而 x_t 和 y_t 都是单位根。而它们的线性组合 $\mu_t = x_t + \beta y_t$ 平稳，因此 x_t 和 y_t 构成协整。

事实上，这时系统(9.1)只有一个单位根。容易验证，当 $\dfrac{\beta_{11}-1}{\beta_{21}} = \dfrac{\beta_{12}}{\beta_{22}-1} = k$ 时，特征方程(9.3)有两个不同实根，且其中一个为 1[把 $\beta_{11} = 1 + k\beta_{21}$，$\beta_{12} = k(\beta_{22}-1)$ 代入方程(9.3)，有 $(\beta_{22}+k\beta_{21}) - (1+k\beta_{21}+\beta_{22})z + z^2 = 0$，显然 $z = 1$ 是它的一个根，并且 $\Delta = (k\beta_{21}+\beta_{22}-1)^2 > 0$]。

我们在讨论 VAR 模型的平稳性时，知道如果不是所有的特征根都在单位圆内，则系统不平稳，但我们不知道如果有一个特征根是 1，另一个特征根在单位圆内，是如何不平稳。现在我们知道了，是协整。

4. VECM 模型

上述协整情况下，x_t 和 y_t 差分后的 VAR 模型是方程(9.4)，与通常的 VAR 模型不同，多了一个外生变量 μ_{t-1}。

由于外生变量 $\mu_t = x_t + \beta y_t$ 平稳，即长期均值存在，不妨设这个长期均值等于零，意味着长期来看，$x_t + \beta y_t = 0$，μ_{t-1} 正好是上一期系统与长期均衡的偏离程度，即误差，因此，这时的差分 VAR 模型(9.4)中有一个误差修正项：

$$\begin{pmatrix}k\beta_{21} \\ \beta_{21}\end{pmatrix}\mu_t \tag{9.5}$$

我们把差分 VAR 模型(9.4)称作向量误差修正模型(vector error correction model, VECM)。也就是说，如果是协整，差分过程就不可能是通常的 VAR 形式，应该再加上一个误差修正项(9.5)。

5. 误差修正速度

在 VECM 模型(9.4)的误差修正项中，μ_{t-1} 是上一期的均衡误差，$k\beta_{21}$ 和 β_{21} 则分别衡量了 Δx_t 和 Δy_t 对这个均衡误差的纠正速度，即 x_t 和 y_t 回到均衡的速度不一样。

看一个极端情况 $k=0$，即 x_t 不对偏离均衡作出调整，只有 y_t 作出调整。为什么？按定义，$k = \dfrac{\beta_{11}-1}{\beta_{21}} = \dfrac{\beta_{12}}{\beta_{22}-1}$，即 $\beta_{12}=0, \beta_{11}=1$，这时原过程(9.1)变成：

$$\begin{pmatrix} x_t \\ y_t \end{pmatrix} = \begin{pmatrix} \alpha_1 \\ \alpha_2 \end{pmatrix} + \begin{pmatrix} 1 & 0 \\ \beta_{21} & \beta_{22} \end{pmatrix} \begin{pmatrix} x_{t-1} \\ y_{t-1} \end{pmatrix} + \begin{pmatrix} \varepsilon_{1t} \\ \varepsilon_{2t} \end{pmatrix}$$

即 x_{t-1} 会影响 y_t，而 y_{t-1} 不会影响 x_t，即 x_t 是 y_t 的格兰杰原因。

在一般情况下，影响误差修正速度的因素，是系统各时间序列过程之间的因果关系。

6. 高维高阶 VECM 模型

类似地，我们可以讨论高维高阶的 VECM 模型。n 维 p 阶过程

$$Y_t = A + B_1 Y_{t-1} + \cdots + B_p Y_{t-p} + \varepsilon_t \tag{9.6}$$

可以改写成：

$$\Phi(L) y_t = A + \varepsilon_t, \Phi(L) = I - B_1 L - \cdots - B_p L^p$$

差分后有：

$$\Delta Y_t = A + \pi Y_{t-1} + \Psi_1 \Delta Y_{t-1} + \cdots + \Psi_{p-1} \Delta Y_{t-p+1} + \varepsilon_t \tag{9.7}$$

这里

$$\pi = -\Phi(1), \Psi_j = -\sum_{k=j+1}^{p} B_k \quad j=1,2,\cdots,p-1 \tag{9.8}$$

按照矩阵 π 的秩，分三种情况。

情况 I：π 的秩 $=0$，即 $\pi=0$。

这时 VAR 模型(9.6)的特征方程 $|\Phi(z)|=0$ 有 n 个相同的单位根。Y_t 中的 n

个过程都是单位根,不构成协整。直接估计差分后的 VAR 模型:

$$\Delta Y_t = A + \Psi_1 \Delta Y_{t-1} + \cdots + \Psi_{p-1} \Delta Y_{t-p+1} + \varepsilon_t$$

情况 II : π 的秩 $=n$,即 $|\pi| \neq 0$。

这时 VAR 模型(9.6)的特征方程 $|\Phi(z)|=0$ 没有单位根。Y_t 中的 n 个过程都不是单位根。直接考察原 VAR 模型(9.6)。

情况 III : π 的秩 $=r$,$0<r<n$。

这时 π 可以改写成 $\pi=\alpha\beta$,这里 α 是 $n \times r$ 维矩阵,其秩为 r,β 是 $r \times n$ 维矩阵,其秩也为 r,并且 VAR 模型(9.6)的特征方程 $|\Phi(z)|=0$ 有 $n-r$ 个单位根,系统 Y_t 是协整,并且有 r 个协整向量。

模型(9.7)变成 VECM 形式:

$$\begin{cases} \Delta Y_t = A + \alpha\mu_{t-1} + \Psi_1 \Delta Y_{t-1} + \cdots + \Psi_{p-1} \Delta Y_{t-p+1} + \varepsilon_t \\ \mu_{t-1} = \beta Y_{t-1} \end{cases} \quad (9.9)$$

这里有 r 个线性独立的协整向量 β,即 Y_t 的 n 个变量之间存在 r 种独立的长期均衡关系 $\beta Y_t = 0$,以及 $n-r$ 个非平稳趋势。在每个时间 t,存在 r 个与长期均衡偏离的误差 μ_t,它们将影响 Y_{t+1} 的短期变化。

9.3.2 VECM 模型的识别

一旦检验确定存在协整关系,就需要识别一个合适的 VECM 模型。这里的模型识别也包括模型估计及模型设置。模型估计主要有 Engle-Granger 两步法(简称"EG 估计方法")和直接 MLE 估计方法。我们在这一节介绍 EG 估计方法,下一节再介绍直接 MLE 估计方法。

1. EG 估计方法

EG 估计方法如同 EG 协整检验方法,也是按照协整的定义进行的。

第一步,进行协整回归(OLS 方法),估计协整向量,保留拟合误差。

第二步,把第一步得到的拟合误差作为外生变量,加入 VECM 模型(9.9),并用 MLE(或者 OLS)方法估计相应的参数。

这种方法只能用于仅存在一个协整向量的情况,并且要求提前选定协整回归模型中的被解释变量。对于存在多个协整向量的情况,下一节再讨论。

2. EG 估计方法在 R 软件中的实现

下面看在 R 软件中如何用 EG 估计方法估计 VECM 模型。为了理解并验证 EG 估计方法,我们先用模拟数据进行。

先按照 Stock and Watson(1988)的协整定义模拟一个三维的协整过程:

$$\begin{cases} x_t = 0.01 + 0.2x_{t-1} + 0.8x_{t-2} + \varepsilon_{1,t} \\ y_t = 0.01 + 0.5y_{t-1} + 0.5y_{t-2} + \varepsilon_{2,t} \\ z_t = x_t + 2y_t + \varepsilon_{3,t} \end{cases}$$

R 软件代码及主要输出结果

```
> myAR2=function(myseed,con,b1,b2,sigma,n){
+ #模拟一个自回归型时间序列 AR2
+ if(myseed >0)  set.seed(myseed)
+ m=n+500
+ x=rnorm(m,0,sigma)
+ y=0
+ y[1]=x[1]
+ y[2]=x[2]
+ for(t in 3:m){
+   y[t]=con+b1*y[t-1]+b2*y[t-2]+x[t]
+ }
+ y=y[-(1:500)]
+ y
+ }
> x=myAR2(101,0.01,0.2,0.8, 0.2, 500)
> y=myAR2(102,0.01,0.5,0.5, 0.2, 500)
> s=rnorm(500,0,0.2)
> z=x+2*y+s
> dat=cbind(x,y,z)
```

该过程可以写成 VAR 模型的形式:

$$\begin{pmatrix} x_t \\ y_t \\ z_t \end{pmatrix} = \begin{pmatrix} 0.01 \\ 0.01 \\ 0.03 \end{pmatrix} + \begin{pmatrix} 0.2 & 0 & 0 \\ 0 & 0.5 & 0 \\ 0.2 & 1 & 0 \end{pmatrix} \begin{pmatrix} x_{t-1} \\ y_{t-1} \\ z_{t-1} \end{pmatrix} + \begin{pmatrix} 0.8 & 0 & 0 \\ 0 & 0.5 & 0 \\ 0.8 & 1 & 0 \end{pmatrix} \begin{pmatrix} x_{t-2} \\ y_{t-2} \\ z_{t-2} \end{pmatrix} + \begin{pmatrix} \varepsilon_{1t} \\ \varepsilon_{2t} \\ \varepsilon_{1t} + 2\varepsilon_{2t} + \varepsilon_{3t} \end{pmatrix}$$

进一步写成 VECM 形式：

$$\begin{pmatrix} \Delta x_t \\ \Delta y_t \\ \Delta z_t \end{pmatrix} = \begin{pmatrix} 0.01 \\ 0.01 \\ 0.03 \end{pmatrix} + \begin{pmatrix} 0 \\ 0 \\ -1 \end{pmatrix} (z_{t-1} - x_{t-1} - 2y_{t-1}) + \quad (9.10)$$

$$\begin{pmatrix} -0.8 & 0 & 0 \\ 0 & -0.5 & 0 \\ -0.8 & -1 & 0 \end{pmatrix} \begin{pmatrix} \Delta x_{t-1} \\ \Delta y_{t-1} \\ \Delta z_{t-1} \end{pmatrix} + \begin{pmatrix} \varepsilon_{1t} \\ \varepsilon_{2t} \\ \mu_t \end{pmatrix} \quad (9.11)$$

现在用 EG 估计方法估计 VECM 模型。EG 估计过程的第一步，协整回归。

R 软件代码及主要输出结果

```
> ols1=lm(z~ x+y)
> summary(ols1)


Coefficients:
Estimate    Std. Error   t value   Pr(>|t|)
(Intercept)   -0.011805    0.021534    -0.548    0.584
x              1.003293    0.012882    77.883    <2e-16 ***
y              2.003019    0.003528    567.746   <2e-16 ***
```

真实过程为 $z_t = x_t + 2y_t + \varepsilon_{3,t}$，上述估计结果为 $z_t = -0.0118 + 1.0033x_t + 2.0030y_t + \varepsilon_{3,t}$，结果还不错。尽管这些变量都是单位根过程，但得到了精确估计，不是伪回归。

EG 估计过程的第二步，保留拟合误差，作为外生变量加入 VECM 模型进行估计。这时可以直接用"VAR"命令。

R 软件代码及主要输出结果

```
> library(vars)
>
> #误差需要滞后一期
> res=residuals(ols1)
```

```
> error=data.frame(error=res[1:499])
>
> #差分原数据
> d1dat=diff(dat)
>
> #估计模型
> outecm=VAR(d1dat,p=1,exogen=error,type=c("const"))
> summary(outecm)

x=z.l1+x.l1+y.l1+const+perror

         Estimate   Std. Error  t value  Pr(>|t|)
z.l1     0.017966   0.042188    0.426    0.670
x.l1    -0.846533   0.049567   -17.079   <2e-16 ***
y.l1     0.030919   0.096871    0.319    0.750
const    0.008551   0.008541    1.001    0.317
perror  -0.051942   0.060244   -0.862    0.389

y=z.l1+x.l1+y.l1+const+perror

         Estimate   Std. Error  t value  Pr(>|t|)
z.l1     0.022911   0.042521    0.539    0.5903
x.l1    -0.005085   0.049958   -0.102    0.9190
y.l1    -0.531848   0.097635   -5.447    8.09e-08 ***
const    0.022173   0.008608    2.576    0.0103 *
perror  -0.114526   0.060719   -1.886    0.0599

z=z.l1+x.l1+y.l1+const+perror

         Estimate  Std. Error  t value  Pr(>|t|)
z.l1     0.006935  0.108252    0.064    0.948945
x.l1    -0.802150  0.127185   -6.307    6.33e-10 ***
y.l1    -0.918812  0.248565   -3.696    0.000243 ***
const    0.053741  0.021915    2.452    0.014541 *
perror  -1.254538  0.154582   -8.116    3.88e-15 ***
```

上述 R 软件估计结果是按单个方程的形式呈现的,把上述结果写成 VECM 模型形式(把 p 值大于 0.1 的系数写成 0,因为它们并不显著),有:

$$\begin{pmatrix}\Delta x_t \\ \Delta y_t \\ \Delta z_t\end{pmatrix} = \begin{pmatrix}0 \\ 0.022 \\ 0.054\end{pmatrix} + \begin{pmatrix}0 \\ -0.115 \\ -1.255\end{pmatrix}(z_{t-1} - 1.0033x_{t-1} - 2.0030y_{t-1}) +$$

$$\begin{pmatrix}-0.847 & 0 & 0 \\ 0 & -0.532 & 0 \\ -0.802 & -0.919 & 0\end{pmatrix}\begin{pmatrix}\Delta x_{t-1} \\ \Delta y_{t-1} \\ \Delta z_{t-1}\end{pmatrix} + \begin{pmatrix}\varepsilon_{1t} \\ \varepsilon_{2t} \\ \mu_t\end{pmatrix}$$

与真实过程(9.11)相比,估计结果非常接近真实值。

R 软件"tsDyn"程序包中的"VECM"命令可以直接做 EG 两步估计。

R 软件代码及主要输出结果

```
> library(tsDyn)
>
> #重新安排变量顺序,使得其与原模型协整向量一致
> dat1 <- dat[,c(3,1,2)]
>
> #估计模型
> ecmvout=VECM(dat1,lag=1,r=1,estim="2OLS")
> summary(ecmvout)

Full sample size : 500   End sample size : 498
Number of variables : 3   Number of estimated slope parameters 15
AIC -4868.405   BIC  -4796.825   SSR 153.3298
Cointegrating vector(estimated by 2OLS):
  z         x          y
r1 1 -1.005876 -2.001276


ECT         Intercept        z -1
Equation z  -1.2503(0.1546)***   0.0511(0.0219)*   0.0048(0.1083)
Equation x  -0.0492(0.0602)      0.0084(0.0085)    0.0166(0.0422)
Equation y  -0.1140(0.0607)      0.0219(0.0086)*   0.0227(0.0425)
            x-1               y -1
Equation z  -0.8013(0.1273)***   -0.9127(0.2485)***
Equation x  -0.8452(0.0496)***    0.0338(0.0968)
Equation y  -0.0050(0.0500)      -0.5312(0.0976)***
```

这个估计结果与上述手工两步估计的结果非常接近,但还是有细微差别。原因在于,上述手工两步估计过程中,协整回归和 VAR 模型估计过程中都加了截距项。而在"tsDyn"程序包中的"VECM"命令中,只允许加一次截距项。因此,如果两个方程中都确实存在非零的截距项,则应尽量避免用"tsDyn"程序包中的"VECM"命令做 EG 两步估计。

3. VECM 模型设置

VECM 模型本质上就是 VAR 模型,因此也需要设置滞后的阶数。同样,可以用 AIC、BIC 等信息准则进行模型选择,这里不再赘述。

9.3.3 VECM 模型的应用

1. 预测

估计出来的 VECM 模型可以用于预测,但需要先进行变形处理。如果直接用 VECM 模型(9.9)的形式,将模型中上期非均衡误差(μ_{t-1})作为外生变量,会给预测带来困难。而如果把上期非均衡误差的表达式还原到 Y_{t-1} 的线性组合,即用普通的 VAR 模型(9.6)的形式,那么预测就非常直接。也就是说,对协整过程,先用差分形式的 VECM 模型进行估计,再变换到非差分形式的普通 VAR 模型进行预测。

R 软件"tsDyn"程序包中的"VECM"命令估计出来的模型结果可以直接代入"predict"命令进行预测计算。

下面用上述模拟数据进行演示,并比较 VECM 模型和普通 VAR 模型的样本外预测精度。

R 软件代码及主要输出结果

```
> #模拟数据
> x=myAR2(101,0.01,0.2,0.8, 0.2, 600)
> y=myAR2(102,0.01,0.5,0.5, 0.2, 600)
> s=rnorm(600,0,0.2)
> z=x+2*y+s
>
> varp=rep(0,100)
> vecmp=rep(0,100)> for  (i  in  1:100)  {
+    start=i
+    end=i+499
+    dat=cbind(x[ start : end ],y[ start : end ],z[ start : end ])
```

```
+     ecmvout=VECM(dat,lag=1,r=1,estim="2OLS")
+     vecmpre=predict(ecmvout,n.ahead=1)
+     vecmp[i]=vecmpre[3]
+
+     d1dat=diff(dat)
+     vout=VAR(d1dat,p=1,type='const')
+     varpre=predict(vout,n.ahead=1)
+     varp[i]=z[end]+varpre $ fcst $ y3 [1]
+ }
>
> err_vecm=vecmp - z[501:600]
> err_var=varp-z[501:600]
> mean(abs(err_vecm))
[1] 0.4203632
> mean(abs(err_var))
[1] 0.4359944
>
> ###Diebold-Mariano Test
> test1=dm.test(err_vecm, err_var, alternative="less",h = 1)
> test1

   Diebold-Mariano Test

data :  err_vecmerr_var
DM= -1.9367,Forecast horizon = 1, Loss function power = 2,p-value
= 0.02782
alternative hypothesis : less
```

上述 R 软件程序模拟了 600 组观测值,保留最后的 100 组作为样本外预测的对照数据。用滚动窗口的方法,比较 VECM 模型和差分 VAR 模型对原数据过程的提前一步预测误差。可以看出,VECM 模型的平均绝对误差为 0.4203632,小于 VAR 模型的 0.4359944,DM 统计量为-1.9367,p 值为 0.02782,表明 VECM 模型显著优于 VAR 模型。

2. 计算脉冲反应函数

VECM 模型也可以计算脉冲反应函数和方差分解,进行动态关系的定量分析。同 VECM 模型的预测计算过程,如果直接用 VECM 模型(9.9)的形式,模型中上期非均衡误差(μ_{t-1})会给计算带来困难,因此需要用普通的 VAR 模型(9.6)的形式,即对协整过程,先用差分形式的 VECM 模型进行估计,再变换到非差分形式的普通 VAR 模型计算脉冲反应函数和方差分解。

在 R 软件中,可以把估计出来的 VECM 模型直接代入"irf"命令计算脉冲反应函数。下面用上述模拟数据估计的 VECM 模型计算脉冲反应函数,结果表示在图 9.1 中。

R 软件代码及主要输出结果

```
> ecmvout=VECM(dat,lag=1,r=1,estim="2OLS")
> summary(ecmvout)
> virf = irf (ecmvout, impulse = "x", response = c ("x","y","z"), ortho = FALSE)
> plot(virf)
```

图 9.1 显示,对来自 x 的脉冲,y 没有任何反应。这是因为,在数据过程中,y 与 x 相互独立。而 x 和 z 对 x 的脉冲反应函数始终保持非零,不管滞后阶数有多少(因为 x 和 z 都是单位根过程,非平稳)。与平稳过程的脉冲反应函数不同,那里的脉冲反应函数会很快回归到零(如图 8.1 所示),这是因为平稳过程是短记忆过程,外生冲击的影响会很快趋向于零。

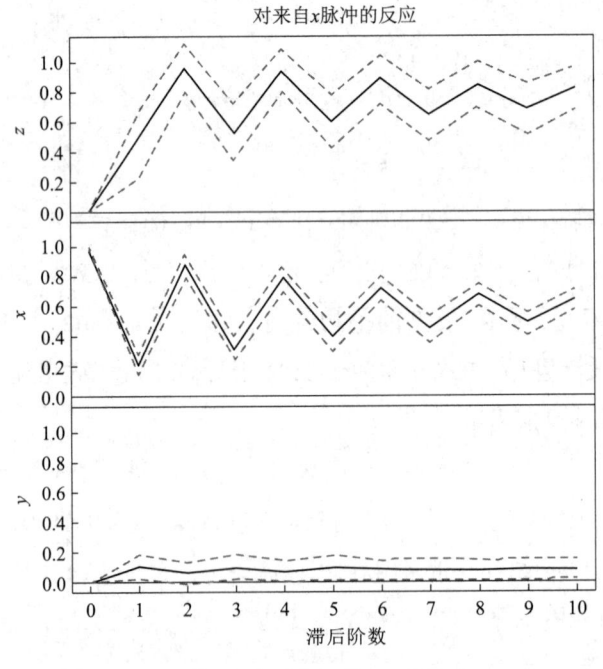

图 9.1 脉冲反应函数——VECM

9.4 Johansen 协整检验及模型估计

上述 EG 协整检验方法和 VECM 模型的 EG 估计方法,都直接基于协整的定义,非常直观。但存在两个问题:第一,只能处理仅有一个协整向量的情况;第二,在做协整回归时,需要提前设定被解释变量。下面介绍的 Johansen 检验方法和模型估计方法可以解决这两个问题。

9.4.1 Johansen 协整检验

Johansen 协整检验的思路来自上述 VECM 模型的讨论过程。我们知道,对 n 维 VAR 模型(9.6),其差分形式为:

$$\Delta Y_t = \mu_0 + \pi Y_{t-1} + \Psi_1 \Delta Y_{t-1} + \cdots + \Psi_{p-1} \Delta Y_{t-p+1} + \varepsilon_t \qquad (9.12)$$

如果矩阵 π 的秩 r 大于 0、小于 n,那么该过程 Y_t 存在 r 个协整向量。

Johansen(1988)提出了一种用极大似然法估计 VAR 模型(9.12),进而对矩阵 π 的秩进行检验的方法,故一般将这种方法称作"Johansen 协整检验"方法。具体步骤如下:

第一步,用 MLE 估计模型(9.12)。

第二步,计算 π 的特征根,并把特征根 $\hat{\lambda}_i (i=1,2,\cdots,n)$ 按其绝对值从大到小排序。

第三步,为检验是否只有 r 个非零特征根(第 $r+1$ 个开始全为零),构造统计量

$$H_0: \text{rank}(\pi) = r \quad \text{vs.} \quad H_1: \text{rank}(\pi) = r+1$$

$$\lambda_{\max}(r) = -T \ln(1 - \hat{\lambda}_{r+1})$$

或者统计量

$$H_0: \text{rank}(\pi) \leq r \quad \text{vs.} \quad H_1: \text{rank}(\pi) > r$$

$$\lambda_{\text{trace}}(r) = -T \sum_{i=r+1}^{n} \ln(1 - \hat{\lambda}_i)$$

如果只有 r 个非零特征根,那么这两个 λ 将充分接近 0。Johansen(1988)用蒙

特卡洛模拟方法给出了其分布临界值。通过比较计算出来的 λ 统计量与阈值,可以得出相关结论。

在 EG 协整单位根检验中,DF 分布函数依赖于回归模型中是否有截距项和时间趋势项,依赖于时间序列的维数。这里的 Johansen 协整检验与此类似,λ 的分布也依赖于模型设置,甚至更复杂。它们依赖于协整向量中是否有截距项和时间趋势项,依赖于 VECM 中是否有截距项和时间趋势项,依赖于时间序列的维数。

Johansen(1988)给出的 λ 分布临界值数据见表 9.4。比如四维数据问题,有 4 个特征根。如果检验时协整向量中有截距项,要检验 $r=1$,或者说特征根为零的数量是否为 3,那么 λ_{max} 对应的阈值应该是表 9.4 中第三部分的第三行数据:19.77、22.00、26.81。如果计算的 λ_{max} 大于这个阈值,表明特征根为零的数量大于 3,即 4 个特征根都不为零,矩阵 π 满秩,系统不是协整。

表 9.4 Johansen 协整检验分布阈值表

零特征根数/显著性水平	10%	5%	1%	10%	5%	1%
没有截距项						
	Max			Trace		
1	2.86	3.84	6.51	2.86	3.84	6.51
2	9.52	11.44	15.69	10.47	12.53	16.31
3	15.59	17.89	22.99	21.63	24.31	29.75
4	21.56	23.80	28.82	36.58	39.89	45.58
5	27.62	30.04	35.17	54.44	59.46	66.52
VECM 中带截距项						
	Max			Trace		
1	2.69	3.76	6.65	2.69	3.76	6.65
2	12.07	14.07	18.63	13.33	15.41	20.04
3	18.60	20.97	25.52	26.79	29.68	35.65
4	24.73	27.07	32.24	43.95	47.21	54.46
5	30.90	33.46	38.77	64.84	68.52	76.07
协整向量中带截距项						
	Max			Trace		
1	7.52	9.24	12.97	7.52	9.24	12.95
2	13.75	15.67	20.20	17.85	19.96	24.60
3	19.77	22.00	26.81	32.00	34.91	41.07
4	25.56	28.14	33.24	49.65	53.12	60.16
5	31.66	34.40	39.79	71.86	76.07	84.45

具体检验过程中,还有两点需要考虑。第一,差分 VAR 模型(9.12)中滞后阶数的选择问题。由于这个模型本质上就是 VAR 模型,因此可以用 AIC、BIC 方法进行滞后阶数选择。第二,一般从 $r=0$ 开始,逐步计算统计量并检查是否显著。

R 软件"urca"程序包中的"ca.jo"命令可以做 Johansen 检验。下面我们再对前述招商银行 A 股和 H 股对数价格及对数汇率进行协整检验。

R 软件代码及主要输出结果

```
> library(urca)
> #Johansen 检验
> mydata1=mydata[,c("laprc","lhprc","lex")]
> cointout=ca.jo(mydata1,type="eigen",ecdet="const")
> summary(cointout)

Test type: maximal eigenvalue statistic  (lambda max),
without linear trend and constant in cointegration

Eigenvalues (lambda):
[1] 6.683411e-02  9.296012e-03  1.542780e-03  1.205336e-18

Values of teststatistic and critical values of test:

test 10pct 5pct 1pct
r<=2  |   4.91    7.52     9.24    12.97
r<=1  |  29.70   13.75    15.67    20.20
r=0   | 219.97   19.77    22.00    26.81

Eigenvectors, normalised to first column:
(These are the cointegration relations)
         laprc.l1   lhprc.l1     lex.l1      constant
laprc.l1   1.0000000  1.0000000    1.00000000    1.00000000
lhprc.l1  -0.9366822 -0.8522378    0.05942938    5.45558882
lex.l1     2.7418057 -0.1034147   -0.02263616    0.04781889
constant  -0.5341003 -0.4091646   -3.88717237  -18.72883579
>
> #对模拟数据的检验
> x=myAR2(101,0.01,0.2,0.8, 0.2, 500)
> y=myAR2(102,0.01,0.5,0.5, 0.2, 500)
> s=rnorm(500,0,0.2)
```

```
> z=x+2*y+s
> dat=cbind(x,y,z)
> cointout=ca.jo(dat,type="eigen",ecdet="const",spec="transito-
ry")
> summary(cointout)

Eigenvalues (lambda):

[1] 3.181769e-01 1.872202e-02 2.934095e-03 6.922698e-18

Values of teststatistic and critical values of test:
test 10pct 5pct 1pct
r <=2 |  1.46    7.52   9.24   12.97
r <=1 |  9.41   13.75  15.67   20.20
r = 0 | 190.73  19.77  22.00   26.81
```

上述结果中,$r=0$ vs. $r=1, \lambda_{max}=219.97$,显著;$r=1$ vs. $r=2, \lambda_{max}=29.70$,显著,因此至少有两个非零特征根。而 $r=2$ vs. $r=3, \lambda_{max}=4.91$,不显著,因此系统只有两个非零特征根,即秩等于 2,大于 0 且小于系统维数 3,存在协整关系,并且有两个协整向量。与前面的 EG 两步检验基本一致,差别在于这里发现有两个协整向量,那里发现有一个协整向量。

上述 R 软件程序中我们还对模拟数据进行了 Johansen 检验,$r=0$ vs. $r=1, \lambda_{max}=190.73$,显著;$r=1$ vs. $r=2, \lambda_{max}=9.41$,不显著。因此系统只有一个非零特征根,即秩等于 1,存在协整关系,且只有一个协整向量。与模拟数据的真实模型一致。

9.4.2 VECM 模型直接估计方法

上述 Johansen 协整检验过程已经差不多把 VECM 模型用 MLE 方法估计出来了。检验过程直接从 VECM 模型(9.7)出发,用 MLE 进行模型参数估计,估计出一个 $n \times n$ 的系数矩阵 π。在进行 Johansen 协整检验后,我们已经知道了系数矩阵 π 的秩,这时只需要把系数矩阵 π 设为 $\alpha\beta$ 的形式,重新做一次 MLE 估计,就可以把 VECM 模型直接估计出来。

下面对上述模拟数据进行 MLE 估计。前面用来进行 EG 估计方法的 R 软件的 "VECM" 命令还可以用在这里，只需要选择估计方法为 MLE 即可。

R 软件代码及主要输出结果

```
> library(tsDyn)
> ecmvout=VECM(dat1,lag=1,r=1,estim="ML")
> summary(ecmvout)

Full sample size : 500   End sample size : 498
Number of variables : 3 Number of estimated slope parameters 15
AIC -4868.578   BIC -4796.997   SSR 153.2113
Cointegrating  vector  (estimated by ML):
 z          x           y
r1 1 -1.002085  -2.002654
ECT             Intercept            z-1
Equation z   -1.2553(0.1546)***   0.0411(0.0220)      0.0074(0.1082)
Equation x   -0.0517(0.0602)      0.0080(0.0086)      0.0179(0.0422)
Equation y   -0.1150(0.0607)      0.0210(0.0086)*     0.0232(0.0425)
x -1          y -1
Equation z   -0.8017(0.1271)***   -0.9195(0.2485)***
Equation x   -0.8464(0.0495)***   0.0311(0.0969)
Equation y   -0.0053(0.0499)      -0.5323(0.0976)***
```

与上述 EG 估计方法的估计结果相比，差别不大。

9.5 应用：配对交易策略

按照金融理论的无套利定价原理，如果两个资产的基本面基本一致，那么其价格也应该基本一致。当价格出现不一致时，可以构造一个多空组合策略，卖出价格相对被高估的资产，买入价格相对被低估的资产，持有该组合直到定价误差消失。这样的交易策略被称作配对交易策略，或者套利交易策略。

这种配对交易策略有三个问题需要解决：找到配对的资产、确定组合权重、明确建立和出清组合的时间点。

任何一组基本面高度相关的资产,都可能成为配对交易策略的对象。通常有两种途径发现这些配对。第一种是使用金融学理论。比如衍生品定价理论表明衍生品价格与标的物价格紧密相关,它们可以构成配对交易的资产对象。第二种是使用直观加统计的方法。比如 20 世纪末,英特尔公司与微软公司的业务高度相关,市场上每卖出一台电脑,几乎都需要英特尔的芯片和微软的操作系统软件,因此可以推测它们的股票会构成配对交易的资产对象。而最终是否构成配对交易,还需要进一步的统计分析。如果它们的股价序列构成协整,意味着两个价格间存在长期均衡。当市场偏离均衡点时,意味着一只股票的价格相较于另一只股票的价格偏高。而协整系统会回到均衡,从而高定价的股票相较于低定价的股票,相对价格会下降。因此,可以用这两只股票进行配对交易。这种方法也被称作统计套利策略。

有两种方法可以确定组合的权重。第一种,结构性模型方法。有些金融理论的定价公式给出了各资产价格的理论关系,从而确定了投资组合的权重。比如期权与标的物构成的套利交易策略中,Black-Scholes-Morten 公式给出的 delta($\frac{\partial C}{\partial S}$)就是标的物权重,即买入一单位看涨期权,卖出 delta 单位的标的物。同样,期货与标的物之间的套利交易策略中,组合权重也可以由期货定价公式推导出。第二种,统计模型方法,适用于前面提到的统计套利策略。协整向量正好就是组合的权重向量。

当本应均衡的股价出现显著的偏离时,就应该买入相对被低估的资产,同时卖出相对被高估的资产,建立多空组合。当市场回到均衡时,则出清多空组合。这里需要一个指标去判断"显著的偏离"。比如两个资产的协整套利交易策略,它们的对数价格都是单位根,但它们的一个线性组合

$$w_t = p_{1t} - \lambda p_{2t}$$

是平稳序列。买入一单位的股票 1,卖出 λ 单位的股票 2,构成一个套利组合 Z。

如果简单持有该组合,持有时间 h 后,投资回报为:

$$r(h) = (p_{1,t+h} - p_{1,t}) - \lambda(p_{2,t+h} - p_{2,t})$$
$$= w_{t+h} - \lambda w_t$$

但配对交易策略不会简单地一直持有,而是会根据市场情况进行调整。假设 $E(w_t)=\mu$,设定阈值 $(\delta_1,\delta_2;\delta_1>\delta_2>0)$。当市场定价误差 $w_t \leq \mu-\delta_1$ 时买入套利组合;当市场定价误差 $w_t \geq \mu+\delta_1$ 时卖空套利组合;当市场定价误差为 $\mu+\delta_2 \geq w_t \geq \mu-\delta_2$ 时,出清所有组合。这项交易完成一次,净收益为 $2(\delta_1-\delta_2)$。

μ 由统计数据给出,我们还需要确定 (δ_1,δ_2)。如果 δ_1 设定过大,则很难出现交易机会;如果 δ_1 设定过小,则会导致过度频繁的交易,从而导致过高的交易成本。δ_2 设定越大,则组合的持有(或卖空)时间越长,投资的机会成本越大,风险越高。因此,需要合理地设置 (δ_1,δ_2)。

影响 (δ_1,δ_2) 的因素有很多,最主要的因素之一是均衡误差 $w_t=p_{1t}-\lambda p_{2t}$ 均值回归速度。其他影响 (δ_1,δ_2) 的因素还有交易成本的大小(股票的买卖价差等)、资金成本(资金的存贷利差等)、投资者的风险承担能力等。在一些理论假设下,比如假设 w_t 来自一个 Ornstein-Uhlenbeck(OU)过程时,可以求出使得投资收益最大的 (δ_1,δ_2) 值。用历史模拟的方法来确定合理的 (δ_1,δ_2) 值是另一种稳健有效的方法。

练习题

1. 判断下列过程

$$\begin{pmatrix} y_{1,t} \\ y_{2,t} \end{pmatrix} = \begin{pmatrix} 0.2 & 0 \\ 1 & 0 \end{pmatrix} \begin{pmatrix} y_{1,t-1} \\ y_{2,t-1} \end{pmatrix} + \begin{pmatrix} 0.8 & 0 \\ 4 & 0 \end{pmatrix} \begin{pmatrix} y_{1,t-2} \\ y_{2,t-2} \end{pmatrix} + \begin{pmatrix} \varepsilon_{1,t} \\ \varepsilon_{2,t} \end{pmatrix}$$

的平稳性,并判断它是否为协整。如果是协整,请写出对应的 VECM 模型。

2. 给定 VECM 模型

$$\begin{pmatrix} \Delta x_t \\ \Delta y_t \\ \Delta z_t \end{pmatrix} = \begin{pmatrix} 0.01 \\ 0.01 \\ 0.03 \end{pmatrix} + \begin{pmatrix} 0 \\ 0 \\ -1 \end{pmatrix} (z_{t-1}-x_{t-1}-2y_{t-1}) +$$

$$\begin{pmatrix} -0.8 & 0 & 0 \\ 0 & -0.5 & 0 \\ -0.8 & -1 & 0 \end{pmatrix} \begin{pmatrix} \Delta x_{t-1} \\ \Delta y_{t-1} \\ \Delta z_{t-1} \end{pmatrix} + \begin{pmatrix} \varepsilon_{1t} \\ \varepsilon_{2t} \\ \varepsilon_{3t} \end{pmatrix}$$

请求出它的脉冲反应函数(保留到三阶)。

3. 下载 2000—2022 年港币与人民币的日度汇率数据,结合第 7 章练习题 3 中的数据,请分别用 EG 估计方法和 Johansen 协整检验方法检验 2000—2022 年对数上证综合指数、对数恒生指数及对数汇率之间是否存在协整。

4. 如果在练习题 3 中检验发现协整关系成立,请分别用 EG 估计方法和 Johansen 协整检验方法把数据拟合到一个 VECM 模型中,并解释误差修正速度的差别。

5. 下载 2020 年沪深 300 指数及其期货的日度收盘价格数据,检验期货无套利定价理论 $F_t = S_t e^{c(T-t)}$ 是否成立。请说明你会如何处理期货品种到期的问题。

6. 中国 A 股市场上,哪些资产可以用来构成统计套利交易策略?如有可能,请实证检验你的猜测。

第 10 章

GARCH波动率模型

前面介绍的 ARMA 模型和 VAR 模型,本质上都是模型化时间序列变量的条件均值。在金融的许多问题中,还需要用到条件方差。金融的核心是信息,给定某些信息条件下的金融决策,就是在一个条件概率分布中求最优,如在金融资产的风险管理方面、在动态交易策略方面等。而条件概率分布中最重要的参数之一就是条件方差。

时间序列变量的条件方差(严格来说,应该是条件标准差)还有一个专门的术语,即波动率。这个词在金融中最常与期权定价连在一起。期权定价的 Black-Scholes-Merton(BSM)公式中的一个关键参数是资产回报的波动率,即资产年度对数回报的标准差。在 BSM 理论假设下,资产年度对数回报是独立同分布的正态分布随机变量,其条件标准差是一个常数,所以可以简称标准差。但更多的情况是,波动率(条件标准差)不是常数,因此需要对它进行专门的讨论。

所有时间序列变量都存在条件标准差,本书主要关注资产回报,因此除非特别说明,下面讨论中的波动率基本上都是指资产回报的条件标准差。

这一章首先介绍波动率的性质,然后介绍 GARCH 模型及其推广和应用。

10.1 波动率的性质

10.1.1 波动率的时变性

波动率是一个时间序列变量的条件标准差,按照定义,条件标准差应该是给定条件的函数。在时间序列过程中,如果条件在不断变化,波动率可能也在不断变化,因此在理论上可能产生不断变化的波动率,即条件异方差。

那么实际中波动率会是常数吗?我们知道条件分布是无法直接观察到的,同样,波动率也是无法直接观察到的,甚至无法直接度量。这里先看一个经验事实。下面用 R 软件计算沪深 300 指数 2005—2022 年每个月日度回报的样本标准差,并把结果报告在图 10.1 中。可以看出,每个月的日度回报标准差不是常数,而是时变的,这意味着波动率不大可能是常数。

R 软件代码及主要输出结果

```
> mydata=read_excel('./index.xlsx',sheet='Sheet3')
> mydata$mth=substr(mydata$Trddt,1,7)
> mvar=tapply(mydata$ret,mydata$mth,FUN=var)
> mstd=sqrt(mvar)
> tdx=2005+(c(1:216)/12)
> plot(tdx,mstd,type='l')
```

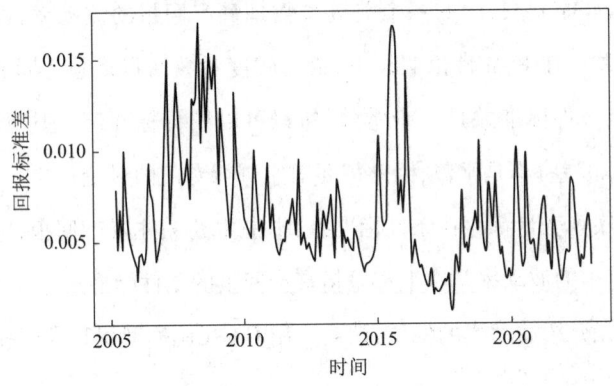

图 10.1　2005—2022 年沪深 300 指数每月日度回报标准差

除了时变性,图 10.1 还显示,回报标准差比较大的时间会持续一段时期,回报标准差比较小的时间也会持续一段时期,即聚集效应(持续性),这是由于大的股价波动一般会接着大的波动。另外,图 10.1 还进一步显示,回报标准差比较大(小)的时间不会永远持续,回报标准差会回归到一个平均水平,即出现均值回归现象。这两个方面结合起来表明,回报标准差似乎是一阶自回归系数为正的平稳 AR 过程。这意味着波动率(条件标准差)可能也有持续性和均值回归等时变特征。

10.1.2 波动率的年化

实际工作中经常需要用到年度回报的标准差。当样本数据长度比较短,如一年时间的月度数据,这时应如何计算年度回报的标准差?一种近似方法是对月度回报标准差进行年化处理。当用对数回报计算时,年度回报 R 等于这一年内 12 个月的回报之和 $r_1+\cdots+r_{12}$,因此其方差为:

$$\begin{aligned}\operatorname{Var}(R) &= \operatorname{Var}(r_1 + \cdots + r_{12}) \\ &= \operatorname{Var}(r_1) + \cdots + \operatorname{Var}(r_{12}) + \sum_{i\neq j}\operatorname{Cov}(r_i, r_j) \\ &= 12\operatorname{Var}(r) + \sum_{i\neq j}\operatorname{Cov}(r_i, r_j)\end{aligned}$$

如果上述计算过程中没有月度回报之间的相关性,那么 $\operatorname{Var}(R)=12\operatorname{Var}(r)$,$\operatorname{std}(R)=\sqrt{12}\operatorname{std}(r)$。这个计算过程提供了一种样本标准差年化的方法,即样本标准差乘以根号下的一年内的取样数。比如用日度回报数据计算的标准差,年化值等于其 $\sqrt{252}$ 倍(假如一年有 252 个交易日);周度回报数据计算的标准差,年化值等于其 $\sqrt{52}$ 倍。

一般情况下,年化的回报标准差不等于年度回报的标准差,但在用对数回报计算并且回报不相关时,年化回报标准差等于年度回报标准差。

标准差年化处理的另一个用处是横向比较,比如比较两只债券回报的不确定性(标准差)的大小。在债券市场上,债券交易的活跃度差别非常大,有些债券每天都有成交价格,有些一周才成交一两单。这样有些债券可以计算日度回报标准差,有些则只能计算周度回报标准差。这种情况下,一种办法是都先对它们进行年化处理,然后再比较大小。

作为回报的条件标准差,对波动率同样可以进行上述年化处理。金融实务中,除非特别说明,报告的波动率一般是经过年化处理的波动率,简称年化波动率。

10.1.3 波动率模型

考虑到波动率在金融衍生品定价和风险管理中的重要性,我们需要预测资产回报波动率。但通常的预测模型没有办法直接用在这里,因为波动率是时间序列变量的条件标准差,我们没有波动率的观测值。某种意义上可以说,波动率只是一个理论上衡量不确定性的指标,而不是一个客观存在,因此,需要专门的模型来预测波动率。

1. 预测波动率的两种思路

预测波动率有两种思路。第一种思路是两步法。第一步,估算历史上的波动率;第二步,用一个时间序列模型预测波动率。比如把图 10.1 演示的历史上每个月的日度回报样本标准差作为一个历史上的月度回报波动率的估算,然后用 ARMA 模型或 VAR 模型进行第二步的预测。还有其他许多的两步法,我们在下一章具体讨论。

第二种思路是一步法,即用一个模型既计算(估算)历史上的波动率,又预测将来的波动率。资产回报的波动率不可观察,但回报本身可以观察,它的动态运动过程与条件标准差紧密相关,因此可以用一个模型模拟有观测值的资产回报过程本身,这个模型中资产回报的条件标准差是时变的。我们可以用这个模型计算并预测波动率。

2. 两类波动率模型

在一步法思路下,模型模拟的对象是资产回报变量,模型中资产回报的条件标准差是一些条件变量的函数。文献中主要有两类这样的波动率模型。在第一类波动率模型中,条件标准差等于某些已知变量的确定性函数,这类模型被统称为 GARCH 家族模型,包括 GARCH 模型,以及一系列改进的 GARCH 模型如 EGARCH、IGARCH 等模型。在第二类波动率模型中,条件标准差等于某些已知变量的函数再加上一个新的随机扰动项。由于引入了新的随机项,这一类模型被称作"随机波动率模型"(Melino and Turnbull,1990;Harvey et al. ,1994)。

在 GARCH 家族模型中,条件标准差是时变的,也是随机的(因为条件是随机的),因此,有人也把 GARCH 家族模型称作随机波动率模型的一种。但严格意义上的随机波动率模型不包括 GARCH 家族模型。

随机波动率模型在经济学、金融学理论方面,特别是在宏观经济学理论方面,有比较广泛的应用。由于随机波动率模型的估计、波动率的计算及预测都比 GARCH 家族模型更复杂,在金融实务方面用得也不那么广泛,因此我们这里只介绍 GARCH 家族模型。

10.2 GARCH 模型

ARCH(autoregressive conditional heteroscedastic,自回归条件异方差)模型由 Engle(1982)提出,GARCH(generalized ARCH,一般自回归条件异方差)模型则是 Bollerslev(1986)对 ARCH 模型的推广。顾名思义,GARCH 模型是条件异方差的 AR 模型,基本思路是直接用一个模型描述有观测值的变量过程本身,这个模型中变量的条件异方差是一个已知变量的 AR 方程。

10.2.1 模型定义

回顾在横截面模型中,对(条件)异方差是如何定义并处理的:

$$y_i = \varphi_0 + \varphi_1 x_{1,i} + \cdots + \varphi_k x_{k,i} + \varepsilon_i, \quad \mathrm{Var}(\varepsilon_i | x_{1,i}, \cdots, x_{k,i}) = \sigma^2(x_{1,i}, \cdots, x_{k,i})$$

处理方法是假设

$$\ln \sigma^2(x_{1,i}, \cdots, x_{k,i}) = \alpha_0 + \alpha_1 x_{1,i} + \cdots + \alpha_k x_{k,i}$$

合起来就是:

$$y_i = \phi_0 + \phi_1 x_{1,i} + \cdots + \phi_k x_{k,i} + \varepsilon_i, \quad \varepsilon_i = \sigma_i \eta_i, \quad \ln \sigma_i^2 = \alpha_0 + \alpha_1 x_{1,i} + \cdots + \alpha_k x_{k,i} \tag{10.1}$$

GARCH 模型用类似的方法处理时间序列模型中的条件异方差:

$$y_t = \phi_0 + \phi_1 x_{1,t} + \cdots + \phi_k x_{k,t} + \varepsilon_t$$

$$\mathrm{Var}(\varepsilon_t | x_{1,t}, \cdots, x_{k,t}, F_{t-1}) = \sigma^2(x_{1,t}, \cdots, x_{k,t}, F_{t-1}) = \sigma_t^2$$

$x_{1,t},\cdots,x_{k,t}$ 为外生的解释变量,F_{t-1} 是时间 $t-1$ 时所有的已知信息,包括解释变量的滞后($x_{1,t-j},\cdots,x_{k,t-j}$)、被解释变量及扰动项的历史 $y_{t-j},\varepsilon_{t-j},j=1,2,\cdots$,当然也包括由这些信息组合成的 $\sigma_{t-j}^2,j=1,2\cdots$,因此可以假设

$$\sigma_t^2 = \alpha_0 + \sum_{i=1}^s \beta_i \sigma_{t-i}^2 + \sum_{i=1}^m \alpha_i \varepsilon_{t-i}^2$$

合起来就是:

$$y_y = \phi_0 + \phi_1 x_{1,t} + \cdots + \phi_k x_{k,t} + \varepsilon_t, \quad \varepsilon_t = \sigma_t \eta_t, \quad \sigma_t^2 = \alpha_0 + \sum_{i=1}^s \beta_i \sigma_{t-i}^2 + \sum_{i=1}^m \alpha_i \varepsilon_{t-i}^2$$

(10.2)

被称作 GARCH(s,m)模型。

GARCH 模型(10.2)与横截面异方差模型(10.1)有所差别。第一,异方差部分没有取对数。我们将来会介绍取对数的 EGARCH 模型。第二,异方差不是外生解释变量 $x_{1,t},\cdots,x_{k,t}$ 的函数,而是过去的模型误差及波动率的函数,这些在时间 t 时是已知的。下面详细讨论这个 GARCH 模型中的几个部分:均值过程、模型误差、波动率过程。

1. 均值过程

$$y_t = \phi_0 + \phi_1 x_{1,t} + \cdots + \phi_k x_{k,t} + \varepsilon_t$$

解释变量 $x_{1,t},\cdots,x_{k,t}$ 可以包含被解释变量的滞后项 y_{t-j} 和其他任何外生变量。如果 $x_{1,t},\cdots,x_{k,t}$ 只是 y_{t-j},那么均值过程就是 AR 模型。解释变量 $x_{1,t},\cdots,x_{k,t}$ 中可以有与 y_t 同期但外生于 y_t 的变量。比如对应于市场模型,y_t 为个股在时间 t 的回报,x_t 为股指在时间 t 的回报,这时 σ_t 就是个股的特质风险(特质波动率)。均值过程有时甚至没有解释变量,为常数。

这些均值过程前面已经详细讨论过了,这里不再重复。后续模型中,有时甚至不再写出均值过程。

2. 模型误差

$$\varepsilon_t = \sigma_t \eta_t$$

模型误差 ε_t 满足外生条件 $E(\varepsilon_t | x_{1,t},\cdots,x_{k,t},F_{t-1})=0$,其必要性如同前面的线性

模型。σ_t 是模型误差在时间 $t-1$ 时的条件标准差,即波动率。尽管下标为 t,但它在 $t-1$ 时已经确定。η_t 是独立同分布的随机变量,一般假设为标准正态分布或 t 分布。

3. 波动率过程

$$\sigma_t^2 = \alpha_0 + \sum_{i=1}^{s} \beta_i \sigma_{t-i}^2 + \sum_{i=1}^{m} \alpha_i \varepsilon_{t-i}^2 \qquad (10.3)$$

这里波动率是其本身的滞后项和模型误差滞后项的确定性函数。其中,s 个波动率的滞后项,统称 GARCH 项;m 个模型误差平方的滞后项,统称 ARCH 项。故模型可称 GARCH(s,m)。为了保证波动率非负的性质,要求所有的 $\alpha_i > 0, \beta_j > 0$。

如果 $s=0$,没有 GARCH 项,模型就是 Engle(1982) 提出的 ARCH 模型。这也是 m 个模型误差平方的滞后项被称作 ARCH 项的原因。如果 m 进一步也等于 0,也没有 ARCH 项,那么这时 $\sigma_t^2 = \alpha_0$,没有异方差,回到通常的时间序列模型(或时间序列数据的横截面回归模型)。一般没有 $s>0, m=0$ 的情况,因为那就没有波动性的时变特征了。ARCH 项系数的大小决定了波动率的时变性程度。

4. 经济含义

由于 $E(\varepsilon_t \varepsilon_{t-1}) = E(E_{t-1}(\sigma_t \eta_t \varepsilon_{t-1})) = E(\varepsilon_{t-1} \sigma_t E_{t-1}(\eta_t)) = 0$,因此扰动项甚至过程本身(如果均值过程没有滞后性)没有自相关性,不可预测。但波动率有自相关性,这一条与实证经验一致。实证文献发现,大多数股票回报不可预测,但其回报波动率像一个 AR 过程。

10.2.2 模型性质

1. 波动率的时变特征

在波动率过程(10.3)中,如果把 ε_{t-i}^2 看作扰动项,那么模型类似于 ARMA(s,m) 过程,差别在于没有当期的扰动,即 GARCH 模型的 GARCH 项对应 ARMA 模型的 AR 部分,ARCH 项对应 MA 部分。波动率的时变性非常明显。

一个纯粹的 ARCH 过程也可以改写为:

$$\sigma_t^2 = \alpha_0 + \sum_{i=1}^{m} \alpha_i \varepsilon_{t-i}^2 = \alpha_0 + \sum_{i=1}^{m} \alpha_i \eta_{t-i}^2 \sigma_{t-i}^2 \qquad (10.4)$$

如果把 $\alpha_i \eta_{t-i}^2$ 合在一起,式(10.4)看起来也像一个 AR(m)过程,差别也在于没有当期的扰动项。因此,尽管在 GARCH 模型中 ARCH 项对应 ARMA 模型的 MA 部分,但它也有 AR 部分的特征。这就是模型(10.4)被称作 ARCH 模型(自回归条件异方差模型)的原因。

如果对 GARCH 模型做类似的改写,有:

$$\sigma_t^2 = \alpha_0 + \sum_{i=1}^{s} \beta_i \sigma_{t-i}^2 + \sum_{i=1}^{m} \alpha_i \eta_{t-i}^2 \sigma_{t-i}^2$$

这个波动率过程显然有持续性,ARCH 项系数不仅决定了时变性,还带来了持续性。ARCH 项和 GARCH 项都能产生持续性,同样大小的 β_1 和 α_1,哪个带来的持续性更强?由于 η_{t-i}^2 的存在,上一期的波动率对下一期的波动率的影响有时被放大,有时被缩小,因此 GARCH 项产生的持续性比 ARCH 项的更强。

2. 矩条件及平稳性

GARCH 模型中的均值过程本身就是条件均值,波动率过程本身就是条件方差。因此我们这里主要关注非条件矩。为了叙述简单,下面我们以最常见的 GARCH(1,1)模型为例:

$$\varepsilon_t = \sigma_t \eta_t, \quad \sigma_t^2 = \alpha_0 + \beta_1 \sigma_{t-1}^2 + \alpha_1 \varepsilon_{t-1}^2$$

长期均值:$E(\varepsilon_t) = 0$。

长期方差,也就是条件方差的均值:

$$\mathrm{Var}(\varepsilon_t) = E(\sigma_t^2) = \alpha_0 + \beta_1 E(\sigma_{t-1}^2) + \alpha_1 E(\varepsilon_{t-1}^2) = \alpha_0 + (\beta_1 + \alpha_1) E(\sigma_{t-1}^2)$$

平稳时 $E(\sigma_t^2) = \alpha_0 / (1 - \alpha_1 - \beta_1)$。可见,波动率过程也有平稳性问题,GARCH(1,1) 模型的波动率过程平稳的要求是 $\alpha_1 + \beta_1 < 1$。

方差平稳条件:上述平稳性条件与 ARMA 过程平稳性的要求差别较大。这是由于 GARCH 模型中 ARCH 项也有 AR 过程的性质。在后面将介绍的 GARCH 模型的另一种表现形式下,这个问题将更清晰。

峰度:

$$m4 = \frac{E(\varepsilon_t^4)}{(E(\varepsilon_t^2))^2} = \frac{3[1-(\alpha_1+\beta_1)^2]}{1-(\alpha_1+\beta_1)^2 - 2\alpha_1^2}$$

当 $1-(\alpha_1+\beta_1)^2-2\alpha_1^2>0$ 时,这个峰度大于 3,即原过程的分布可以有肥尾现象。与本书前面第 1.5 节矩条件部分的实证经验一致。

3. GARCH 模型的另一种解读

对 GARCH 模型(10.2),如果定义

$$\mu_t = \varepsilon_t^2 - \sigma_t^2$$

这显然是一个序列不相关的过程,因为 $\mu_t = \varepsilon_t^2 - \sigma_t^2 = \sigma_t^2(\eta_t^2-1)$,括号内为独立序列,从而 μ_t 不相关。

把 μ_t 代入 GARCH 模型(10.2)中,有:

$$\varepsilon_t^2 = \alpha_0 + \sum_{i=1}^{\max(s,m)} (\alpha_i + \beta_i)\varepsilon_{t-i}^2 + \mu_t - \sum_{i=1}^{s} \beta_i \mu_{t-i} \qquad (10.5)$$

模型(10.5)是一个标准的 ARMA 过程。

因此,GARCH 模型的波动率部分可以改写成一个原模型的均值部分误差 ε_t 平方的 ARMA 模型形式。我们可以利用 ARMA 模型的性质和模型选择等方法,来理解 GARCH 模型。比如模型(10.5)的平稳性就非常直接,按照 ARMA 模型的平稳性,我们可以直接得出 GARCH 模型中波动率过程平稳的条件是 $\sum_{i=1}^{\max(s,m)} (\alpha_i + \beta_i) < 1$。

这个表达式的另一个重要应用是可以近似估计复杂的 GARCH 模型,因为 GARCH 模型的估计涉及数值方法求最优,其优化过程不容易收敛。下面介绍 GARCH 模型的 MLE 估计后,再介绍这种近似估计方法。

10.2.3 模型估计

1. GARCH 模型的 MLE 估计

GARCH 模型的估计可以用 MLE 方法进行,类似于 ARMA 模型的 MLE 估计。这里以一个 AR(1)-GARCH(1,1)为例[均值过程为 AR(1)]进行说明。

$$y_t = \varphi_0 + \varphi_1 y_{t-1} + \varepsilon_t, \quad \varepsilon_t = \sigma_t \eta_t, \quad \sigma_t^2 = \alpha_0 + \beta_1 \sigma_{t-1}^2 + \alpha_1 \varepsilon_{t-1}^2$$

上述 AR(1)-GARCH(1,1)模型的未知参数为 $\Theta=(\varphi_0,\varphi_1,\alpha_0,\beta_1,\alpha_1)$,假定有某时间序列的 T 个样本观测值 $(y_1,y_2,\cdots,y_T)$。联合分布密度函数(似然函数)为:

$$f(y_1,y_2,\cdots,y_T|\Theta,\sigma_0,\varepsilon_0)$$
$$=f(y_T|y_{T-1},\cdots,y_1,\Theta,\sigma_0,\varepsilon_0)f(y_1,y_2,\cdots,y_{T-1}|\Theta,\sigma_0,\varepsilon_0)$$
$$=\cdots$$
$$=\Pi_{t=2}^{T}f(y_t|y_{t-1},\cdots,y_1,\Theta,\sigma_0,\varepsilon_0)f(y_1|\Theta,\sigma_0,\varepsilon_0)$$

如果假设 η 为标准正态分布，则条件分布函数 $f(y_t|y_{t-1},\cdots,y_1,\Theta,\sigma_0,\varepsilon_0)$ 为条件正态分布：

$$f(y_t|y_1,y_2,\cdots,y_{t-1},\theta,\sigma_0,\varepsilon_0)=\frac{1}{\sqrt{2\pi}\sigma_t}\exp\left(-\frac{(y_t-\phi_0-\phi_1 y_{t-1})^2}{2\sigma_t^2}\right)$$
$$\sigma_t^2=\alpha_0+\beta_1\sigma_{t-1}^2+\alpha_1\varepsilon_{t-1}^2,\quad t>1$$
$$\varepsilon_t^2=(y_t-\varphi_0-\varphi_1 y_{t-1})^2,\quad t>1$$
$$f(y_1|\theta)=\frac{1}{\sqrt{2\pi\sigma_1^2/(1-\phi_1^2)}}\exp\left(-\frac{(y_1-\phi_0/(1-\phi_1))^2}{2\sigma_1^2/(1-\phi_1^2)}\right)$$

在这个计算过程中，需要 σ_0^2 和 ε_0^2。类似于用 MLE 方法估计 ARMA 模型时的处理方法，这里有两种处理方法。第一种方法是用长期均值替代，$E(\varepsilon_t^2)=E(\sigma_t^2)=\alpha_0/(1-\beta_1-\alpha_1)$。第二种方法是把它们当作待估计的未知参数。由于 GARCH 模型的似然函数非常不规则，数值方法求最优过程比较困难，未知参数不宜过多，因此第二种方法实际上不太可行。

其他 GARCH 模型的 MLE 估计与此类似。

2. GARCH 模型估计在 R 软件中的实现

R 软件"rugarch"程序包中的"ugarchfit"命令可以估计 GARCH 模型。为了更好地理解估计方法，下面首先模拟一个 AR(1)-GARCH(1,1)过程，然后再估计它。

R 软件代码及主要输出结果

```
> #模拟一个 AR(1)-GARCH(1,1)时间序列,数据长度为 n
> #模型为 y=p0+p1* y_1+e,e=v* epsilon
> #v^2=a0+b1* v_1^2+a1 e^2
> GARCH=function(myseed, p0, p1, a0, a1, b1, n){
+   if (myseed >0) set.seed(myseed);
+   n=n+500
+   x=rnorm(n,0,1)
+   v=e=y=rep(0,n)
```

```
+   v[1]=a0/(1-a1-b1)
+   e[1]=sqrt(v[1])* x[1]
+   y[1]=p0/(1-p1)+e[1]
+
+   for(t in 2:n){
+   v[t]=a0+b1* v[t-1]+a1* e[t-1]^2
+   e[t]=sqrt(v[t])* x[t]
+   y[t]=p0+p1* y[t-1]+e[t]
+   }
+   y=y[-(1:500)]
+   v=v[-(1:500)]
+   plot.ts(y, main=paste("y[t]=",p0,"+",p1,"* y[t-1]+", "epsilon"))
+   y=cbind(y,v)
+   }
>   dat=GARCH(100,1,0.5,0.02, 0.3,0.6, 500)
>
>   library(fBasics)
>   basicStats(dat)
            y              v
...
Mean        2.068218       0.224058
Median      2.066376       0.164480
...
Variance    0.320328       0.044302
Stdev       0.565976       0.210481
Skewness    0.297125       4.246943
Kurtosis    2.103722       28.341233
```

上述程序先模拟产生了一个观察量为 500 的数据，然后计算其主要样本统计量。模拟数据的样本统计量显示，观测值 y 的均值为 2.068218，与模型的总体均值 $1/0.5 = 2$ 基本一致。样本方差为 0.320328，大于模型的总体方差 $0.02/(1-0.3-0.6) = 0.2$。样本峰度为 2.103722，有显著的肥尾现象。

然后再把这个数据拟合到一个 AR(1)-GARCH(1,2) 模型中。这里故意用一个比模拟数据的模型多一个 ARCH 项的模型，以便观察能否把不应该出现的项识别出来。

R 软件代码及主要输出结果

```
> #估计MLE
> library(rugarch)
> mean.spec=list(armaOrder=c(1,0))
> var.spec=list(model="sGARCH", garchOrder=c(2,1))
> dist.spec=c("norm")
> myspec=ugarchspec(mean.model=mean.spec,variance.model=var.spec,
+ distribution.model=dist.spec)
> out=ugarchfit(spec=myspec, data=dat[,1])
> out

Conditional Variance Dynamics
-----------------------------------
GARCH Model     : sGARCH(2,1)
Mean Model      : ARFIMA(1,0,0)
Distribution    : norm

Optimal Parameters
-----------------------------------
        Estimate    Std. Error   t value    Pr(>|t|)
mu      2.051406    0.033777     60.734033  0.000000
ar1     0.488260    0.042100     11.597683  0.000000
omega   0.035932    0.017362     2.069523   0.038497
alpha1  0.325521    0.074369     4.377119   0.000012
alpha2  0.000000    0.089761     0.000002   0.999999
beta1   0.529699    0.159073     3.329901   0.000869

LogLikelihood: -301.8196

Information Criteria
-----------------------------------
Akaike         1.2313
Bayes          1.2819
Shibata        1.2310
Hannan-Quinn   1.2511
```

上述模拟过程中,均值部分的长期均值为 $2[=1/(1-0.5)]$,自回归系数为 0.5。估计出的均值过程中的长期均值 $mu=2.051406$,自回归系数 $ar1=0.488260$,非常接近。

波动率过程中截距项的真实值为 0.02，ARCH 项和 GARCH 项的真实值分别为 0.3 和 0.6，估计出的结果分别为 omega = 0.035932，alpha1 = 0.325521，beta1 = 0.529699，也还不错。第二阶 ARCH 项的真实值为 0，估计出的 alpha2 = 0，一致。

另外，上面命令中的模型设定是"garchOrder = c(2,1)"，而我们想估计的是 GARCH(1,2)。R 软件中 GARCH(p,q) 的设置中 p 是指 ARCH 项，q 是指 GARCH 项。这是因为，R 软件和一些教材把本书所称的 GARCH(s,m) 模型（模型 10.3）称作 GARCH(m,s)，ARCH 项和 GARCH 项的标识正好相反。这里没有什么正确与否，本书这样的记号与通常的 ARMA 模型的习惯一致，因为 GARCH 项对应 ARMA 模型的 AR 部分。

3. GARCH 模型的估计：近似的三步估计法

前面讨论过，GARCH 模型（10.2）可以改写成标准的 ARMA 模型形式：

$$y_t = \phi_0 + \phi_1 x_{1,t} + \cdots + \phi_k x_{k,t} + \varepsilon_t$$

$$\varepsilon_t^2 = \alpha_0 + \sum_{i=1}^{\max(s,m)} (\alpha_i + \beta_i) \varepsilon_{t-i}^2 + \mu_t - \sum_{i=1}^{s} \beta_i \mu_{t-i}$$

$$\mu_t = \varepsilon_t^2 - \sigma_t^2$$

因此我们可以用三步法估计 GARCH 模型。

第一步，估计没有时变波动率的均值过程 $y_t = \phi_0 + \phi_1 x_{1,t} + \cdots + \phi_k x_{k,t} + \varepsilon_t$，得到拟合误差 ε_t。

第二步，用拟合误差平方估计 ARMA 模型：

$$\varepsilon_t^2 = \alpha_0 + \sum_{i=1}^{\max(s,m)} \gamma_i \varepsilon_{t-i}^2 + \mu_t - \sum_{i=1}^{s} \beta_i \mu_{t-i}$$

第三步，推导出原模型未知参数 $\alpha_i = \gamma_i - \beta_i$。

这种方法的数值运算比 GARCH 模型的 MLE 估计方法来得简单，因此尤其适用于复杂模型。为了进一步改善这个近似估计方法，还可以再用第三步估计出的模型参数计算出异方差 σ_t^2 后，用加权最小二乘法（WLS）重新估计均值部分（第一步），得到更精确的拟合误差 ε_t。之后再对拟合误差进行上面第二、第三步的操作。甚至可以重复上面的步骤多次，直到参数估计值收敛。下面用这个三步法重新估计前面的模拟数据。

R 软件代码及主要输出结果

```
> #第一步,估计均值过程
> olsout<-arima(dat[,1],order=c(1,0,0))
> olsout
Coefficients :
       ar1      intercept
    0.5209      2.0627
s.e.  0.0386    0.0451
> #第二步,得到拟合误差平方,并估计一个模型 ARMA
> res=residuals(olsout)
> res2=res* res
> gout=arima(res2,order=c(2,0,1))
> gout
Coefficients:
       ar1      ar2       ma1      intercept
    0.9162   -0.0842   -0.6360    0.2390
s.e.  0.1539    0.0805    0.1449    0.0382
```

上述第一步估计了一个简单的 AR(1) 模型,结果显示,均值部分的长期均值估计为 intercept = 2.0627,自回归系数估计为 ar1 = 0.5209,前面 MLE 估计中,这两个系数分别为 2.051406、0.488260,真实值分别为 2.0、0.5,非常接近。

上述第二步估计了一个 ARMA(2,1) 模型。GARCH 项系数 β_1 对应这里 ARMA 模型中的 ma1 的相反数 0.6360,前面 MLE 估计中,这个系数为 0.529699,真实值为 0.6,非常接近。GARCH 项系数 α_1 对应这里 ARMA 模型中的 ar1 减去 $\beta_1 = 0.9162 - 0.6360 = 0.2802$;GARCH 项系数 $\alpha_2 = ar2 - \beta_2 = -0.0842 - 0 = -0.0842$。前面 MLE 估计中,这两个系数分别为 0.325521、0,真实值分别为 0.3 和 0,非常接近。

上述 ARMA 模型部分报告的 intercept 其实是长期均值,波动率过程截距项系数 $\alpha_0 = $ intercept $\times (1-\alpha_1-\alpha_2-\beta_1) = 0.2390 \times (1-0.6360-0.2802+0.0842) = 0.04$。前面 MLE 估计中,这个系数为 0.035932,真实值均为 0.02,也比较接近。

总的来说,用近似的三步估计法估计 GARCH 模型,精度还不错。

10.2.4 模型设置

前面介绍了如何估计一个设置好了的 GARCH 模型,而我们一般没有模型,只有数据,因此需要由数据设置模型。这里模型设置的基本方法还是用 AIC、BIC 等信息准则。

需要提醒的是,我们知道 MA 与 AR 过程之间的互换关系使得实证上 ARMA 模型比单纯的 AR 或者 MA 模型更常见。类似地,波动率模型中,单纯的高阶 ARCH 模型并不常见,一般都是低阶的 GARCH 模型。

下面通过上述模拟的 AR(1)-GARCH(1,1) 过程数据的建模来说明如何根据数据特征进行模型设置。

1. GARCH 模型设置的基本步骤

第一步:设置均值过程。GARCH 模型中的均值过程部分的设置,一般首先考虑经济学理论,比如研究股票特质风险时,均值过程要用市场模型。如果没有相关的经济学原理,特别是在做预测时,就要多用 AR 模型。这时的滞后阶数选择方法同前面 ARMA 模型的模型设置。我们这里用偏自相关函数,结果报告在图 10.2 中。

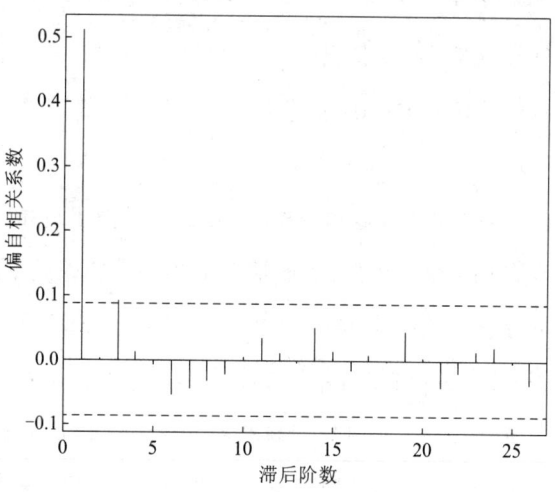

图 10.2 均值部分的偏自相关函数

R 软件代码及主要输出结果

```
> dat=GARCH(100,1,0.5,0.02,0.3,0.6,500)
> plot(pacf(dat[,1]))
```

从偏自相关函数图 10.2 看,选择 AR(1)。

第二步:检验 ARCH 效应。检验是否存在条件异方差,也被称作检验 ARCH 效应。类似于横截面模型中的异方差检验(White 检验),这里是对均值过程中的拟合误差的平方做自相关性检验,即 Q 检验。

R 软件代码及主要输出结果

```
> olsout=arima(dat[,1],order=c(1,0,0))
> res=residuals(olsout)
> res2=res*res
> bk=trunc(log(length(res)))
> Box.test(res2, lag=bk, type='Ljung')
Box-Ljung test
data: res2
X-squared=120.02, df=6, p-value < 2.2e-16
> Box.test(res, lag=bk, type='Ljung')
Box-Ljung test
data: res
X-squared=4.6001, df=6, p-value=0.596
```

误差平方的 Q 统计量为 120.02,p 值几乎为 0,非常显著,表现出明显的自相关性,即存在 ARCH 效应。

有时误差的自相关也会产生这种 ARCH 效应,这是由于自相关误差序列的平方很有可能也会有自相关性。因此,一般情况下还要检验误差本身的自相关性。上述程序对误差本身进行 Q 检验,Q 统计量为 4.6001,不显著,没有自相关性。正如模拟数据的过程,误差本身并没有自相关性,但波动率有自相关性。

第三步:选择 GARCH 模型的阶数。如果第二步检验表明有 ARCH 效应,则需要用 GARCH 模型。而 GARCH 模型的阶数可以用 AIC/BIC 来选择。先试模型 GARCH(0,1)。

R 软件代码及主要输出结果

```
> mean.spec=list(armaOrder=c(1,0))
> var.spec=list(model="sGARCH",garchOrder=c(1,0))
> dist.spec=c("norm")
> myspec=ugarchspec(mean.model=mean.spec,variance.model=var.spec,
+distribution.model=dist.spec)
> out1=ugarchfit(spec=myspec,data=dat[,1])
> out1
Optimal Parameters
─────────────────────────────────
         Estimate    Std. Error    t value     Pr(>|t|)
mu       2.02820     0.035054      57.8598     0e+00
ar1      0.48486     0.049474      9.8002      0e+00
omega    0.13833     0.013066      10.5868     0e+00
alpha1   0.40131     0.080013      5.0156      1e-06
Information Criteria
─────────────────────────────────
Akaike         1.2753
Bayes          1.3090
Shibata        1.2752
Hannan-Quinn   1.2885
```

上述估计结果显示,GARCH(0,1)模型的所有参数估计都显著,AIC = 1.2753,BIC = 1.3090。下面再依次试模型 GARCH(1,1)、GARCH(1,2) 和 GARCH(2,1),结果如表 10.1 所示。

表 10.1　GARCH 模型选择

参数	GARCH(0,1)	GARCH(1,1)	GARCH(1,2)	GARCH(2,1)
AIC	1.275	1.228	1.231	1.230
BIC	1.309	1.270	1.282	1.281
ϕ_0	2.028***	2.052***	2.051***	2.047***
ϕ_1	0.485***	0.488***	0.488***	0.487***
α_0	0.138***	0.035***	0.036***	0.035***
α_1	0.401***	0.323***	0.326***	0.342***
α_2	—	—	0.000	—
β_1	—	0.535***	0.530***	0.403***
β_2	—	—	—	0.113

注:*** 表示常数估计在 1% 的水平下显著,** 表示在 5% 的水平下显著,* 表示在 10% 的水平下显著。

上述模型估计中，GARCH(1,1)模型的所有系数都显著，GARCH(1,2)模型的二阶 ARCH 项系数等于 0，GARCH(2,1)模型的二阶 GARCH 项系数不显著，并且所有模型中，GARCH(1,1)的 AIC 和 BIC 数值都是最小的，因此最佳模型选择为 GARCH(1,1)。

第四步：检查模型选择是否合理。假如 GARCH 模型设置合理，波动率就没有更多的可预测性。这时标准化的误差就没有 ARCH 效应。所谓标准化误差＝拟合的模型误差/拟合的波动率，是因为它对应着模型中的白噪声（$\varepsilon_t = \sigma_t \eta_t$，$\eta_t$）。可以对这个标准化的误差再进行 ARCH 效应检验。

R 软件代码及主要输出结果

```
> #估计模型
> var.spec=list(model="sGARCH", garchOrder=c(1,1))
> myspec=ugarchspec(mean.model=mean.spec,variance.model=var.spec,
+distribution.model=dist.spec)
> out2=ugarchfit(spec=myspec,data=dat[,1])
>
> #提取波动率和拟合误差,进行标准化处理,进行平方运算
> sig=sigma(out2)
> res=residuals(out2)
> stdres=res/sig
>stdres2=stdres* stdres>
> #自相关性检验
> bk=trunc(log(length(res)))
> Box.test(stdres2,lag=bk,type='Ljung')

data: stdres2
X-squared=1.4283, df=6, p-value=0.9641
```

上述检验结果显示，对标准化处理后的误差平方的 Q 检验值为 1.4283，p 值为 0.9641，不显著，没有 ARCH 效应。故模型 AR(1)-GARCH(1,1)选择合适。事实上，我们用来模拟产生数据的过程就是 AR(1)-GARCH(1,1)，选择正确。

2. GARCH 模型选择的其他问题

第一个是模型大小问题。GARCH 模型，一般来说，波动率部分很少有超过

GARCH(2,2)的。因为 GARCH 模型的 MLE 估计数值方法优化过程收敛大多不太好,参数太多时问题更大,所以模型不能太大。同样的理由,GARCH 模型的均值部分也不能太复杂。像有季节性问题的数据,一般要先进行季节调整。如果均值过程实在太复杂,可以考虑两步法,即先用没有时变波动率的模型得到拟合误差,然后用没有均值过程的 GARCH 模型研究拟合误差。

第二个是数据奇异值问题。GARCH 模型的 MLE 估计过程不收敛的另一个因素是数据中存在奇异值。实证发现,美国市场上几只主要股票(如 Ford、BankOne、P&G)1996—2000 年日度回报数据的 GARCH 模型估计过程收敛困难。而在去掉数据中的几个奇异值后,收敛就好了。

直观检查是否存在奇异值,可以看数据描述性统计量中的偏度和峰度。如果存在奇异值,偏度和峰度会非常大。因此,估计模型前先看看数据总是一个好习惯。

那么应如何处理奇异值?如果是数据错误,简单地修正或去掉即可。如果不是数据错误,比如 1987 年美国股市的黑色星期五、1998 年美国长期资产管理公司几乎破产等导致的市场剧烈波动,在用 GARCH 模型估计 S&P 500 指数时,是否包括 1987 年的黑色星期五等奇异值,估计的波动率的长期平均值会有几个百分点的差别。这时是否去掉这些奇异值,依赖于我们的直觉。要考虑这样的剧烈波动是否会对将来的波动有影响、是否有可能重演。如果答案为"是",那么就不能去掉这些奇异值。

如果不能去掉奇异值,解决模型估计优化过程的收敛问题(包括其他导致不能收敛的情况)应依次考虑下列方法:①改变参数估计的初始值;②改变最大化似然函数的数值方法;③改变模型设置,用简单些的模型;④用前面介绍的三步法等近似估计方法。

3. GARCH 模型波动率过程中有外生变量

前面介绍的 GARCH 模型,波动率是模型误差滞后项和波动率滞后项的函数。正如均值过程中可以有外生变量一样,波动率过程中也可以有外生变量。比如用市场模型研究的个股特质波动率,可能还与新闻媒体等变量有关。

这类波动率过程中有外生变量的模型可以用来研究波动率在某一时间点是否

有跳跃,比如股市在某一时间 T_0 引入股指期货,这一变化是否会导致股市回报波动率的变化,可以考虑如下波动率模型:

$$\sigma_t^2 = \alpha_0 + \sum_{i=1}^{s} \beta_i \sigma_{t-i}^2 + \sum_{i=1}^{m} \alpha_i \varepsilon_{t-i}^2 + \gamma D_t \qquad (10.6)$$

这里外生变量 D_t 为时间的虚拟变量。$D_t = 0, t \le T_0$; $D_t = 1, t > T_0$。如果模型参数 γ 显著不等于 0,意味着在时间 T_0 后,波动率会上升 γ 的量。

下面用在波动率过程中加时间虚拟外生变量的 AR(1)-GARCH(1,1) 模型研究 2010 年 4 月沪深 300 指数期货的引入是否改变了股票指数回报的波动率。数据窗口为 2009—2012 年。R 软件的"rugarch"命令可以做这一类 GARCH 模型的估计,只需要将外生变量数据构成一个矩阵输入命令中。

R 软件代码及主要输出结果

```
> library(readxl)
> library(rugarch)
> setwd('D:/wyp/data')
> mydata=read_excel('./index.xlsx',sheet='Sheet4')
> attach(mydata)
> Trddt=as.Date(Trddt)
>
> #定义时间虚拟变量,并以矩阵形式表示
> T0=as.Date("2010-04-16")
> d=rep(0,length(ret))
> d[Trddt>T0]=1
> D=matrix(d, byrow=TRUE)
>
> #估计带外生变量的 GARCH
> mean.spec=list(armaOrder=c(1,0))
> var.spec=list(model="sGARCH",garchOrder=c(1,1),external.re-
gressors=D)
> dist.spec=c("norm")
> myspec=ugarchspec(mean.model=mean.spec,variance.model=var.spec,
+distribution.model=dist.spec)
> out=ugarchfit(spec=myspec, data=ret)
> out
Optimal Parameters
```

	Estimate	Std. Error	t value	Pr(>|t|)
mu	-0.000019	0.000261	-0.071259	0.94319
ar1	0.024793	0.038360	0.646315	0.51808
omega	0.000001	0.000001	0.830134	0.40646
alpha1	0.041446	0.007247	5.719241	0.00000
beta1	0.933843	0.009736	95.911839	0.00000
vxreg1	0.000000	0.000001	0.000000	1.00000

估计结果显示,外生变量 vxreg1 的系数估计值为 0,不显著,表明股指期货的引入没有对股指回报的波动率产生显著影响。

10.3 GARCH 家族的其他模型

自 GARCH 模型被提出以来,文献中有许多改进的 GARCH 模型,形成了一个家族,成员主要有 EGARCH、IGARCH、GARCH-in-mean、Threshold GARCH 等。我们下面介绍 EGARCH 模型和 IGARCH 模型。

10.3.1 EGARCH 模型

标准 GARCH 模型

$$\sigma_t^2 = \alpha_0 + \sum_{i=1}^{s} \beta_i \sigma_{t-i}^2 + \sum_{i=1}^{m} \alpha_i \varepsilon_{t-i}^2$$

有两个问题:第一,为了保证波动率非负,模型参数有约束($\alpha_i \geq 0, \beta_i \geq 0$),这些参数约束给模型参数估计带来困难。第二,过去扰动对将来波动率的影响是对称的,$\sum_{i=1}^{m} \alpha_i \varepsilon_{t-i}^2$ 与扰动的正负无关。如果模型是用来刻画资产回报过程的,那么对称性意味着资产回报同样程度的正向冲击与负向冲击会给接下来的波动率带来同样规模的影响,但事实上我们观察到了非对称反应,一般来说,相较于大涨,股市价格大跌会导致后续更大的市场波动。对这种非对称现象,行为金融学用心理因素进行了较好的解释,传统理性金融学用杠杆效应也有合理的解释。

1. EGARCH 模型的定义

为了解决上述两个问题，Nelson(1991)提出了 EGARCH 模型：

$$y_t = \varphi_0 + \varphi_1 x_{1,t} + \cdots + \varphi_k x_{k,t} + \varepsilon_t, \varepsilon_t = \sigma_t \eta_t$$

$$\ln\sigma_t = \alpha_0 + \sum_{i=1}^{s}\beta_i \ln\sigma_{t-i} + \sum_{i=1}^{m}\alpha_i g(\eta_{t-i})$$

$$g(\eta_t) = \theta\eta_t + (|\eta_t| - E(|\eta_t|)) \qquad (10.7)$$

η_t 是独立同分布的白噪声，一般假设为标准正态分布或 t 分布。当 η_t 为标准正态分布时，$E(|\eta_t|) = \sqrt{\dfrac{2}{\pi}}$。

用对数形式可以避免波动率为负的问题，从而不需要限制模型参数。这一点和横截面模型中的异方差模型一样。

$g(\eta_t)$ 的定义有几个目的。第一，给波动率带来非对称性，当 $\theta < 0$ 时，负的 η_t 比正的 η_t 对接下来的波动率影响更大。这一点与实证经验一致。第二，$g(\eta_t)$ 的均值为 0，还是可以将其看作一个误差项。该模型有 s 个对数波动率的滞后项、m 个复合误差 $g(\eta_t)$ 的滞后项，故被称作 EGARCH(s,m)。

2. EGARCH 模型的估计

EGARCH 模型的估计完全类似于 GARCH 模型的 MLE 估计方法。R 软件中的 "rugarch" 命令还可以用来估计 EGARCH 模型。下面把沪深 300 指数回报数据拟合到一个 AR(1)-EGARCH(1,1) 模型中。

R 软件代码及主要输出结果

```
> library(readxl)
> library(rugarch)
> setwd('D:/wyp/data')
> mydata=read_excel('./index.xlsx',sheet='Sheet4')
> attach(mydata)
> mean.spec=list(armaOrder=c(1,0))
> var.spec=list(model="eGARCH",garchOrder=c(1,1))
> dist.spec=c("norm")
> myspec=ugarchspec(mean.model=mean.spec,variance.model=var.spec,
+distribution.model=dist.spec)
> out=ugarchfit(spec=myspec, data=ret)
> out
```

```
Conditional Variance Dynamics

GARCH  Model : eGARCH(1,1)
Mean   Model : ARFIMA(1,0,0)
Distribution : norm
Optimal Parameters

        Estimate    Std. Error   t value    Pr(>|t|)
mu      -0.000040   0.000074    -0.53944    0.58958
ar1      0.027990   0.018602     1.50468    0.13241
omega   -0.249484   0.012860   -19.39991    0.00000
alpha1  -0.006547   0.014628    -0.44758    0.65446
beta1    0.974384   0.001187   820.92204    0.00000
gamma1   0.100369   0.013943     7.19842    0.00000
```

上述估计结果中,没有模型参数 theta,而 gamma1 = 0.100369,显著。但它大于 0,与前面讨论的 EGARCH 模型非对称性要求 $\theta < 0$ 符号相反。这是由于 R 软件 "rugarch" 命令中的 EGARCH 模型设置为:

$$\ln\sigma_t^2 = \omega + \sum_{i=1}^{s}\beta_i\ln\sigma_{t-i}^2 + \sum_{i=1}^{m}\alpha_i\eta_{t-i} + \sum_{i=1}^{m}\gamma_i(|\eta_{t-i}| - E(|\eta_{t-i}|)) \quad (10.8)$$

这里的非对称性反映在系数 $\alpha_i < 0$ 上。我们上面的估计结果中,$\alpha_1 = -0.006547$,为负,与经验一致,但不显著。

R 软件 "rugarch" 命令的 EGARCH 模型设置与我们前面的模型设置形式有一些差别。本书的 EGARCH 模型(10.7)中非对称性完全由一个参数 θ 决定,而在 R 软件 "rugarch" 命令的 EGARCH 模型(10.8)中,非对称性由 m 个参数 $\alpha_1, \cdots, \alpha_m$ 决定。当 $m > 1$ 时,模型(10.8)有两个问题:第一,模型(10.8)比模型(10.7)的未知参数多 $m-1$ 个,给模型估计优化过程带来难度。第二,模型(10.8)有多个参数刻画非对称性,如果它们符号相反,从经济学直觉上来说并不容易理解。

3. EGARCH 模型与 GARCH 模型的比较

从理论上看,EGARCH 模型有比 GARCH 模型更好的性质,但实际上参数估计更困难。尽管参数少了非负约束,但由于波动率方程是对数形式,在计算似然函数时要用指数函数 exp,非常容易产生巨大的数值,超出计算机的容量,即容易出现浮点溢出问题。EGARCH模型的关键在非对称性,如果存在非对称性,并且是我们的关注点,则需要用EGARCH模型。要不然,人们还是偏好用GARCH模型。

10.3.2 IGARCH模型

金融时间序列数据中,波动率一般有很强的持续性。在GARCH模型(10.2)框架下,$\sum_{i=1}^{s}\beta_i + \sum_{i=1}^{m}\alpha_i$经常接近1。比如前面关于沪深300指数期货的引入对股指回报波动率影响的研究中,$\alpha_1 = 0.041446$,$\beta_1 = 0.933843$,二者之和等于0.975289。这样,波动率几乎是一个单位根过程。

为此,Nelson(1990)提出了IGARCH(1,1)模型:

$$\sigma_t^2 = \alpha_0 + \beta_1 \sigma_{t-1}^2 + (1 - \beta_1)\varepsilon_{t-1}^2, \quad 0 < \beta_1 < 1 \tag{10.9}$$

这个模型比GARCH(1,1)少了一个待估计参数。这一点对GARCH家族模型估计来说很重要。显然,这个IGARCH(1,1)模型的波动率过程是单位根过程,非平稳,但Nelson(1990)证明了该模型还是可以用MLE方法进行一致估计。唯一的问题是,当$\alpha_0 \neq 0$时,波动率的长期均值不存在,这时模型不太适合用来预测非常长期的波动率。

IGARCH模型的估计、设置、预测等与GARCH模型的类似。R软件中的"rugarch"命令也可以用来估计IGARCH模型。

10.4 GARCH波动率的估算和预测

在GARCH家族模型中,可以直接用估计出来的模型进行波动率的估算和预测。下面以GARCH模型(10.2)为例介绍如何估算和预测波动率。

10.4.1 波动率的估算

给定估计好的模型和观察值(x_t, y_t),$t = 1, 2, \cdots, T$,历史上的波动率可以用下列递归的方式进行估算：

$$\varepsilon_t = y_t - (\phi_0 + \phi_1 x_{t-1})$$

$$\sigma_t^2 = \alpha_0 + \sum_{i=1}^{s}\beta_i \sigma_{t-i}^2 + \sum_{i=1}^{m}\alpha_i \varepsilon_{t-i}^2$$

上述递归计算中，需要一些初始条件，即初始波动率 $\sigma_t^2(t=0,-1,\cdots,-s)$ 和初始拟合误差平方 $\varepsilon_t^2(t=0,-1,\cdots,-m)$。这些初始条件一般可以用其长期均值 $E(\varepsilon_t^2)=E(\sigma_t^2)=\alpha_0/(1-\sum_{i=1}^{s}\beta_i-\sum_{i=1}^{m}\alpha_i)$ 来代替。前面介绍 GARCH 模型估计时已经讨论过这个问题。

R 软件"rugarch"程序包中，在用"ugarchfit"命令估计出一个 GARCH 模型后，用"residuals"命令可以输出拟合误差，用"sigma"命令可以输出估算的波动率。下面对上述第 10.2.3 节中第 2 部分的模拟数据进行波动率的估算。

R 软件代码及主要输出结果

```
> mean.spec=list(armaOrder=c(1,0))
> var.spec=list(model="sGARCH", garchOrder=c(1,1))
> dist.spec=c("norm")
> myspec=ugarchspec(mean.model=mean.spec,variance.model=var.spec,
+distribution.model=dist.spec)
> out=ugarchfit(spec=myspec, data=dat[,1])
> sig=sigma(out)
> pvar=sig*sig;
> residual=residuals(out)
> comp=cbind(dat, pvar, residual)
> tail(comp)
y           v         pvar        residual
1.7219591  0.1011786  0.1137618   -0.3616684
1.6304458  0.1147141  0.1380169   -0.2604173
1.4867868  0.1047722  0.1306252   -0.3594537
2.5365509  0.1152244  0.1465254    0.7603594
1.6507710  0.2778643  0.3002417   -0.6372926
0.6503053  0.3011121  0.3268751   -1.2058459
> olsout=lm(pvar~v, data=comp)
> summary(olsout)
Coefficients:
```

```
Estimate  Std. Error  t value  Pr(>|t|)
(Intercept)  0.019458  0.001657  11.74  <2e-16 ***
v  0.970403  0.005393  179.92  <2e-16 ***
Residual  standard  error : 0.02536 on 498 degrees of freedom Multiple
R-squared: 0.9848,  Adjusted  R-squared :  0.9848 F-statistic : 3.237e
+04 on 1 and 498 DF,  p-value:<2.2e-16
```

上述程序给出了几个波动率的真实值(v)及估算值(pvar),这是由于上述计算用的是模拟数据,模拟过程中有波动率的真实值。波动率的真实值(v)及估算值(pvar),看起来比较接近。为了定量衡量这个估算精度,我们把估算值对真实值进行 OLS 回归,发现回归分析的调整 R^2 等于 0.9848,结果还不错。

10.4.2 波动率的预测

GARCH 模型中波动率的预测,还是用模型中的波动率方程。假定预测时间点为时间 t_0,以资产日度回报 r_t 的 GARCH(1,1) 模型为例:

$$r_t = \varphi_0 + \varphi_1 x_{1,t} + \cdots + \varphi_k x_{k,t} + \varepsilon_t, \quad \varepsilon_t = \sigma_t \eta_t$$

$$\sigma_t^2 = \alpha_0 + \beta_1 \sigma_{t-1}^2 + \alpha_1 \varepsilon_{t-1}^2$$

提前一天预测:预测第 t_0+1 日回报 r_{t_0+1} 的波动率。

$$\hat{\sigma}_{t_0+1}^2 = \mathrm{E}_{t_0}(\varepsilon_{t_0+1}^2) = \alpha_0 + \beta_1 \sigma_{t_0}^2 + \alpha_1 \varepsilon_{t_0}^2$$

代入最近的模型拟合误差($\varepsilon_{t_0}^2$)和最近的波动率估算值($\sigma_{t_0}^2$),直接计算。

提前两天预测:预测第 t_0+2 日回报 r_{t_0+2} 的波动率。

$$\begin{aligned}
\hat{\sigma}_{t_0+2}^2 &= \mathrm{E}_{t_0}(\varepsilon_{t_0+2}^2) = \mathrm{E}_{t_0}(\mathrm{E}_{t_0+1}(\varepsilon_{t_0+2}^2)) = \mathrm{E}_{t_0}(\sigma_{t_0+2}^2) \\
&= \mathrm{E}_{t_0}(\alpha_0 + \beta_1 \sigma_{t_0+1}^2 + \alpha_1 \varepsilon_{t_0+1}^2) \\
&= \mathrm{E}_{t_0}(\alpha_0 + \beta_1 \sigma_{t_0+1}^2 + \alpha_1 (\sigma_{t_0+1}^2 \eta_{t_0+1}^2)) \\
&= \alpha_0 + \beta_1 \hat{\sigma}_{t_0+2}^2 + \alpha_1 \hat{\sigma}_{t_0+1}^2 \mathrm{E}_{t_0}(\eta_{t_0+1}^2) \\
&= \alpha_0 + (\beta_1 + \alpha_1) \hat{\sigma}_{t_0+1}^2
\end{aligned}$$

提前 n 天预测:预测第 t_0+n 日回报 r_{t_0+n} 的波动率。

$$\hat{\sigma}_{t_0+n}^2 = \mathrm{E}_{t_0}(\varepsilon_{t_0+n}^2) = \mathrm{E}_{t_0}(\sigma_{t_0+n}^2)$$

$$= \alpha_0 + (\beta_1 + \alpha_1)\hat{\sigma}^2_{t_0+n-1}$$

这是一个递归方程。

预测 n 天总回报的波动率：实际应用中，我们一般需要预测第 t_0+n 天股价的波动率，比如在 t_0 时给 t_0+n 天到期的股票期权定价，这时我们需要的是 $\text{Var}_{t_0}(P_{t_0+n})$。

价格过程一般是非平稳的，没有办法直接计算波动率。在用对数回报时，我们有 $R_{t_0+n} = \sum_{i=1}^{n} r_{t_0+i}$，从而有：

$$\text{Var}_{t_0}(P_{t_0+n}) = P_{t_0}^2 \text{Var}_{t_0}(R_{t_0+n})$$

$$= P_{t_0}^2 \text{Var}_{t_0}\left(\sum_{i=1}^{n} r_{t_0+i}\right)$$

$$= P_{t_0}^2 \left(\sum_{i=1}^{n} \text{Var}_{t_0}(r_{t_0+i}) + 2\sum_{i=2}^{n} \text{Cov}_{t_0}(r_{t_0+i}, r_{t_0+1})\right)$$

这个波动率公式中的条件方差 $\text{Var}_{t_0}(r_{t_0+i})$，正好就是上面提前 i 步的预测。而协方差部分 $\text{Cov}_{t_0}(r_{t_0+i}, r_{t_0+1})$，完全由模型的均值过程决定。如果模型的均值部分没有序列相关（包括解释变量中没有被解释变量的滞后项，以及误差没有序列相关），这一部分就等于零。对单只股票来说，大多数是这种情况。如果模型的均值部分是 AR 过程，那么第 3 章 AR 模型部分关于自协方差的结论也适用于这里。

10.4.3 GARCH 波动率的期限结构

波动率的期限结构，是指年化后不同时间长度的总回报波动率，依赖于回报的时间长度。类似于利率期限结构中，不同期限的债券有不同的年化收益率。在期权市场中我们也能观察到这种波动率期限结构。

在 GARCH 模型框架下估算和预测的波动率，也具有这个期限结构特征。如果一个 GARCH 模型是用日度数据估计的，用这个模型预测一周内的总回报的波动率 $\hat{\text{Var}}_{t_0}(R_{t_0+5}) = \sum_{i=1}^{5} \text{Var}_{t_0}(r_{t_0+i})$（假设均值过程中没有自相关性），同时用这个模型预测两周内的总回报的波动率 $\hat{\text{Var}}_{t_0}(R_{t_0+10}) = \sum_{i=1}^{10} \text{Var}_{t_0}(r_{t_0+i})$，再分别年化这两个波动率,得到 $52\sum_{i=1}^{5}\text{Var}_{t_0}(r_{t_0+i})$ 和 $26\sum_{i=1}^{10}\text{Var}_{t_0}(r_{t_0+i})$。这两个波动率要相等,就必须有 $\sum_{i=1}^{5}\text{Var}_{t_0}(r_{t_0+i})=\sum_{i=6}^{10}\text{Var}_{t_0}(r_{t_0+i})$。但这个关系式不可能成立,因为有前面推导的波动率预测递归公式 $\hat{\sigma}_{t_0+n}^2=\alpha_0+(\beta_1+\alpha_1)\hat{\sigma}_{t_0+n-1}^2$。

因此,用 GARCH 模型预测波动率,不同时长的资产回报年化波动率不一样,这一点与期权市场的经验事实一致。

10.4.4 GARCH 模型的数据频率问题

时间序列数据有不同的频率,比如股票回报数据,有日度的、周度的、月度的。用 GARCH 模型预测一个月内总回报的波动率,可以使用不同频率的数据来拟合模型。如果用月度数据,只需要做提前一步预测。如果用日度数据,则需要用上面的递归公式进行 20 多步预测后将结果相加,可能还需要考虑协方差部分。

这两种方法得到的结果很有可能不一样。其中一个影响因素是可能的自相关性。这里的月度数据只需要提前一步预测,不存在自相关性问题,日度数据则需要用模型去计算自协方差。

另一个影响因素是,GARCH 模型不满足可加性。在 AR 模型中,日度数据的 AR(1) 模型按周加总,将得到周度数据的 AR(1):

$$r_t = \alpha_0 + \alpha_1 r_{t-1} + \varepsilon_t$$

$$r_{t+1} = \alpha_0 + \alpha_1 r_t + \varepsilon_{t+1}$$

$$\cdots$$

$$r_{t+4} = \alpha_0 + \alpha_1 r_{t+3} + \varepsilon_{t+4}$$

$$R_t = \sum_{i=0}^{4}(r_{t+i}) = 5\alpha_0 + \alpha_1 R_{t-1} + (\varepsilon_t + \cdots + \varepsilon_{t+4})$$

GARCH 模型不满足这样的可加性。区别在于 AR 模型是线性模型,而 GARCH 模型是非线性模型。

因此,在给定数据时间长度的情况下,有一个选择数据频率的问题。这里有两点需要关注。

第一,数据频率越低,ARCH 效应越弱。为了说明这个问题,我们下面用 R 软件模拟一个均值为零的 GARCH$(1,1)$ 过程 $x_t(t=1,2,\cdots,3000)$。再在这个样本的基础上,对每 5 个数据和每 20 个数据进行加总,形成两个过程 $y_t(t=1,2,\cdots,600)$ 和 $z_t(t=1,2,\cdots,150)$。如果 x_t 是一个日度回报,y_t 和 z_t 将差不多是周度回报和月度回报。

R 软件代码及主要输出结果

```
> k=3000
> dat=GARCH(100,0,0,0.02,0.3,0.6,k)
> ind1=trunc(c(1:k)/5)
> ind2=trunc(c(1:k)/20)
> y=tapply(dat[,1], ind1, FUN=sum)
> z=tapply(dat[,1], ind2, FUN=sum)
>
> olsout=arima(dat[,1],order=c(0,0,0))
> res=residuals(olsout)
> res2=res*res
> bk=trunc(log(k))
> Box.test(res2, lag=bk, type='Ljung')
data: res2
X-squared=1863, df=8, p-value < 2.2e-16
>
> olsout=arima(y,order=c(0,0,0))
> res=residuals(olsout)
> res2=res*res
> bk=trunc(log(k/5))
> Box.test(res2, lag=bk, type='Ljung')
data: res2
X-squared=48.798, df=6, p-value=8.185e-09
>
> olsout=arima(z,order=c(0,0,0))
> res=residuals(olsout)
> res2=res*res
> bk=trunc(log(k/20))
```

```
> Box.test(res2, lag=bk, type='Ljung')
data : res2
X-squared=2.2423,  df=5,   p-value=0.8147
```

上述 R 程序输出结果显示,对这个模拟数据的三种频率进行 ARCH 检验,日度频率时,p 值 $<2.2e-16$,ARCH 效应强烈;周度频率时,p 值 $=8.185e-09$,也有 ARCH 效应,但 p 值上升了;月度频率时,p 值 $=0.8147$,没有 ARCH 效应。

为了进一步理解低频率 ARCH 效应弱的问题,我们再把上述三种频率的样本拟合到 GARCH(1,1)模型中,R 程序及结果如下:

R 软件代码及主要输出结果

```
> mean.spec=list(armaOrder=c(0,0))
> var.spec=list(model="sGARCH", garchOrder=c(1,1))
> dist.spec=c("norm")
> myspec=ugarchspec(mean.model=mean.spec, variance.model=var.spec,
+distribution.model=dist.spec)
> out=ugarchfit(spec=myspec, data=dat[,1])
> out
Estimate   Std. Error   t value   Pr(>|t|)
mu           0.002054     0.006055     0.3392     0.73446
omega        0.020457     0.002812     7.2735     0.00000
alpha1       0.321209     0.028145    11.4125     0.00000
beta1        0.591376     0.030752    19.2305     0.00000
>
> out1=ugarchfit(spec=myspec, data=y)
> out1
Estimate   Std. Error   t value   Pr(>|t|)
mu           0.025865     0.033969     0.76143    0.446402
omega        0.056694     0.025407     2.23145    0.025651
alpha1       0.153329     0.033316     4.60220    0.000004
beta1        0.801734     0.040079    20.00366    0.000000
>
> out2=ugarchfit(spec=myspec, data=z)
> out2omega    0.000002     0.002358     7.2900e-04 0.99942
```

```
Estimate   Std. Error   t value    Pr(>|t|)
mu         0.124942     0.158839   7.8659e-01   0.43152
alpha1     0.000000     0.000024   9.1500e-04   0.99927
beta1      0.998836     0.000052   1.9341e+04   0.00000
```

上述 R 程序输出结果显示，模型刻画波动率时变性的参数 α 估计值从日度频率的 0.321209，下降到周度的 0.153329，进一步下降到月度的 0.000000，表明在这个模拟的数据中，尽管在日度回报数据中有明显的时变波动率，但加总的月度回报的波动率是常数，没有时变性。

第二，"伪低频"数据的使用。比如要预测一个月内总回报的波动率，而数据长度只有两年。如果把日度数据逐月加总为月度回报，那么只有 24 个样本，显然不适合用来估计一个 GARCH 模型。一般来说，估计 GARCH 模型的数据样本规模要在 100 以上。一种修正方法是用移动窗口的"伪低频"数据，即在时间 t 用 $t-19$ 到 t 天的日度回报加总形成过去 20 天的月度回报，这样两年的数据还是有近 500 个月度回报观测值的，这就是一种"伪低频"数据。这样的伪低频处理的另一个好处是，由于这里预测波动率时不用考虑协方差，因此可以给波动率的预测带来计算上的便利。

练习题

1. 判断模型的平稳性：

$$r_t = 0.01 + 0.292 r_{t-1} + 0.73 r_{t-2} + \varepsilon_t$$

$$\varepsilon_t = \sigma_t \eta_t$$

$$\sigma_t^2 = 0.03 + 0.75 \sigma_{t-1}^2 + 0.31 \varepsilon_{t-1}^2$$

2. 简要讨论 GARCH 模型与 EGARCH 模型的优势和劣势。为了预测波动率，讨论该用哪个模型拟合上证综合指数回报。

3. 请模拟一个 AR(2)-GARCH(3,3) 模型并拟合该数据到 AR(2)-GARCH(3,3)，进行 10 次试验，报告模型估计过程中的收敛情况。

4. 用 GARCH 模型和第 7 章练习题 3 中的数据,估算 2010—2022 年上证综合指数日度回报的波动率,并预测 2022 年 12 月 31 日之后 5 个工作日内总回报的波动率。

5. 重复练习题 4,但现在用 GARCH 模型直接拟合 5 日回报数据,预测 2022 年 12 月 31 日之后 5 个工作日内总回报的波动率。

第11章

其他波动率模型

上一章介绍的 GARCH 家族模型是一步法,即时变波动率的估算及预测用一个模型完成。一步法的优点是有严密的理论基础,缺点是不够稳健、估计困难、适应性不强。

这一章将介绍两步法,即先用一个模型估算历史上的时变波动率,再基于这些估算出来的时变波动率数据,用另一个模型来预测将来的波动率。用来预测的模型,可以是前面讨论过的 ARMA 模型和 VAR 模型,甚至是最简单的随机游走过程,即将今天的观测值作为明天的预测值,这里不再重复。下面主要讨论如何估算历史上的时变波动率。

两步法的优点是简单、直观,缺点是没有逻辑一致的理论基础,不能保证用来估算波动率的模型与用来预测波动率的模型来自同一个大模型。预测时变波动率的两步法,被广泛应用在金融实务及实证数据处理,比如衍生品交易和风险管理中。

这一章首先介绍实现波动率和隐含波动率两种估算历史上波动率的方法,然后讨论波动率模型的比较及在风险管理中的一个应用。

11.1 实现波动率

波动率,就是条件异方差,用历史数据计算样本方差是最直观、最简单的估算方差的方法。但历史数据计算的样本方差应该是绝对方差,不是我们要的条件方差。但不管怎样,由于其简单、直观的优点,用历史数据计算的样本标准差还是经常被用来作为波动率的估算。这种方法估算出来的波动率被称作"实现波动率"（realized volatility）。如图10.1所示的就是这里定义的实现波动率。在计算实现波动率时，一般用分段数据进行滚动计算，因此得到的波动率也是一个时变的序列。

11.1.1 实现波动率的问题及修正

尽管实现波动率的方法简单、直观，但问题也很明显。除了没有理论基础，在实际计算中还有几个问题。第一个问题是，该方法的一个隐含假设为结构变化，即在一个月之内回报的方差相同，而在月末相邻两天（分别属于两个月）回报的方差却不一样。这个结构变化假设太不合理。

第二个问题是计算样本量问题。如果计算月度回报的方差，一般每个月只有22个左右的日度观测值数据，这样的样本量对方差估算来说还可以。如果要计算周度回报的方差，则只有5个日度观测值数据可用，样本量太小。而如果要计算日度回报的方差，则每日只有1个观测值，没有办法计算。

针对样本量偏少的问题，文献中有人提出的改进方法之一是用频率高一些的数据，比如日内每15分钟的回报数据，甚至每1分钟的高频数据。但这种方法有两个问题。一是市场微观结构误差。在资本市场中，一个具体观察到的价格，是一个成交价格。而成交价格的形成，与市场交易机制设置有关，与当时市场的噪声有关。因此，观察到的成交价格与真实价格之间有一定的差别。这样的差别被称作市场微观结构误差。在一个理想状态下，理论上可以证明，对一个连续时间过程，用在一定时间内离散时间间隔 Δ 进行抽样，计算样本总离差平方和，当 Δ 趋近于零时，总离差平方和趋近这段取样时间区间的理论方差。但如果离散观测值有观察误差，那么这种方法计算的总离差平方和将趋近无穷大。因此，市场微观结构误差的存在，导致高频数据计算的波动率被放大了。

二是非交易时段的波动率估算问题。比如要计算一个月的回报波动率，这一个月被分为30天，其中有22个交易日，用日度回报计算样本方差。如果按通常的做法，将样本方差乘以22进行月度化，其实隐含的一个假设是那一个月内8个非交易日没有波动率或者说非交易日的波动率为零。其实回报波动率反映的是股票基本面的信息。在非交易日,虽然没有价格观测值,但还是有基本面信息的,应该是有波动率的。因此,这样的非交易日波动率为零的假设是有误差的。而如果将样本方差乘以 30 进行月度化,隐含的假设则是周末非交易日的波动率与交易日的一样。这一假设更不合理,因为非交易日的信息本来就比交易日少,更何况交易本身会传递信息。

如果用日内高频数据来计算波动率,这种非交易时段的波动率问题将变得非常严重,以至于不能简单地假设为零,更不能假设为一样。因为在用日度数据时,非交易日占总时长的大约 2/7(一周 7 天,5 个交易日),而在用分钟级的高频数据时,中国 A 股主板每天非交易时段占总时长的 20/24(每天 24 小时,只有 4 个小时的交易时间)。

样本量偏少问题的改进方法之二是用移动窗口。比如要计算时间 t 日的波动率,用从时间 $t-m$ 日到时间 $t-1$ 日的日度回报观测值。为了方便区分,我们把这种用移动窗口方式计算的实现波动率称作"移动窗口实现波动率",而把上面介绍的直接用一段时间内观测样本计算的波动率称作"简单实现波动率"。这种移动窗口实现波动率方法有一个"幽灵现象"(ghosting)问题,即某一天有一个比较大的观测值(比较大的波动),这个观测值在接下来的 m 天的波动率计算中都会出现且有非常大的影响,但在第 $m+1$ 天的计算中会突然不再出现,没有影响,如同"幽灵"一般。

11.1.2 EWMA 波动率模型

解决移动窗口方法中的"幽灵现象"问题,一种简单有效的方法是用全样本加权方法,即指数加权移动平均(exponentially weighted moving average,EWMA)方法。EWMA 方法比较直观,它给越近的观测值赋予越大的权重。

1. EWMA 波动率计算方法

给定均值为零的数据($\varepsilon_1,\varepsilon_2,\cdots,\varepsilon_T$),一个 n 期在时间 t 的 EWMA 方差为:

$$\sigma_t^2 = \frac{\varepsilon_{t-1}^2 + \lambda \varepsilon_{t-2}^2 + \lambda^2 \varepsilon_{t-3}^2 + \cdots + \lambda^{n-1} \varepsilon_{t-n}^2}{1 + \lambda + \lambda^2 + \cdots + \lambda^{n-1}}$$

这里 $0<\lambda<1$ 为权重系数。

无穷期的 EWMA 方差为：

$$\sigma_t^2 = \frac{\varepsilon_{t-1}^2 + \lambda \varepsilon_{t-2}^2 + \lambda^2 \varepsilon_{t-3}^2 + \cdots + \lambda^{n-1} \varepsilon_{t-n}^2 + \cdots}{1 + \lambda + \lambda^2 + \cdots + \lambda^{n-1} + \cdots}$$

$$= (1-\lambda) \sum_{i=1}^{\infty} \lambda^{i-1} \varepsilon_{t-i}^2$$

为了更好地理解 EWMA 波动率模型，上式可以改写为：

$$\sigma_t^2 = (1-\lambda) \varepsilon_{t-1}^2 + (1-\lambda) \sum_{i=2}^{\infty} \lambda^{i-1} \varepsilon_{t-i}^2 \tag{11.1}$$

$$= (1-\lambda) \varepsilon_{t-1}^2 + \lambda \sigma_{t-1}^2 \tag{11.2}$$

当权重 $\lambda=1$ 时，方差为常数。当 $0<\lambda<1$ 时，波动率是时变的，权重 λ 越大，当期的方差越依赖于上期的方差，而越少依赖于上期的波动。权重 λ 决定了波动率的持续性。

由于 λ 决定了 EWMA 波动率的持续性，对股票回报，λ 一般会被选为 0.75 到 0.98 之间的数字。对短期波动率的预测，一般会用相对小一些的 λ，而对比较长期的波动率的预测，则会选择相对大一些的 λ。

2. EWMA 模型与 IGARCH(1,1) 模型的比较

比较 EWMA 波动率方程(11.2)与 IGARCH(1,1) 模型(10.9)，可以发现两者非常相似。$\alpha_0=0$ 时的 IGARCH(1,1) 模型就是 EWMA 波动率模型，IGARCH(1,1) 中的 β_1 对应 EWMA 模型中的 λ。

但两个模型中参数的取值方法和逻辑不一样。在 IGARCH(1,1) 中，β_1 是将历史数据拟合到整个模型中估计出来的。而在 EWMA 模型中，λ 是模型使用者根据经验主观选取的。

由于 EWMA 模型非常直观，它与 IGARCH(1,1) 模型的关联可以帮助我们理解 GARCH 模型背后的直观意义。

3. 多维数据的 EWMA 模型

在风险管理问题中，经常涉及多维数据波动率的计算。而多维数据的 GARCH 家族模型非常复杂，主要是参数估计非常困难。EWMA 波动率模型非常容易推广

到多维情况,用来估算时变的方差-协方差矩阵 Σ_t。比如二维数据 $Y_t = (y_1, t, y_2, t)'$,直接套用前面的 EWMA 加权的逻辑,有:

$$\Sigma_t^2 = (1-\lambda) Y_t Y_t' + \lambda \Sigma_{t-1}^2 \tag{11.3}$$

11.2 隐含波动率

金融市场中有些资产(比如沪深300指数)上有期权的交易,期权价格是可观察的,而我们知道在BSM模型中,期权价格是由标的物价格和波动率等因素决定的。在给定其他因素已知的情况下,观察到期权价格就等同于观测到波动率。

具体地,给定股票指数(标的物)当时的价格 S_t、期权的执行价格 K、无风险利率 r、期权到期时间 T、波动率 σ,BSM 公式给出看涨期权的价格 C_t 为:

$$C_t = S_t N(d) - K e^{r(T-t)} N(d - \sigma \sqrt{T-t}) \tag{11.4}$$

$$d = \frac{\ln(S_t/K) + (r + \sigma^2/2)(T-t)}{\sigma \sqrt{T-t}}$$

其中,N 为标准正态分布的 CDF 函数。这是一个非线性方程,如果给定期权价格 C_t 和其他参数,就可以从中解出波动率:

$$\sigma = g(S_t, r, t, T, K, C_t) \tag{11.5}$$

波动率方程(11.5)即为 BSM 公式(11.4)的隐函数。我们把这样计算出来的波动率称作隐含波动率。

11.2.1 隐含波动率的性质

1. 隐含波动率的数据特征

期权市场中,对同一个标的物,每天同时有多个不同的到期时间($T = T_1, T_2, \cdots$)、多个不同的执行价格($K = K_1, K_2, \cdots$)的期权在交易。隐含波动率方程(11.5),直接从数学公式看,是 S_t, r, t, T, K, C_t 的函数。因此在每个时间点 t,有许多隐含波动率的观测值,它们依赖于期权结构(T_i, K_j)。在 BSM 理论假设下,隐含波动率应该是一个常数。实际上,BSM 模型有定价误差,这些误差导致隐含波动率不是常数,而是具有一些明显的系统性特征。

隐含波动率微笑曲线:在股票及股指期权市场每个时间 t 的隐含波动率数据中,如果以期权价值性(moneyness,定义为 $x = K/S_t$)为 x 轴,以隐含波动率为 y 轴,我们会得到一个向右倾斜的离散点图。在外汇期权市场的隐含波动率数据中,会有一个微笑曲线散点图。这一类现象被称作隐含波动率的微笑曲线现象。

隐含波动率的期限结构:如果以期权到期时间长度(定义为 $\tau = T-t$)为 x 轴,以隐含波动率为 y 轴,期权市场每个时间 t 的隐含波动率数据经常有一个先上升后下降的散点图,即有明显的期限结构特征,不同到期时间的隐含波动率(年化后)不一样。这一点与 GARCH 波动率表现出的期限结构相一致。

隐含波动率曲面:把上面两个二维图放在一起得到一个三维图像,即每个时间 t 的隐含波动率数据中有一个隐含波动率曲面散点图。

隐含波动率的时变性:每天都有期权交易价格,从而每天都有一个隐含波动率曲面散点图,并且这个曲面散点图的形状及所含数值大小每天都不一样,具有明显的时变性。

2. 隐含波动率的变通使用

隐含波动率是不是波动率的正确估算,完全依赖于期权定价模型假设是否正确。前述隐含波动率的数据特征,明显表明 BSM 假设与现实不一致。也就是说,隐含波动率可能不是波动率的正确估算。那隐含波动率还能作为波动率的估算吗?

事实上,波动率不是一个客观存在,而是一个统计理论上的概念。理论模型是建立在一些假设基础上的,假设没有正确与否的问题。人们判断假设好坏,是看一个假设能否帮助建立模型从而解决问题。如果能,就是好的假设、好的模型。从这个意义上看,隐含波动率是不是波动率的正确估算,本身并不重要。我们只需要看隐含波动率能否帮助我们预测期权价格,能否帮助我们量化资产风险。因此,关键在于如何利用这个隐含波动率。

实际工作中,人们一般是先计算过去和现在的隐含波动率,然后预测隐含波动率,最后再把隐含波动率的预测值代入 BSM 公式中去预测期权价格。可能 BSM 公式不正确,导致计算的隐含波动率也不正确,但把一个不正确的预测值代回到一个不正确的 BSM 公式中,大部分的误差可能正好相互抵消。这就是隐含波动率变通使用的基本思路。

11.2.2 隐含波动率的预测

1. 隐含波动率的非平稳性

常用的预测模型,比如 ARMA 和 VAR 之类的时间序列模型,一般都假设过程的时间下标 t 是从负无穷到正无穷,并且有时进一步假设过程是平稳的。对一笔金融资产,尽管每天都有许多隐含波动率的观测值,有一个隐含波动率曲面,但它们不构成一个从负无穷到正无穷的时间序列数据,更别说平稳性了。

在市场上交易的一张期权合约,在昨天和今天,本质上是不同结构的两张期权合约,今天的到期时间长度比昨天的要少一天,今天的期权价值性随着标的物价格(S_t)的变化而变化。期权到期后,价格不再存在。因此,作为期权价格函数的隐函数,一张资产期权合约的隐含波动率只存在于期权生存的一段时间内,不是一个从负无穷到正无穷的过程。

类似情况也存在于债券市场中。在市场上交易的一只债券,在昨天和今天,本质上是不同的债券,因为债券的期限变了。在债券到期日,价格恒等于 1。债券到期后,价格不再存在。因此,一只债券的价格过程,不构成一个从负无穷到正无穷的时间序列过程。

在债券问题中,我们一般会假设市场中每天都有一个固定期限长度的债券在交易,从而每天都有一个固定期限长度的债券收益率(利率)。我们不对债券价格过程做模型,而是对这个假设的固定期限长度的利率过程做模型。同样的思路也可以用在隐含波动率的预测中。

2. 隐含波动率曲面平滑插值

为了预测某个期限程度 τ 的某个期权价值性 x 的隐含波动率，首先假设历史上每天都有期限长度为 τ、期权价值性为 x 的期权在交易，从而有它们的隐含波动率数据。为了得到这样的历史隐含波动率，可以对每天实际的隐含波动率曲面散点图进行插值，从而构成一个相同的到期时间长度和相同期权价值性的隐含波动率时间序列数据。

这是一个二维函数的插值问题。常用的插值方法是线性函数插值。比如希望得到 $\sigma(\tau,x)$，先从实际的隐含波动率曲面散点图上找到 (τ,x) 最近的四个临近点 $\sigma(\tau_i,x_j),i=1,2,j=1,2$，并且 $x_1>x\geqslant x_2,\tau_1>\tau\geqslant \tau_2$，那么线性插值为：

$$\sigma(\tau_1,x)=\sigma(\tau_1,x_1)+\frac{\sigma(\tau_1,x_2)-\sigma(\tau_1,x_1)}{x_2-x_1}(x-x_1)$$

$$\sigma(\tau_2,x)=\sigma(\tau_2,x_1)+\frac{\sigma(\tau_2,x_2)-\sigma(\tau_2,x_1)}{x_2-x_1}(x-x_1)$$

$$\sigma(\tau,x)=\sigma(\tau_1,x)+\frac{\sigma(\tau_2,x)-\sigma(\tau_1,x)}{\tau_2-\tau_1}(\tau_2-\tau)$$

其他常用的插值方法还有多项式函数插值、Spline 函数插值等。

3. 隐含波动率曲面预测

由于每天有许多隐含波动率数据，我们可以充分利用 VAR 模型的优势，构造高维的时间序列数据，即插值产生多个期限程度 τ_i 不同的期权价值性 x_j 的隐含波动率时间序列过程。

如果想利用多个隐含波动率序列数据，则需要找到合适的变量序列。有许多选择变量的方法，其中主成分分析法是一种比较有效的方法。在隐含波动率曲面序列中选择 $n\times m$ 个序列，对它们提取几个主成分。对这些主成分构建 VAR 模型，进行预测，得到主成分的预测值后，还原到隐含波动率曲面的预测。

其实，在这里的 VAR 模型构建中，不仅可以用某一隐含波动率序列或者隐含波动率曲面序列的主成分，还可以包括其他预测变量，比如前面介绍的实现波动率或者 GARCH 模型波动率。金融实证研究发现,GARCH 波动率序列、实现波动率序列与隐含波动率序列之间高度相关,可以用 GARCH 波动率和实现波动率来帮助预测隐含波动率。

11.3 波动率模型的比较

到目前为止,我们已经介绍了 GARCH 家族波动率模型、实现波动率模型和隐含波动率三种预测波动率的形式,下面我们讨论这几种形式之间的相似之处和差异。

11.3.1 相似程度

下面实证比较实现波动率和 GARCH 波动率。数据为沪深 300 指数 2010—2022 年的日度回报。简单实现波动率的计算用每 10 天的日度回报样本标准差,GARCH 波动率用 10 天的总回报构建 AR(1)-GARCH(1,1) 模型计算,两者都是年化后的波动率(假设每年有 250 个交易日)。结果显示在图 11.1 中(为了使图形更清晰,图中只画出 2019—2022 年的部分),虚线为实现波动率,实线为 GARCH 波动率。

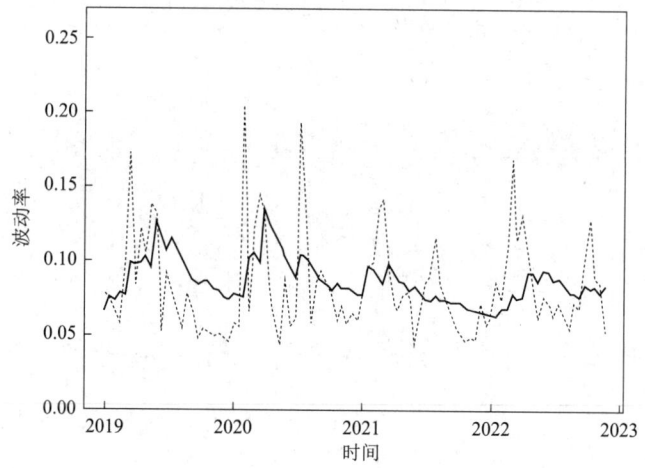

图 11.1　沪深 300 指数 10 日回报波动率

R 软件代码及主要输出结果

```
> library(rugarch)
> setwd('D:/ywang/data')
> mydata=read_excel('./index.xlsx',sheet='Sheet5')
> attach(mydata)
>
> #实现波动率
> ind=trunc(c(1:length(ret))/10)
> rv=tapply(ret, ind, FUN=var)
>
> #产生10天的总回报数据,拟合到GARCH中
> mret=tapply(ret, ind, FUN=sum)
> mean.spec=list(armaOrder=c(0,0))
> var.spec=list(model="sGARCH", garchOrder=c(1,1))
> dist.spec=c("norm")
> myspec=ugarchspec(mean.model=mean.spec,variance.model=var.spec,
+distribution.model=dist.spec)
> out=ugarchfit(spec=myspec, data=mret)
>
> #比较波动率
> garchvol=sigma(out)*sqrt(25)
> rv=sqrt(rv*250)
> rv1=ts(rv[218:315],start=c(2019,1),frequency=25)
> garchvol1=ts(garchvol[218:315],start=c(2019,1),frequency=25)
> plot(garchvol1,lty=1,ylim=c(0.01,0.26),xlab='年份',ylab='波动率',lwd=2)
> lines(rv1,lty=3)
>
> olsout=lm(garchvol~rv)
> summary(olsout)
              Estimate  Std. Error  t value  Pr(>|t|)
(Intercept)   0.056642  0.002913    19.44    <2e-16 ***
rv            0.427901  0.029689    14.41    <2e-16 ***
---
Signif.codes: 0 '***' 0.001 '**' 0.01 '*' 0.05 '.' 0.1 ' ' 1
Residual standard error: 0.02323 on 314 degrees of freedom
Multiple R-squared: 0.3981, Adjusted R-squared: 0.3962
F-statistic: 207.7 on 1 and 314 DF, p-value:< 2.2e.16
```

图 11.1 的结果显示,实现波动率与 GARCH 波动率在趋势上保持一致,但差异也不小,实现波动率比 GARCH 波动率的时变性强。为了量化两者之间的相似性,我们将 GARCH 波动率对实现波动率进行线性回归,结果显示,截距项估计值为 0.056642,显著地不为 0,斜率估计为 0.427901,显著地不等于 1。这意味着实现波动率与 GARCH 波动率之间具有显著差异,但回归 R^2 为 0.3981,表明两者高度相关。

由于数据的复杂性,这里不给出隐含波动率与另两种波动率的比较。实证研究发现,隐含波动率与实现波动率(以及 GARCH 波动率)的差异比上述更大,但在趋势上的一致性还是存在的。

11.3.2 模型比较

既然三种方法计算的波动率差异很大,那么哪种方法估算和预测波动率的精度最高?有许多文献讨论过这个问题,比如 Hansen and Lunde(2005)。他们的基本策略是先模拟一个时变波动率过程,然后再用不同模型来估算波动率,进行比较。他们发现 GARCH(1,1)是比较好的模型。但这样的模拟数据比较结论的解读不能放大,因为它高度依赖于模型数据的过程。换一个不同的模拟过程,可能得出完全不一样的结论。

问题还是如何进行比较。毕竟没有人能够观察到波动率,它不是一个客观存在,因此无法像在前面比较模型时用样本外预测误差来进行比较。正如理论假设的好坏可以通过它能否有效解决问题来判断,波动率模型的比较可以通过其最终目的来进行。波动率在金融实务中的主要任务是衍生品定价和风险管理。

在衍生品定价方面,隐含波动率表现最好。首先,它可以对不同结构的期权预测不同的隐含波动率,而 GARCH 模型和实现波动率没有这个特性,不同结构的期权只有一个波动率。其次,隐含波动率的预测误差在一定程度上与 BSM 模型误差抵消了,而另外两个模型也没有这个优势。因此,即使如上述讨论的,可以结合几个波动率模型用 VAR 模型进行预测,但最终代入 BSM 公式的最好还是隐含波动率的预测值。

在风险管理(主要是在险价值的计算,下面将会介绍)方面,GARCH 模型可以刻画回报中的肥尾现象,因此用 GARCH 模型计算的在险价值会比用正态分布的方法计算的高一些。另外,Alexander and Leigh(1997)进行了一些统计研究,发现 EW-MA 波动率模型预测中位数附近的分布比较好,而 GARCH 模型和简单实现波动率方法对尾部分布的预测效果要更好一些。另外,由于很多情况下并没有相应的期权市场存在,因此隐含波动率并不存在。在它存在的情况下,实现波动率在风险管理中也有良好的表现。

11.4 应用:在险价值的计算

风险管理是任何一家金融机构的核心问题之一。风险的管理,依不同的风险种类,有不同的处理方法。对操作风险,通过流程构造和优化进行管理;对信用风险,主要通过分散风险进行管理;而对市场风险,一般是先量化风险,再设定最大风险承担量,做风险对冲。对于市场风险的量化,一个被广泛使用的指标是在险价值(Value-at-Risk,VaR)。

11.4.1 在险价值的基本概念

1. 在险价值的定义

一项资产的在险价值是,如果在一定时期(比如 h 天)内,损失大于等于 V 的概率等于 α,那么我们就说这项资产对应的 h 和 α 的在险价值等于 V,记作 $\text{VaR}_{h,\alpha} = V$。公式形式为:

$$\text{Prob}((P_{t+h} - P_t) < -\text{VaR}_{h,\alpha}) = \alpha$$

这一定义依赖于时间 h 和概率 α,但与资产种类无关,因此 VaR 在一定程度上可以加总,常用作总体风险的度量。

VaR 是一个好的风险度量指标,能被广泛使用还因为其经济含义。假如一家金融机构目前的总资产为 P_t,自有资产为 E,那么负债为 $P_t - E$。如果在时间 $t+h$ 之前不可能有新的自有资产加入,要使得该机构在时间 $t+h$ 那一天不破产,就要求在 $t+h$ 时的总资产 P_{t+h} 必须大于等于负债 $P_t - E$。或者说,如果这期间的总资产损失

$P_{t+h}-P_t<-E$,该金融机构就破产了。因此,如果我们设定 $\text{VaR}_{h,\alpha}=E$,那么 α 就是破产的概率。或者说,如果我们设定 α,计算出来的 VaR 就是自有资产 E 的安全线。

绝对不破产几乎是不可能的事,连美国国债投资都会有违约风险。美国长期资产管理公司的破产就是由于俄罗斯国债违约。我们能做的是把这种破产的概率 α 控制在一定范围内,比如 0.1%。只要保证相应的 VaR 小于自有资产,就能控制这个破产概率小于等于 0.1%。

2. 在险价值的计算

实际应用中,$\text{VaR}_{h,\alpha}$ 的计算有三个问题:设定一定时期 h 天,设定概率 α,以及如何计算。先看给定 h 和 α 时的计算过程。根据定义:

$$\text{Prob}((P_{t+h}-P_t)<-\text{VaR}_{h,\alpha})=\alpha$$

在时间 t 时,P_t 已知,VaR 的计算完全由 P_{t+h} 的条件分布决定。而资产价格过程大多数情况下都不平稳,回报才平稳。我们可以定义回报的在险价值 $\text{var}_{h,\alpha}$:

$$\text{Prob}((P_{t+h}-P_t)/P_t<-\text{VaR}_{h,\alpha}/P_t)=\alpha$$

$$\text{VaR}_{h,\alpha}/P_t=\text{var}_{h,\alpha}$$

资产的 VaR 是其回报的在险价值乘以当期总资产。当回报过程 $R_{t+j}=(P_{t+h}-P_t)/P_t$ 平稳时,如果它是正态分布 $N(\mu,\sigma^2)$,那么回报的在险价值 $\text{var}_{h,\text{fi}\alpha}=-\mu+\sigma\Phi^{-1}(\alpha)$,这里 $\Phi^{-1}(\alpha)$ 为标准正态分布 CDF 的反函数。比如当 $\alpha=1\%$ 时,$\Phi^{-1}(0.01)=2.33$。显然,波动率 σ 越大,VaR 越大;平均回报 μ 越大,VaR 越小;允许的破产概率 α 越小,VaR 越大。这些都很直观。

上述公式中资产回报是简单回报,如果资产回报用对数回报,则上述计算公式有些变化:

$$\text{Prob}(P_{t+h}-P_t<-\text{VaR})=\alpha$$

$$\text{Prob}(P_t e^{R_{t+h}}-P_t<-\text{VaR})=\alpha$$

$$\text{Prob}(R_{t+h}<\log(1-\text{VaR}/P_t))=\alpha$$

$$\text{Prob}(R_{t+h}<-\text{var})=\alpha$$

$$\text{VaR}=P_t\cdot(1-e^{-\text{var}})$$

上述回报过程(简单回报或对数回报)一般用 t 分布或正态分布,并且是条件分布。主要考虑条件均值和条件方差,均值部分可以用前面讨论的 ARMA 模型或 VAR 模型。方差的预测可以用前面介绍的三种波动率模型:GARCH 模型、实现波动率模型和隐含波动率模型。

3. h 和 α 的设定

VaR 的时间长度 h 一般等于负债的到期时间。因为只有在负债到期日,才有支付压力,因此才有破产的可能性。在资产管理行业,投资赎回开放时间就对应到负债到期日。比如许多资产管理计划的锁定期是 1 年,这时的 h 就等于 1 年。

α 是破产概率。对金融行业来说,几乎所有的资产都有风险,都有损失的可能性。而投资者有其各自的风险容忍程度,即可能接受的破产概率。在资产管理行业,一个资产管理计划会提前确定风险等级,以吸引合适的投资者。比如一个资产管理计划号称其风险等级相当于 Aaa 级别的债券(穆迪的信用评级系统),即一年内违约的概率为 0.009%。因此,对这个资产管理组合,$\alpha = 0.009\%$。

4. 一个计算在险价值的范例

假设某投资者有 1 万股招商银行 A 股股票,今天是 2022 年 12 月 30 日,需要计算 10 个工作日后 1% 概率下的 VaR。

考虑到 2015 年我国股市的巨大波动,我们选取 2016—2022 年的日度数据。由于计算 VaR 的时间长度为 10 天,比较短,我们用 GARCH 模型预测波动率。为了简便计算,我们用 2016—2022 年日度回报的数据构造一个移动窗口为 10 日回报的伪低频数据,然后构建 GARCH 模型,做简单的一步波动率预测。

R 软件代码及主要输出结果

```
> library(readxl)
> library(rugarch)
> setwd('D:/ywang/data')
> mydata=read_excel('./zhaoshang.xlsx',sheet='Sheet4')
> attach(mydata)
>
> #构造移动窗口10日回报数据
```

```
> T=length(Dretwd)-9
> ret10=rep(0,T)
> for (i in 1:T) {
+ temp=Dretwd[i]
+ for (j in 1:9) {
+ temp=temp+Dretwd[i+j]
+ }
+ ret10[i]=temp
+ }
>
> #估计 AR(1)-GARCH(1,1)
> mean.spec=list(armaOrder=c(1,0))
> var.spec=list(model="sGARCH", garchOrder=c(1,1))
> dist.spec=c("norm")
> myspec=ugarchspec(mean.model=mean.spec,variance.model=var.spec,
+distribution.model=dist.spec)
> out=ugarchfit(spec=myspec, data=ret10)
> out
        Estimate   Std. Error   t value   Pr(>|t|)
mu      0.002538   0.004867     0.52153   0.60200
ar1     0.889821   0.011979    74.27973   0.00000
omega   0.000005   0.000004     1.48571   0.13736
alpha1  0.057962   0.010511     5.51431   0.00000
beta1   0.934870   0.012109    77.20475   0.00000
> #输出必要数据用来预测波动率
> tail(sigma(out))
...
1974-08-20 09:00:00  0.03393044
1974-08-21 09:00:00  0.03289242
1974-08-22 09:00:00  0.03206962
> tail(residuals(out))
...
1974-08-20 09:00:00  -0.001836939
1974-08-21 09:00:00   0.014141588
1974-08-22 09:00:00  -0.017570227
> #输出回报和价格数据用来计算 VaR
> tail(ret10)
```

```
[1] -0.008933    0.005641    0.015890    0.012582    0.025617    0.005504
>
> tail(mydata)
  Stkcd    Trddt       Opnprc  Clsprc  Dretwd
  ...
4 600036   2022-12-28  36.7    37.3    0.0180
5 600036   2022-12-29  36.9    37.2    -0.00268
6 600036   2022-12-30  37.3    37.3    0.000806
```

利用上述模型估计结果，提前一步波动率的预测值为 $\hat{\sigma}_{T+1}^2 = \omega + \beta_1 \sigma_T^2 + \alpha_1 \varepsilon_T^2 = 0.000005 + 0.934870 \times 0.03206962^2 + 0.057962 \times (-0.017570227)^2 = 0.000984$，从而 $\hat{\sigma}_{T+1} = 0.031375$。

计算提前一步回报的预测值：$\hat{\mu}_{T+1} = \mu + \alpha_1 \mathrm{ret}10_T = 0.002538 + 0.889821 \times 0.005504 = 0.007436$

再计算回报的 VaR：$\mathrm{var} = -\hat{\mu}_{T+1} + \hat{\sigma}_{T+1} \Phi^{-1} \times 0.01 = -0.007436 + 0.031375 \times 2.33 = 0.065668$。

最后转化成资产的 VaR：给定 2022 年 12 月 30 日招商银行股价为 37.3，持有 1 万股，这时 $\mathrm{VaR}_{10,0.01} = P_T \cdot \mathrm{var} = 10\,000 \times 37.3 \times 0.065668 = 24\,494.23$ 元，即该投资者在 10 天后资产损失会大于等于 24 494.23 元的可能性为 1%。

5. 资产组合的在险价值

前面演示的是单项资产的 VaR 计算，我们经常还需要计算一个投资组合的 VaR，甚至一家金融机构的 VaR。比较直接的方法是直接考察这个组合的回报数据。这种方法非常简单直观。但实际情况是，有时没有足够的回报数据用来估计回报的分布。投资组合的结构一般都会变化，不是一个严格意义上的时间序列数据，这样的历史回报数据不能很好地预测将来。

另一种计算组合 VaR 的方法是，考察组合内的每项资产的分布，根据当前的组合结构进行加总，从而得到当前组合分布的预测。如果假设组合内每项资产的回报都是正态分布，问题就比较简单，因为多个正态分布的组合还是正态分布。这时组合回报正态分布的条件方差计算需要各资产回报之间的协方差。多元 GARCH

模型和 EWMA 模型都是解决这个相关性问题的有效模型。

11.4.2 长期资产管理公司的在险价值

长期资产管理公司(Long-Term Capital Management,LTCM)是诺贝尔经济学奖获得者罗伯特·莫顿(Robert Merton)等人于1994年年初成立的,盈利模式为债券套利交易。开始几年他们获得了令人震惊的业绩。1994年,LTCM的收益率达到28%,1995年为59%,1996年为57%。1996年LTCM一共赚了21亿美元,这家对冲基金公司总共只有一百多名雇员,但赚的钱超过了美林,也超过了迪士尼、施乐、美国运通、耐克等明星企业。1997年,尽管爆发了亚洲金融危机,LTCM的收益率仍然达到了25%。

1998年8月,俄罗斯国债违约。尽管LTCM持有的俄罗斯国债不多,但流动性传染问题导致整个债券市场大跌。LTCM几乎破产。1998年9月23日,美联储破天荒地召集了各大金融机构的头目,共同救助LTCM。为什么如此明星级的公司也会破产？1995年,LTCM的收益率达到了59%,但如果考虑总资产的收益率,LTCM这一年的业绩其实也就是2.45%。也就是说,其杠杆率有20多倍,而市场中大多数资产管理公司的杠杆率都在10倍以下。LTCM的风险管理出了什么问题？

Jorion(2000)分析了LTCM的资产收益及风险情况。LTCM的投资锁定期为一年,故考虑一年期的VaR。Jorion(2000)计算发现,LTCM在1997年的总资产为1 250亿美元,自有资产50亿美元,利用历史数据计算得其资产年化回报波动率为1.28%。假如LTCM的风险等级为Aa2(穆迪的信用债等级),对应的一年内的破产概率为0.022%。在正态分布时,0.022%的概率对应的阈值为3.51,因此,在不考虑回报均值的情况下,LTCM一年内的VaR为1 250×0.0128×3.51=56.16亿美元,超过50亿美元的自有资产。而LTCM的回报过程有明显的肥尾现象,如果用自由度为6的t分布(这时0.022%概率对应的阈值为7.89),那么其一年内的VaR为1 250×0.0128×7.89=126.24亿美元,远远超过其50亿美元的自有资产。也就是说,LTCM在一年内破产的概率远远超过Aa2级的0.022%。

Jorion(2000)在计算过程中没有考虑到回报均值部分的预测。在用自由度为 6 的 t 分布情况下,只要预计年度回报超过 6.1%,VaR 就将下降到 50 亿美元以内,这是因为 $1\,250\times(0.0128\times7.89-0.061)=49.99$。给定 LTCM 从 1994 年到 1997 年的历史表现,6.1% 是一个比较保守的估计值。从这个意义上看,LTCM 的风险管理并没有那么糟糕。

但 Jorion(2000)的整个计算过程有一个核心问题,即用了 LTCM 的投资组合的回报数据估算波动率,数据长度太短。前面提到,另一种计算资产组合的 VaR 的方法是,用资产组合中每项资产的历史数据估算波动率,再合成组合的波动率。这种方法在 LTCM 问题中也不太适用,因为像 LTCM 这样的对冲基金,其交易策略是高度结构化的,会频繁地调整资产组合结构。组合调整策略是公司的核心竞争力。这时合成波动率的方法无法考虑到资产组合的调整能力,无法处理将来的结构变化。因此,LTCM 的风险管理情况到底如何,可能只有它自己清楚。

练习题

1. GARCH 模型、EWMA 模型、简单实现波动率和隐含波动率分别适用于什么场合?

2. 利用第 7 章练习题 3 中的数据,计算 2010—2022 年上证综合指数 5 天长度总回报的简单实现波动率,并另外构建一个 ARMA 模型预测 2022 年 12 月 31 日后两个 5 天总回报的波动率。

3. 重复练习题 2,但这里用 GARCH 模型进行波动率的估算及预测,并把本题结果与练习题 2 的结果进行比较。

4. 下载某一天所有沪深 300 指数看涨期权价格及相应的利率数据,假设第二天沪深 300 指数上涨 0.5%,利率保持不变,请预测其中一张期权合约第二天的价格。

参 考 文 献

恩德斯,2017. 应用计量经济学:时间序列分析:第4版[M]. 杜江,袁景安,译. 北京:机械工业出版社.

何书元,2003. 应用时间序列分析[M]. 北京:北京大学出版社.

马如云,高承华,马慧莉,等,2019. 差分方程理论及其应用[M]. 北京:科学出版社.

伍德里奇,2010. 计量经济学导论:第4版[M]. 费剑平,译校. 北京:中国人民大学出版社.

ALEXANDER C, LEIGH T, 1997. On the covariance models used in value at risk models[J]. The journal of derivatives, 4:50-62.

BERNANKE B S, 1986. Alternative explanations of the money-income correlation [J]. Carnegie-Rochester conference series on public policy, 25:49-99.

BLANCHARD O J, QUAH D, 1989. The dynamic effects of aggregate demand and supply disturbances[J]. The American economic review, 79:655-673.

BOLLERSLEV T, 1986. Generalized autoregressive conditional heteroskedasticity [J]. Journal of econometrics, 31:307-327.

BROCKWELL P J, DAVIS R A, 1991. Time series: theory and methods[M]. New York: Springer-Verlag.

CAMPBELL J Y, LO A W, MACKINLAY A C, 1997. The econometrics of financial markets[M]. Princeton: Princeton University Press.

COCHRANE J H, 1994. Permanent and transitory components of GNP and stock prices[J]. The quarterly journal of economics, 109:241-265.

DICKEY D A, FULLER W A, 1979. Distribution of the estimators for autoregressive time series with a unit root[J]. Journal of the American Statistical Association, 74:427-431.

DICKEY D A, FULLER W A, 1981. Likelihood ratio statistics for autoregressive time series with a unit root[J]. Econometrica, 49:1057-1072.

DIEBOLD F X, MARIANO R S, 1995. Comparing predictive accuracy[J]. Journal of business and economic statistics, 13:253-263.

DING M, CHEN Y, BRESSLER S L. (2006-08-23)[2024-10-08]. Granger causality: basic theory and application to neuroscience[EB/OL]. http://arxiv.org/pdf/q-bio/0608035.

ENGLE R F, 1982. Autoregressive conditional heteroscedasticity with estimates of the variance of United Kingdom inflation[J]. Econometrica, 50:987-1007.

ENGLE R F, GRANGER C W, 1987. Co-integration and error correction: representation, estimation, and testing[J]. Econometrica, 55:251-276.

GRANGER C W J, NEWBOLD P, 1977. Forecasting economic time series[M]. New York: Academic Press.

HANSEN P R, LUNDE A, 2005. A forecast comparison of volatility models: does anything beat a GARCH(1,1)[J]. Journal of applied econometrics, 20:873-889.

HARVEY A, RUIZ E, SHEPHARD N, 1994. Multivariate stochastic variance models[J]. Review of economic studies, 61:247-264.

JOHANSEN S, 1988. Statistical analysis of cointegration vectors[J]. Journal of economic dynamics and control, 12:231-254.

JORION P, 2000. Risk management lessons from Long-Term Capital Management[J]. European financial management, 6:277-300.

KARLIN S, TAYLOR H M, 1975. A first course in stochastic processes[M]. 2nd ed. New York: Academic Press.

KIM S, ROUBINI N, 2000. Exchange rate anomalies in the industrial countries: a solution with a structural VAR approach[J]. Journal of monetary economics, 45:561-586.

KWIATKOWSKI D, PHILLIPS P C B, SCHMIDT P, et al., 1992. Testing the null hypothesis of stationarity against the alternative of a unit root: how sure are we that economic time series have a unit root[J]. Journal of econometrics, 54:159-178.

LI W K, MCLEOD A I, 1981. Distribution of residual autocorrelations in multivariate ARMA time series models[J]. Journal of the royal statistical society, Series B, 43: 231-239.

LJUNG, G M, BOX G E, 1978. On a measure of lack of fit in time series models[J]. Biometrika, 65:297-303.

MACKINNON J G, 1991. Critical values for cointegration tests[M]//Long run economic relationships. Oxford: Oxford University Press:267-276.

MACKINNON J G, 2010. Critical values for cointegration tests[R]. Queen's Economics Department Working Paper No. 1227.

MELINO A, TURNBULL S M, 1990. Pricing foreign currency options with stochastic volatility[J]. Journal of econometrics, 45:239-265.

NELSON C R, PLOSSER C I, 1982. Trends and random walks in macroeconomic time series: some evidence and implications[J]. Journal of monetary economics, 10:139-162.

NELSON D, 1990. Stationarity and persistence in the GARCH(1,1) Model[J]. Econometric theory, 6:318-334.

NELSON D, 1991. Conditional heteroskedasticity in asset returns: a new approach[J]. Econometrica, 59:347-370.

NEWEY W, WEST K, 1987. A simple, positive semi-definite, heteroskedasticity and autocorrelation consistent covariance matirx[J]. Econometrica, 55:703-708.

PHILLIPS P C B, 1987. Time series regression with a unit root[J]. Econometrica,

55:277-301.

PHILLIPS P C B, OULIARIS S, 1990. Asymptotic properties of residual based tests for cointegration[J]. Econometrica, 58:165-193.

PHILLIPS P C B, PERRON P, 1988. Testing for a unit root in time series regression [J]. Biometrika, 75:335-346.

POLLOCK D S G, 2002. A review of TSW: the windows version of the TRAMO-SEATS program[J]. Journal of applied econometrics, 17:291-299.

SIMS C A, 1980. Comparison of interwar and postwar business cycles: monetarism reconsidered[J]. American economic review, 70:250-257.

SIMS C A, STOCK J H, WATSON M W, 1990. Inference in linear time series models with some unit roots[J]. Econometrica, 58:113-144.

STOCK J H, 1987. Asymptotic properties of least squares estimators of cointegrating vectors[J]. Econometrica, 55:1035-1056.

STOCK J H, 1994. Unit roots, structural breaks and trends[M]//Handbook of econometrics. Amsterdam: Elsevier:2740-2843.

STOCK J H, WATSON M W, 1988. Variable trends in economic time series[J]. Journal of economic perspectives, 2:147-174.

TSAY R S, 2005. Analysis of financial time series[M]. 2nd ed. New York: John Wiley & Sons.

WHITE H, 1984. Asymptotic theory for econometricians[M]. New York: Academic Press.